코헛의 프로이트 강의

Kohut's Freudian Vision

코헛의 프로이트 강의

발행일   2018년 4월 7일

지은이   하인즈 코헛
옮긴이   이천영
펴낸이   이재훈
펴낸곳   한국심리치료연구소

주소   서울시 종로구 새문안로5가길 28,
          (적선동, 광화문플래티넘) 918호
전화   02) 730-2537~8
팩스   02) 730-2539
홈페이지   www.kicp.co.kr
E-mail   kicp21@naver.com
등록   제22-1005호(1996년 5월 13일)

정가   20,000원
ISBN   978-89-97465-37-8 (93180)

이 도서의 국립중앙도서관 출판시도서목록(cip)은 홈페이지
(http://www.nl.go.kr/cip.php)에서 이용하실 수 있습니다.
(제어번호: CIP2018009863)

코헛의 프로이트 강의

Kohut's Freudian Vision

HEINZ KOHUT AND PHILIP F. D. SEITZ

목 차

감사의 글	7
역자 서문	9
서 론	11

제 1 장 코헛의 정신분석학 강의 (1958~1960)　　　21
Heinz Kohut and Phillip F. D. Seitz

제 1 강 정신분석학의 세 발달 시기	22
제 2 강 정신분석학의 시작	27
제 3 강 역동적 관점과 지형학적 관점	33
제 4 강 갈등, 전이, 그리고 유아성욕	38
제 5 강 적절한 좌절과 외상적 좌절, 기억과 환상 그리고 백일몽	44
제 6 강 심리적 외상과 경제적 관점	49
제 7 강 원초적 억압과 "실제 신경증"	53
제 8 강 발생학적 관점	56
제 9 강 증상형성	62
제 10 강 수직적 관점에서 본 증상형성	68
제 11 강 프로이트의 정신증 이론	72
제 12 강 우울증에 대한 프로이트의 이론과 전 오이디푸스 공포증	78
제 13 강 「꿈의 해석」 제 7 장	82
제 14 강 꿈의 망각	87
제 15 강 퇴 행 (I)	90
제 16 강 퇴 행 (II)	96
제 17 강 소원성취 (I)	100

제 18 강 소원성취 (II)	103
제 19 강 꿈의 기능 (I)	107
제 20 강 꿈의 기능 (II)	112
제 21 강 일차과정과 이차과정	116
제 22 강 무의식과 의식, 그리고 현실	120
제 23 강 정신분석 이론의 발달 2단계	126
제 24 강 우울증	129
제 25 강 구조적 모델과 중화	132
제 26 강 공격성 (I)	137
제 27 강 공격성 (II)	143
제 28 강 자아이상	150
제 29 강 자기애	155
제 30 강 이중 본능 이론	159
제 31 강 불안 개념의 변화	164
제 32 강 억압, 증상, 그리고 불안 : 제 1, 2장	171
제 33 강 억압, 증상, 그리고 불안 : 제 3, 4장	173
제 34 강 억압, 증상, 그리고 불안 : 제 5장	178

제 2 장　정신분석학의 개념과 이론(1963)　　　　　181
　　　　　Heinz Kohut and Phillip F. D. Seitz

제 3 장　코헛의 프로이트 이론 종합 방법　　　　　223
　　　　　Phillip F. D. Rubovits-Seitz

제 4 장　자기애와 자기심리학에 대한 코헛의 개념　243
　　　　　: 프로이트 이론의 연속성
　　　　　 Phillip F. D. Rubovits-Seitz

6 코헛의 프로이트 강의

감사의 글

나는 무엇보다도 하인즈 코헛 박사에게 빚을 졌습니다. 그는 내가 정신분석의 복잡한 이론들을 이해할 수 있도록 프로이트 다음으로 나를 도와준 사람이었습니다. 또한 정신분석 이론에 대한 아버지의 강의 자료들을 출판할 수 있도록 격려와 협조를 아끼지 않은 토마스 A. 코헛 교수에게도 감사드립니다. 코헛 교수는 자기 아버지의 정신분석에 관한 강의 자료들이 출판된 것이 기쁘다고 말했습니다. 그는 "난 그 강의 자료들을 잘 알고 있습니다. 내가 신시네티 정신분석학회에서 최종시험을 준비하기 위해 아버지의 복사본을 사용했었거든요. 난 그 강의 자료들이 정말로 인상적이었고, 잘 알려지지 않은 아버지의 다른 면을 알 수 있었어요. 그래서 나는 그것들이 언젠가 출판되기를 바랍니다(개인면담, 1996)."라고 말했습니다. 나는 제4장의 내용과 구성에 관한 코헛 교수의 제안에 감사합니다.

나의 오랜 친구이자 전 편집장인 Natalie Altman은 내게 출판에 관하여 친절한 조언을 아끼지 않았으며, Analytic Press사의

John Kerr와 Nancy J. Liguori는 출판을 위한 원고 준비에 귀중한 도움을 주셨습니다.

또한 언어학, 언어심리학, 그리고 인지과학에 관하여 전문지식을 함께 공유해주었을 뿐 아니라, "정신분석 심리학 강의" 안에 있는 코헛의 도표를 재현하는 과정에서 컴퓨터그래픽을 포함한 기술지원을 담당한 아들 Franz Seitz 박사에게도 감사드립니다. 특별히 매 순간마다 나를 지지해주고 격려해주신 Randi Rubovits-Seitz 박사에게 따뜻한 감사의 말을 전합니다.

역자 서문

　인간은 누구나 행복한 삶을 원하지만, 미래의 삶은 누구도 예측할 수 없다. 불확실한 미래를 과거보다 더 행복하게 살기 위해서는 그 동안 자신이 경험했던 모든 자료들을 최대한 많이 활용할수록 행복할 확률이 높아질 수 있다. 현재의 나를 정확히 알면 과거의 잘못을 바꿀 수는 없을지라도 최소한 그 잘못을 되풀이 할 확률은 현저히 낮아지기 때문이다. 결국 나를 아는 만큼 행복할 수 있는 가능성은 높아지게 된다.
　처음에 신경증 환자들을 치료할 목적으로 신경증의 원인을 탐색하던 프로이트는 무의식적 상태에서의 정신활동을 발견한 후, 본격적으로 인간의 정신과정을 탐구하게 되었다. 즉 방출되어야 할 세력이 정상적으로 방출되지 못하고 신체로 전환된 것이 바로 신경증 증상이었고, 제대로 방출되지 못한 소원들이 작업을 통해 왜곡된 모습으로 잠자는 동안 의식되는 내용이 바로 꿈이었다. 이렇게 드러난 현상의 모습은 달랐지만 무의식 상태의 정신과정의 원리는 모두 같았다. 결국 프로이트는 인간 정신활동의 원리를 발견하게 된 것이다. 즉, 생명을 유지하기 위한 신체의 항상성과 마찬가지로 정신 역시 항상성을 유지하려는 관성을 가지고 있는데, 이를 위해 차원이 서로 다른 신체와 정신 사이에서 정신활동을 요구하는 자극으로 기능하는 그 무엇, 곧 본능이 존재하고, 이 물질은 결국 정신의 항상성을 유지하기 위해 활동한다는 사실을 알게 된 것이다. 이로써 인간의 정신활동 과정을 연구하는 정신분석학이 탄생하게 되고, 이렇게 탄생된 정신분석학을 코헛은 우리에게 알기 쉽도록 잘 설명해 주었다. 나는 이 "코헛의 프로이트 강의"를 통해 독자들이 프로이트가 발견한 인간의 정신활동 원리와 과정을 잘 알게 됨으로써, 행복한 삶을 위해 자신을 찾아가는 항법지도로 활용해볼 것을 추천한다.

이 책이 세상에 나오기까지 수고해주신 임 선미 선생님과 박상희 선생님께 감사드린다. 아마 이 두 분의 따뜻함과 예리함, 그리고 꼼꼼함과 풍성함이 없었더라면 결코 이 책은 빛을 보지 못했을 것이다.

이 책이 출간되기까지 기도와 사랑으로 끝까지 격려해준 가족들과 지원을 아끼지 않은 많은 분들께 감사드리며, 특히 이 재훈 소장님과 현대정신분석연구소에 깊은 감사를 드린다.

2018년 새해
탄금호 하늘채에서

서 론

하인즈 코헛Heinz Kohut은 자기심리학을 발달시키기 오래전에, 그는 많은 동료들과 학생들에 의해 시카고 정신분석학회에서 최고의 이론가이자 교수로 존경받았다. 코헛은 자신의 "고전적 분석에 대한 지적, 정서적 기여"에 자부심을 가졌다(Kohut, 1978b, p.932).

> 나는 고전적인 이론을 공부해왔고, 또 고전적 이론에서 가치를 발견하고 분리할 수 있을 만큼 충분히 잘 알고 있습니다. 그래서 시카고 학회에서 수 년 동안 가르쳤던 초심리학 과정에서 관련성이 없거나 설명력이 없는 전통적 이론부분은 덜 강조하고, 관련성과 설명력이 있는 부분을 강조했습니다(pp.932-933).

코헛(1978b)이 자기심리학에서 제시했던 이론의 틀조차도 전통적인 정신분석에 대한 그의 헌신을 강조하였다. 그는 자신이 이 이론적 구조를 공식화하는데 세 가지 기준을 설정하였다. 첫째, "새로운 자기심리학은 전통적인 정신분석학 이론과 깨지지 않은 연속체로 이어져 있어야 한다." 둘째, "특히 현대 자아심리학의 형태로 확장되어 비록 그 이론이 제한된 영역에서 적용된다 할지라도, 고전적 이론들이 틀린 것도 시대에 뒤떨어진 것도 아니라는 사실을 무시해서는 안 된다." 셋째, 새로운 이론은 "독단적이고, 최종적이 아니라, 발전 가능성과 변화에 개방적이어야 한다."(p.937)

나는 자기심리학의 발전에 앞서, 시카고 연구소에서 10년이 넘도록 코헛의 동료이자 협력자였으며, 동료 교수이자 친구였다. 그는 정신분석가로서 생애 내내 프로이트 학자와 이론가, 그리고 임상의와 교수로 헌신했다. 그는 정신분석적 심리학의 필요한 복잡성을 강조하였으며, 그 복잡성을 가르치고, 설명하는데 그의 많은 창조적 에너지를 쏟아 부었다. 그는 프로이트 이론의 복잡성을 단지 단순화한 것이 아니라, 독특하고도 축소되지 않는 통합의 방법으로 이해하기 쉽게 하는데 성공했다.

코헛의 연구에서 주된 관심이 자기심리학에 초점이 맞추어져 있기 때문에, 그의 몇몇 최고의 사고가, 특히 프로이트 이론의 통합이 사라질 위기에 놓여있다. 그의 저술의 대부분은 Paul Ornstein이 편집한 The Search for the Self(1978a,b, 1991a,b)에 수집되어 있지만, 그의 자기심리학 이전의 많은 저작들은 프로이트 관점에 대한 코헛의 숨결과 심리학적 깊이가 드러나지 않는 서평과 공개 토론회, 그리고 기사로 되어 있다. 코헛과 내가 공동집필한 "Concepts and Theories of Psychoanalysis"(Kohut and Seitz, 1963)는 정신분석 이론에 대한 그의 이해를 가장 잘 보여주고 있다. 어쨌든 우리 대다수와는 달리 코헛은 그가 강의할 때 정신분석 이론을 상세히 설명하는데 최선을 다했다. 그런 부분을 염두에 두고 나는 프로이트 이론에 대한 코헛의 통합을 제시하는 가장 효과적인 방법은 아마도 코헛과 몇 년 전에 공동집필했던 정신분석학에 대한 그의 출판되지 않은 강의요약을 통해서 일지도 모른다는 생각이 들었다.

코헛은 자기심리학의 발달에 앞서 10년 동안 시카고 정신분석학회 지원자들에게 2년 과정의 정신분석적 심리학 이론을 가르쳤다. 몇 년 후에 그 경험을 되돌아보며 코헛(1972-1976)은 그 과정을 다음과 같이 회고하였다.

그 과정은 교육과정 중 2~3년차에 주어지는 2년 과정으로, 연대기적 접근과 체계적 접근을 혼합하여 사용함으로써 정신분석 이론을 다루었다. 나는 이 과정에서 Breuer's Anna O와 "굴뚝청소"에 대한 Anna O의 의미에 대한 Freud의 과학적이고 개념적인 돌파구로부터 정신분석 발달에 대한 접근을 점진적으로 연대기적 관점으로 발전시켰다. 그런 시작부터 나는 계속 이어지는 일련의 발견들과 이론화들이 우연한 발전이 아니라, 실제로 발견과 이론 정립이 일종의 사전 계획의 전개였던 것처럼 보여주려 노력했는데, 내 생각에는 대체로 잘 되었다. 첫째로 거기에는 모든 개입하는 구조들을 무시하고, 있는 그대로의 개념화와 마치 종기가 절개되는 것처럼 숨겨진 것들에 대한 통찰이 있었다. 이것은 무의식적 자료들에 직접적으로 미치는 아주 좋은 접근법이었다. 물론 그것은 여러분도 알다시피 최면술로 시작되었다. 그리고는 방해하는 구조들에 점점 많은 관심을 기울였다. 그러다가 이제 분석적 탐구의 과정에서 도달해야할 것이 무엇인지는 더 이상 문제가 되지 않았다. 오히려 분석적 탐구과정 속에서 방해하는 구조에 어떻게 도달할 것이며, 방해하는 구조 즉, 방어가 무엇인지, 그리고 그것이 무엇이든지 모르게 고립되어 있는 어린 시절 외상적 경험의 기초위에 일어나는 발달이 무엇인지가 문제가 되었다. 그리고 당연히 이 방어적인 발달이 어떻게 발생하는가를 배우는 것은 점점 중요해지기 시작했다. 다른 말로 말하면, 자아심리학이 어떻게 이드심리학으로부터 점진적으로 발달했으며, 현재 우리가 저항분석, 자유연상에 의한 분석, 또는 성격분석이라고 부르는 분석의 형태가 최면술을 통하여 무의식으로부터 그 내용물을 가져오는 치료적이고 탐색적인 접근으로부터 어떻게 점진적으로 발달했는지 중요하게 되었다. 간단히 말하면 방해하는 구조가 통찰되는 내용보다 점점 더 중요하게 되었다. 그래서 전반적으로 이것이 내가 그 당시 수 년 동안 했던 접근방법이었다(pp.125- 126).

표현이 풍부한 언어사용과 즉흥적인 강의 스타일을 겸비한 코헛의 정신분석이론의 전문지식은 이 과정을 학생들에게 잊지 못할 추억으로 만들었다. Paul Ornstein (1978c)은 코헛의 강의에 대하여 다음과 같이 기술하였다.

이 강의에서 나에게 가장 인상 깊었던 것은 코헛의 정밀함이었는데, 우리가 마치 "정밀과학"을 다루듯이 미묘한 차이의 의미를 강조했다. 이러한 태도는 우리에게 임상자료로부터 임상이론 및 초심리학까지 논리의 창조적인 도약을 보여주었다. 그리고 동시에 불확실성의 영역과 특정 개념의 애매모호함, 그리고 우리에게 근본적인 지식이 아직 부족한 영역을 보여줬다. 똑같이 두드러진 것은 임상에서 이론으로 그리고 이론에서 임상으로 쉽게 이동할 수 있는 능력이었다. 그래서 우리는 정신분석 이론이 세워놓았던 것 위에서 기본적인 임상자료에 대한 즉각적인 감각을 갖게 되었던 것이다(p.3).

Ornstein은 코헛의 강의를 "통합을 위한 특유한 재능인 독창성이 드러난다."(pp.3-4)고 덧붙였다. - 그것은 프로이트 이론에 대한 코헛의 통합과 그리고 전통적인 정신분석과 후기 자기애 및 자기심리학의 개념과의 사이에 구축한 연속성조차도 혼합주의적 추론을 위한 고도로 발전된 역량의 산물이었다는 나의 견해와 가깝게 일치하는 관찰이었다.

　　코헛과 나의 공동작업은 1958년에 시작되었는데, 나는 3년 뒤에 시카고학회의 회원으로 참여했다. 내가 시카고학회 학생으로 있을 당시에 코헛은 아직 정신분석학의 강좌를 시작하지는 않았다(1950-1955), 그러나 얼마 지나지 않아 나는 그 학회의 회원이 되었고, 학생들로부터 그의 강의가 얼마나 좋은지를 듣게 되었다. 그래서 나는 그에게 그 강의를 청강할 수 있겠는지를 물었고, 그는 허락했다. 그 강의는 2년 동안 격주 주말에 2년차, 3년차 학생들에게 주어졌다. 나는 학생들의 질문에 코헛이 답변하는 토론에 적극적으로 참여하지는 않았지만, 강의와 토론을 주의 깊게 듣고 기록했다.

　　학생들과 마찬가지로 나는 그 강의가 흥미롭고 유익하다는 것을 알았으며, 또한 강의 내용들 가운데 코헛과 토론할 필요가 있고, 또 토론하고 싶은 내용들에 대한 많은 질문들을 갖게 되었다. 그는 강의가 끝난 뒤 내가 명확하지 않았던 부분들을 논의하기 위해 기꺼이 나를 만나 주었다. 그런 만남은 곧 내가 강의안을 만들고 있는 광범위한 기록들에 대한 협력으로 이끌었다. 분명히 그는 나의 기록들이 미래의 출판을 위한 가능성이 있음을 인식하고, 그 후 1963년에 함께 출간했던 책 속에 그것들이 구체화되었다. 각

강의를 마치고 이어지는 우리들의 만남은 그날의 강의에 관한 질문들뿐만 아니라, 코헛의 설명과 면밀함에 근거하여 지난 주 강의에 대하여 내가 기록한 내용도 재검토하게 되었다.

2년 과정이 끝날 무렵, 강의 기록의 분류와 재작업을 통해 125페이지의 개론으로 만들 수 있었다. 개론의 모든 어법과 글귀는 나의 것이고, 개념적 내용들은 코헛의 것이었다. 그것은 아마 그의 모국어가 독일어이고, 또 그가 가끔 길고 복잡한 문장들을 사용하기 때문에 서면형식보다는 강의를 듣는 것이 훨씬 문제가 적기 때문이었다. 나의 개론 작성은 두 가지의 목표에 의해 인도되었다. 강의의 실질적인 내용을 정확하게 기록하여 명확하게 읽기 쉽고, 가능한 이해하기 쉽도록 하는 것이었다. 이 개론을 하나는 코헛을 위해, 다른 하나는 나를 위해 두 권을 만들었다. 출판을 위한 개론을 준비하면서 남아있는 모호한 표현을 명확히 하고, 보다 읽기 쉽고, 반복을 제거하기 위해 본문을 다시 살펴보았다.

나의 강의 기록들과 개론에 대한 공동 작업에 이어서, 코헛은 나에게 자기가 도시를 떠나있을 때 대신하여 시카고 강좌의 대리 교수가 되어줄 것을 요청했다. 당시 미국 정신분석학회장직과 총무직으로 인해 당시 몇 년 동안 빈번히 자리를 비웠기 때문이었다. 또한 그는 자신에게 써달라고 요청받은 "성격의 개념"[1]이라는 제목의 책을 공동으로 작업하자고 제안했다. 나는 그 두 가지 작업에 참여하기로 했는데, 그것은 우리들의 공동작업을 계속할 수 있

---

1) *Concepts of Personality* (Wepman and Heine, 1963)

게 해주었고 또 확장시켜주었다. 이 개론은 가르치는 일 및 저술 작업 두 가지 모두에 유용했다. 그것은 강의하는데 있어서 나에게 교육적인 길잡이가 되었고, 또 책을 집필하기 위한 초안 작성의 기초자료로 사용되었다.

코헛과의 공동작업은 지적으로 매우 만족스러웠으나, 때로는 어려웠다. Ornstein(1978c, p.3)이 "정밀함precision"이라고 표현할 정도로 코헛은 때로는 전체적인 느낌과 문장의 어감을 희생해서라도 자기가 생각하고 있는 단어나 문장을 강력히 고수하는 꼼꼼한 사람이었다. 그가 안나 프로이트Anna Freud와의 주고받은 편지에서 그녀는 코헛이 문장들에 "끼워 넣기"를 너무 지나치게 자주 사용한다고 주의를 환기시키기도 했었다. 이것은 정확하고 포괄적인 시도이기는 하지만, 오히려 독자들에게 혼란스런 영향을 끼친다는 것이다. 이런 그녀의 충고에도 불구하고, 코헛은 각 개념들에 대한 정확한 어휘들을 찾는데 포기할 줄 몰랐다. 만약 내가 넘어가자고 제의하면, 그는 우리가 "올바르게 이해시켜야"한다고 주장했다. 나는 그 일을 끝내는 것에 더 많은 관심을 갖고 있었다. 반면 코헛은 사고와 언어의 정확성에 열중했다(예를 들어, Kohut, 1981a, p.525, 이때도 임상에서가 아니라 강의할 때인데, 여기에서 그는 자신의 저작물의 최종 서식에 대하여 "매우 까다로운" 사람이라고 스스로를 표현했다. 그는 강의할 때 자연스러웠으며, 단어를 찾지 못해 난처한 적이 없었다). 우리들의 차이점에도 불구하고, 혹은 아마도 부분적인 상호 보완성의 의미 때문에 우리는 끝까지 충실하게 작업해서 "정신분석의 이론과 개념Concepts and Theory of Psychoanalysis"(Kohut and Seitz, 1963)이라는 제목으로 글을 완성했고, 이 책의 제2부에 실려 있다.

　이 글이 완성되었을 때 쯤, 나는 2년의 과정 중 1년을 내가 강의하고, 나머지는 자신이 강의하자고 제안했던 코헛을 위한 대리 강의를 충분히 할 수 있었다. 2년 동안 그렇게 하고 난 후, 코헛은 그 과정에서 완전히 물러나고, 그 과정을 나에게 넘겼다. 내 입장에서 보면 그 강의과정이 나에게 넘어온 것은 득이 되기도 하고, 실이 되기도 했다. 전 과정을 강의할 수 있다는 만족감이 있었지만, 동시에 나는 코헛의 뒤를 잇는다는 것은 불가능하진 않지만 매우 어렵다는 것을 깨달았다. 나의 강의 스타일은 코헛보다 교훈적이지 못해서 학생들은 더 많은 강의를 요구했다. 좀 더 분명하게 말하면, 학생들이 더 원했던 것은 당연히 코헛이었다.

　내가 학회를 떠나기 전 1966년에 코헛과 나는 "정신구조의 변화Varieties of Psychological Structures"와 "정신기능의 세 가지 요소 Three Sectors of Psychological Functioning"(전이의 요소들, 점진적인 중립화, 창조성)라는 두 작품을 공동으로 집필하기 시작했다. 이 두 작업은 코헛이 정신분석관련 학회에 제공했던 다양한 강연 자료들을 토대로 작성되었다. 그 후 내가 학회를 떠난 뒤에 어느 누구도 그 작업에 충분한 관심을 기울일 수 없었고, 그래서 그 저서들은 완성되지 못했다.

　정신분석학(1958-1960)에 대한 코헛의 강의개론은 이 책의 제1부에서 처음으로 발간되었다. 이 개론을 토대로 한 1963년 논문과 함께 이 강의 자료들은 코헛 전문지식의 유용성과 프로이트 이론의 독특한 통합으로서 대표적인 예로 들 수 있다. 확실히 강의 자료들 중 일부 측면, 예를 들어 초심리학적 이론화와 주로 심리내적 사건들에만 한정되어 초점이 맞춰진 측면들은 요즘 시대에 뒤떨어진 것처럼 보인다. 그러나 자료의 대부분은 역사적으로 프로이트의 이론체계의 발달에 대한 관점뿐만 아니라, 자아심리학과 자기심리학, 그리고 정신분석적 이론에 대해서도 마찬가지로 여전히 관련되어 있다. 각각의 강의는 단 몇 페이지로 요약되어 있다는 사실은 어쩔 수 없이 표현 어조를 원래의 즉석강의 어조에서 신중하게 말을 골라 요약하는 어조로 변경시켰다. 또 다른 차이점은 글 쓰는 스타일이 코헛이 아닌 내 스타일이어서, 그가 말하는 단어들을 내가 간결한 문어체로 변형시킴으로써 교수로서 코헛의 특별한 흡인력이 많이 상실되었다. 반면에 강의의 기본개념 내용은 충실하게 기록했으며, 코헛이 여러 번 검토하고 또 검토했다.

나는 자기심리학자들을 포함하여 현대의 많은 정신분석자들이, 내가 그랬고 또 여전히 그런 것처럼, 이 강의 자료에서 흥미로움과 유익함을 발견하기를 바란다. 프로이트 이론에 대한 코헛의 해석은 여전히 많은 부분에서 관련이 있을 뿐만 아니라, 코헛이 그 위에 자기애와 자기심리학의 개념을 구축한 프로이트의 이론적 토대는 코헛의 이후 공헌을 이해하는데 없어서는 안 될 요소이다(Kohut, 1984, p.221). 코헛이 나중에 자기심리학에 대한 강의에서 언급한 바와 같이 "만약 프로이트가 발견했던 모든 것들을 미처 알지 못했다면, 우리가 지금 가지고 있는 이러한 통찰력들에 도달할 수 없었을 것이다."(1972-1976, p.356)

이 책의 제3부는 프로이트 이론을 통합하는 코헛의 방법을 이해하려는 시도이다. 나는 그가 이 "느슨하게 연결된 이론적 체계"(Kaplan, 1964, p.298)의 복잡성을 지나치게 단순화하지 않고 어떻게 처리했는지 발견하기 위한 노력의 일환으로, 정신분석 이론에 대하여 우리가 썼던 글뿐 아니라 코헛의 정신분석학 강의 자료들을 다시 연구했다. 나는 코헛이 프로이트의 논문들 속의 혼합주의적인 개념들, 즉 서로 다르거나 상반된 현상들을 특별한 방식으로 결합하고 통합하거나, 종합하는 개념들에 자주 초점을 맞추는 것을 발견했다. 나는 코헛이 프로이트의 논문 속에 있는 혼합주의적인 개념들에 초점을 두고 정신분석 이론을 통합하고 설명하는데 그것들을 사용한 다양한 사례들에 감명 받았다. 그 발견을 설명하기 위해서, 나는 프로이트가 그의 개념과 이론들을 공식화하기 위해 사용했던 혼합전략 위에 코헛이 그려 넣었던 많은 예들을 제시했다.

제4부는 제3부에서 발견한 것들을 코헛이 나중에 연구한 자기애와 자기심리학까지 확장했다. 프로이트의 논문들 속에서 관련된 자료들과 마찬가지로 이후의 주제에 대한 코헛의 논문들을 다시 연구함으로써, 그 안에 적용되어진 통합적인 경향이 있는 많은 사례들을 발견했는데, 그 코헛의 혼합주의적인 경향은 자기애와 자기심리학에 대한 그의 발전적인 개념과 전통적인 정신분석 사이에 그가 구축한 많은 연속체들처럼 실효성이 있는 것으로 보이는 코헛 초기의 프로이트 이론에 대한 통합의 특징으로 여겨진다. 따라서 코헛의 연구가 최종적이고 가장 완벽하게 개발된 단계에서조차도, 이 책은 프로이트의 연구와 개념들, 그리고 이론들을 조명하는 것으로 보인다.

제 1 장

코헛의 정신분석학 강의

(1958-1960)

HEINZ KOHUT AND PHILIP F. D. SEITZ

제 1 강

정신분석학의 세 발달 시기

이 과정은 프로이트[1]에 의해 발달된 이론들을 소개하는 과정이다. 정신분석 이론은 고정된 지식의 체계가 아니라, 끊임없는 변천을 겪어왔다. 이 과정에서는 안나 O사례부터 "국제저널"에 실린 최근 논문들에 이르기까지 연대기적인 발전과정을 엄격하게 시도하는 것은 아니다. 대신에 이 이론들은 대개 역사적인 순서에 따라 "큰 덩어리"로 논의 될 것이다. 과거로부터 제시된 것이 지금 우리가 알고 있는 것에 의해 각색될 것이다.

첫 번째 시기(대략 과정의 첫 해)는 브로이어와 안나 O가 함께 시작한 때로부터 프로이트가 새로운 논문을 쓰기 시작했던 1920년대까지 다룬다. 당시 논문으로는 『쾌락원칙을 넘어서』(1920),

---

1) S. Freud. 독일어 발음에 충실하기 위해 "프로이트"로 번역하였다.

『집단심리학과 자아분석』(1921), 『자아와 이드』(1923), 『억압, 증상 그리고 불안』(1926a) 등 이다. 두 번째 시기는 1920년대부터 1937년까지 연장되었고, 세 번째 시기는 이 과정에서 다루지 않는 1937년 이후 현재까지 확장되었다. 이 과정은 여러분들의 과제독서, 즉 여러분이 읽을 책을 통합하고 조직화하는 시각을 제공하려한다.

첫 번째 시기는 "원 본능의 시기", "무의식의 시대", 그리고 "유아성욕의 시기"라는 표제어로 이름 붙여져 있기도 하지만, 그런 식의 표현은 당시 상황에 대한 진정한 표현은 아니다. 당시 주된 관심사는 압도적으로 자신도 모르지만 그 사람의 내부의 힘에 의해 특정 방식으로 행동하게 하는 무의식의 새로운 경험이었다. 하지만 곧바로 프로이트는 무의식을 유아기의 정신생활, 유아성욕, 그리고 어린 시절 충동들의 잔재물로 여기게 되었다.

두 번째 시기는 오늘날 구조적 관점과 관련지어 생각하는 시기로, 이드, 자아, 초자아, 그리고 외부세계라는 조직이 특징이다. 만약 그 시기의 강조점을 기준으로 두 시기를 구분하지 않는다면, 두 시기의 구분은 인위적인 것이 되고 만다. 예를 들어, 자아의 개념은 1890년대 프로이트에 의해 이미 잘 알려져 있었지만, 당시에는 그렇게 많이 강조되지 않았다. 대신 프로이트는 유아기 충동에 대한 보다 인상적인 발견과 그것들이 어른들에게 어떻게 지속되는지에 더 집중했다. 첫 번째 시기의 논문들은 다음 시기에 보다 발전될 것들의 전조가 되었다. 자아의 중립화 능력과 유아시절, 그리고 어린 시절의 경험들과 같은 개념들조차도 프로이트의 초기 논문들 속에 예상되어 있다. 두 번째 시기 동안 인격의 다른 측면들은 더 중요하게 간주되었다.

1920년까지 프로이트는 오로지 유아기의 욕동, 곧 유아성욕 하나에만 초점을 맞추었다. 두 번째 시기동안 유아공격성과 적개심에 대한 추가 연구로 욕동심리학은 확장되었고 풍부해졌다. 프로이트는 물론 유아공격성에 대하여 이미 알고 있었다. 예를 들어, 그는 어린 아이의 오이디푸스적 충동이 리비도적 섭취성욕뿐만 아니라, 경쟁적인 적개심인 죽음충동까지 포함한다는 것을 알았다. 프로이트는 『쾌락원칙을 넘어서』(1920)라는 논문에서 유아공격성과 적개심의 잔재물들은 유아성욕의 파생물로서 성인 신경증의 형성에 똑같이 중요하다고 주장했다.

프로이트의 임상적 관심과 연구에는 논리적인 순서가 있다. 그는 히스테리로 시작해서 강박신경증으로, 그 다음에는 우울증, 그리고 마지막으로 편집증과 정신분열증으로 변화했다. 그는 표면에서 안쪽으로, 경미한 형태에서 더 심한 형태의 정신병리학에 이르기까지 연구한 것으로 보인다.

세 번째 시기는 "자아 자율시대"라고 명명하기도 한다. 원래 자아는 이드의 변형으로부터 비롯된 것으로 생각되었다. 세 번째 시기에서 자아는 본래 부모로부터 물려받은 구조로 생각되었다. 그의 1937년 논문 『끝이 있는 분석과 끝이 없는 분석』에서 프로이트는 방어가 오로지 본능의 변화와 유아기의 경험들에 근거하여 설명될 수 없다고 지적했다. 그는 사람의 인격발달에 틀림없이 보다 많은 어떤 요인들이 있음을 결론내리고, 타고난 욕동들과 유아시절의 외상적 좌절의 요인들에 덧붙여, 자아는 반드시 어떤 발달 선상까지 선천적인 성향을 갖게 한다고 제의했다.

같은 시기에 하인즈 하르트만Heinz Hartmann(1939)은 일차적, 이차적 자아의 자율성에 관한 중요한 이론을 제시했다(*Ego Psychology and the Problem of Adaptation*, 1939). 이차적 자율성에 관하여 자아의 특정한 습득물은 유아갈등의 특별한 시기 동안에 강화된다. 예를 들면, 아이의 배변훈련을 어떻게 받았느냐에 따라 이후에 질서정연함에 대한 그의 태도에 영향을 미칠 것이다. 교육적 압력을 통해 아이는 즉각적인 배변의 유아적 쾌감을 위한 그의 욕망을 조절하는 법을 배우게 될 것이다. 하르트만[2]은 질서정연한 행동이 비록 갈등에서 유래되었을지라도, 더 많은 발달과정 속에서 그 갈등으로부터 스스로 분리되어 이차적으로 자율적이 된다고 지적한다. 즉, 더 이상 방어가 아니라 "자아의 자율적 기능"인 것이다.

극도의 질서정연함은 강박적인 것으로, 이는 유아적 소망과 성인 행동 사이의 상당한 격차가 있음을 시사한다. 그러나 유아적 욕동의 잔재들이 여전히 남아있어, 더럽히고 싶은 어떤 유혹을 피하기 위해 자아 스스로를 억압할 필요가 있게 만드는 활동을 하고 있다. 임상적 관찰을 통해 강박적 강도는 가학적 항문욕동 자극의 양에 따라 증가하기도 하고 줄어들기도 한다는 것을 알 수 있다.

하르트만이 이차적인 자율성을 언급할 때, 그는 많은 임상관찰로부터 가장 유능하고 적응력이 뛰어난 성인의 행동들조차도, 그런 행동의 유아기 전조들이 강렬하게 갈등한 시기까지 추적할 수

---

[2] H. Hartmann, 독일어 발음에 충실하기 위해 "하르트만"으로 번역하였다.

있다고 말한다. 예를 들면, 성인들의 과학적인 행동은 어린 시절의 호기심과 바라보는 것의 좌절에 그 원형을 가지고 있을 것이다. 수수께끼 같은 난해한 문제들을 해결하는 프로이트의 과학적인 천재성은 아마도 그의 어린 시절의 환경에서 가족들의 매우 다른 연령대에 대한 외상적인 당황함으로부터 부분적으로 발전되었을 것이다. 철회할 수 없는 자율성은 없다. 환자에게 무슨 일이 일어나고 있는지 상황을 파악하고 이해하고자하는 일에 역할을 하는 분석가의 어린 시절 성적 호기심은 보통 자율적이다. 그러나 때때로 자율성을 상실하고, 유아시절의 갈등으로 다시 연결될 수도 있다. 그렇게 되면, 본인이 깨닫지 못하는 사각지대(맹점)가 발생한다.

본능욕동의 발달과 자아의 타고난 성숙능력 모두는 결국 어떤 자아가 되느냐에 영향을 미친다. 자아가 특별한 성장이 진행될 준비가 되어 있는 적절한 시기가 있는데, 하르트만은 이것을 일차적인 자아 자율성으로 개념화하였다. 자아의 발달은 자아 자체적인 관점에서 고찰된다. 외상의 강렬함의 갈등은 자율적인 자아의 타고난 성숙시간표와 양립할 수 없는 경험들의 결과로 발생한다.

제 2 강

정신분석학의 시작

올해의 과정은 주로 구조적 관점의 서론에까지 이르는 정신분석학의 첫 번째 발달 시기에 집중할 것이다. 프로이트의 저서 『꿈의 해석』(1900) 제7장을 살펴볼 것인데, 이것은 거의 3/4 정도에 해당된다. 그 전에, 『꿈의 해석』 1장부터 6장까지 꼼꼼하게 읽기 바란다. 또 다른 독서 과제인 프로이트의 『정신분석 강의』(1915-1917)는 정신분석학의 첫 번째 시기에 대한 가장 좋은 탐구방법이 될 것이다. 이 책은 보다 어렵고 심오한 책으로, 특히 정신병리학에 관한 제3부(1916-1917)는 매우 긴밀한 연구가 요구된다.

정신분석은 마음을 연구하기 위한 이 방법의 진실한 발명가라고 여겨지는 환자 안나 O와 함께 시작되었다. 그녀의 공헌은 그녀가 자신의 고통을 이야기하고 싶어 했고, 또 누군가 들어주기를 원했다는 것이다. 그녀는 사회적으로 활동하는 사람이었고, 초기 정신분석 환자들 모두가 심각하게 불안하고 정신분열증을 앓고 있다는 것을 입증하려는 다양한 시도에도 불구하고, 안나 O의 사례에는 그런 증거는 없다. 그녀의 진짜 이름은 Bertha Pappenheim이었다. 그녀의 정신적인 고통은 바로 히스테리성으로, 예를 들어 분열된 상태와 비현실적인 꿈의 경험들이다.

자신의 문제들에 대하여 이야기하고 싶어 했던 안나 O는 비엔나의 내과 의사인 브로이어Joseph Breuer의 기꺼이 잘 들어주는 귀를 만났다. 그녀는 매우 교양 있고 영어를 할 줄 알았는데, 브로이어도 마찬가지여서 그들은 영어로 치료를 진행했다. 외국어를 사용하는 것은 치료에 있어서 의사와 환자 모두를 위한 경험의 강도를 어느 정도 완화시킴으로써 중요한 요소라 할 수 있다. 안나 O는 그녀의 자유로운 연상에 대하여 "굴뚝청소"라는 단어를 고안해 냈다. 그녀의 진료는 일 년 이상 계속되었고, 실패로 끝나고 말았다. 그러나 치료는 기록되었고, 전이의 복잡성이 증명되었다.

안나 O를 치료한 브로이어의 경험이 프로이트의 관심을 끈 것은 몇 년이 지난 뒤였는데, 프로이트는 그것을 관찰의 방법으로뿐 아니라, 관찰로부터 나온 추상적 개념들로 사용함으로써 정신분석의 발달을 위한 기초로 사용하였다. 안나 O의 굴뚝청소 개념 이래 정신분석 이론의 초석은, 그것이 만약 제거되면 문제들이 개선되고, 장애가 제거되며, 그것들로부터 자유로워지는 "어둡고 더러운" 것들을 "쓸어내 버리는" 그런 개념이었다. 정신분석에서 이 개념은 종양을 치료하기 위해 종양을 빼내고 증상을 제거하는 외과적 모델을 따른 것이다. 이제 우리는 안나 O가 전이신경증을 발전시켰고, 이제 그녀에게는 증상을 제거하는 것보다 브로이어를 만나는 것이 더 중요하게 되었다는 사실을 알았다. 이 사실을 눈치 챈 브로이어 부인은 안나 O에 대하여 장기간 이어지는 브로이어의 치료에 질투하게 되고, 결국 이탈리아로 오랜 가족휴가를 가자고 졸랐다.

종양을 짜내는 외과적인 모델을 기초로 한 브로이어의 초기 이론은 아주 좋은 이론이었다. 하르트만의 표현에 따르면, 관찰된 사실로부터 적절한 거리가 있다. 사실에 너무 가까워서 단지 그것들을 반복하는 것도 아니고, 또 너무 멀리 떨어져 있어 임상적 즐거움을 잃는 것도 아니다. 좋은 이론은 관찰된 사실로부터 적절한 정도의 일반화를 가지고 있다.

굴뚝청소의 개념은 브로이어와 프로이트가 같이 쓴 『히스테리 연구』(1893-1895)에서 "카타르시스"의 개념이 되었다. 처음에 "종양"은 생각들로 구성된 것이라 여겨졌다. 그러나 곧 프로이트에게 생각이란 어떤 방식으로든지 에너지가 충전된다(소위 "집중된다cathected")는 것이 분명해졌다. 프로이트는 관념적인 내용의 해석만으로는 증상을 완화시키지 못한다는 사실로부터 위와 같은 결론을 내렸다. 프로이트가 가정한 대로 관념들에 "집중되어야" 하는 "충전charge"은 감정의 충전이었다. 따라서 치료의 주요 쟁점은 채워진 감정적 충전을 찾아내 그것을 빼내는 것이었다.

환자가 때로는 "진이 빠지는" 것을 원치 않기 때문에, 기술상 환자에게 강요하는 점에서 외과적 수술과 같다. 이럴 때 거의 대부분의 사람들이 매우 많이 소문난 대로 최면술을 사용하고 있었다. 그래서 프로이트도 종양을 강제로 빼내기 위해 최면술을 사용했다. 그것은 증상을 명령으로 없애기 위해 최면술을 사용하는 것으로부터 감정정화의 목적을 위해, 즉 증상의 원인을 발견하기 위해 사용하는데 까지 대단한 발전이었다. 최면술 사용에 대한 프로이트의 초기 저서는 브로이어와 안나 O의 경우처럼 환자가 점점 더 최면술 치료를 받기위해 되돌아오는 경향이 있다는 점을 지적했다. 프로이트는 그 당시의 현상을 이해하지 못했는데, 왜냐하면 그는 아직 전이에 대해서 알지 못했기 때문이다.

그 후 프로이트는 근원적인 "정신적 종양"과 의식 사이에는 분명 종양이 의식되는 것을 막는 어떤 힘이 존재한다는 이론을 발전시켰다. 그 개념은 치료법의 변화를 가져왔다. 환자가 자신들의 저항과 싸우도록 둔다. 어쨌든 카타르시스로부터 저항분석으로의 변화는 (증상들을 명령으로 없애기 위해) 최면술에서부터 카타르시스에 이르는 단계만큼 중대한 것은 아니다.

이 단계의 개념들은, 예를 들어『방어의 신경정신학』(1894)과 같이 1890년대 초반의 개념들이다. 이 단계에서 그 개념들은 이미 놀랍게도 완벽했다. 즉, 그 개념들은 무의식, 무의식에 대한 방어, 외상경험에서 비롯된 의식분열, 그리고 치료과정에서 외상 사건과 감정의 재경험을 포함했다. 프로이트는 또한 변화되어야만 할 것이 분쟁의 한 측면이 아니라, 양측 모두 다뤄야만 한다는 것을 알았다. 아마 당시에 프로이트가 몰랐던 주요한 것은 전이였을 것이다.

원래 심리적 외상이란 개념은 매우 단순하다. 즉, 사람이 감정에 압도되었던 최근 사건을 말한다. 프로이트는 오래지않아 최근의 사건이란 단지 중간에 일어나는 외상일 뿐이라는 것을 추론했다. 그는 최근의 외상들이 특정적으로 재발하는 콤플렉스 주변으로 밀집하려는 경향이 있는데, 그 콤플렉스는 보통 성적인 것이며 어린 시절의 사건을 방해하기 위해 거슬러 올라가려 한다는 것을 관찰하였다. 결국, 그는 모든 외상들은 인생 초기에 경험한 외상 경험이 주원인이라고 믿고, 어린 시절의 성적 사건들을 추적하였다. 그런 문제들의 치료와 관련하여, 프로이트는 항상 임상적 관찰, 이론 및 치료간의 상호작용의 중요성에 민감했다. 그는 비록 즉각적인 효과는 미약하지만, 정신분석이 심리치료법 중 최고라고 여겼다.

첫 번째 시기의 "유일한 이론"은 없다. 누구나 제안할 수 있는 모든 것은 어떤 특정한 시기에 특정 사안을 강조한 다소 일반적인 이론이다. 프로이트는 신경증 현상뿐만 아니라, 정상적인 행동까지도 포함하는 이론을 발전시키기를 원했다. 그것이 일상생활의 정신병리학(1901)에 대한 연구가 그에게 그토록 중요하게 된 이유이다. 전체적인 정신적 기능에 대한 그 개념들의 존재를 논증함으로써 그가 말하는 정신병리학에 대한 개념들의 타당성이 증명되기를 희망했다.

"그 계획"(1895)은 "신경학화"하려는 시도였지만, 프로이트는 곧 그 필요를 넘어섰다. 그 계획이 갖고 있던 어려운 문제는 그런 행동들이 신경생리학적으로 어떻게 발생하는지를 발견할 방법이 없다는 것이었다. 그러나 오랫동안 프로이트는 구체적인 이미지로 개념화할 필요가 있다는 입장을 고수하고 있었다.

프로이트는 자신이 관찰한 다량의 심리적인 자료들을 분류하고, 정렬하기 위하여 단순한 형태의 "정리원칙들ordering principles"을 사용했다. 그래서 그는 다섯 가지의 정리원칙을 개발하여 사용하였다.

1. "심층 심리학"의 개념에 포함된 원칙
   – 즉, 정신기능의 수준, 심리적 기능의 계층구조
2. 지형학적 관점
3. 역동적 관점
4. 경제적 관점
5. 발생학적 관점

제 3 강

역동적 관점과 지형학적 관점

지금까지의 논의는 지난 세기 마지막 10년간 정신분석적 발달을 주로 다루었다. 그 10년 중반에, 프로이트는 자기분석에 착수하여, 자신의 논문 『꿈의 해석』(1900)으로 상당한 결론에 도달했다. 그는 그의 생애가 끝날 때까지, 어쨌든 하루에 30분 정도를 들여 조직적으로 자기분석을 계속했다.

역동적 관점 : 즉, 상호작용하는 힘의 관점으로 현상들을 분류한 것이다. 심리적 자료는 분명히 그렇게 규정하기에 적합하다. 소원, 충동 및 노력은 도식적으로 방향, 힘, 강도, 그리고 목표물을 가진 화살로 표현될 수 있다. 그런 종류의 노력들은 추진하는 힘으로 경험될 수 있다. 유사하게 갈등의 개념은 반대 세력 사이의 힘의 충돌로 도식적으로 표현될 수 있다.

그렇지만 앞에서 말한 개념들 자체만으로 프로이트의 역동적 심리학의 발달에 결정적으로 중요한 것은 아니다. 역동적 관점의 또 다른 두 가지 함축은 프로이트의 사고에 더 큰 영향을 미쳤다. 첫째로, 갈등의 개념은 프로이트에게 마음이 내적 갈등에 대한 타고난 준비성 또는 내적 갈등을 향한 경향성이 있어야 한다고 제시했다. 프로이트 사고의 이런 측면은 매우 중요하지만, 종종 간과되는 경우가 있다. 그러나 이것은 나중에조차 프로이트의 의식 개념에 의해 가려졌다.

그 당시 프로이트는 의식을 "내적 감각기관"으로 생각했다. 프로이트가 말한 역동성의 본질은 중요한 소원들과 노력들, 또는 마음의 힘들이 의식적이지 않다는데 있다. 프로이트의 위대한 천재적 솜씨 중 하나는 대부분의 사람들이 신경증적으로 행동하던지 아니면 의식적인 정신기능의 측면에서 생각하는 경향이 있는데 반해서, 프로이트는 외부세계가 존재하는 것과 같은 의미에서 존재하는 소원, 환상, 꿈 및 기타 정신적인 활동들로 구성되어 있는 정신적 삶이 있다고 상상할 수 있었다는 점이다. 우리는 우리가 볼 수 있던 보이지 않던 외부세계가 존재한다고 가정한다. 프로이트는 정신적 삶에 대해서도 마찬가지일 것이라고 생각했다.

이 개념은 너무도 간단해서 어렵다. 정신분석적 심리학 분야는 정신적 기능의 본질이 의식되지 않다는 원칙에 기반을 둔다. 프로이트는 무의식을 거부하려는 우리의 경향에 대한 이유를 지적했는데, 그것은 우리의 의식적 정신과정에 대한 자부심이 지극히 소중하기보다는, 오히려 뚜렷하게 제한된다는 자존심에 대한 타격인 것이다. 마치 코페르니쿠스가 지구는 우주의 중심이 아니라는 사실을 발견함으로써 인류의 자부심에 상처를 준 것처럼, 마찬가지로 다윈이 우리가 독립적이고 고유한 창조성을 갖고 있지 않다는 사실을 발견함으로써 인류의 자부심에 상처를 준 것처럼, 의식은 단지 작고 상대적으로 정신기능의 중요하지 않은 부분이라는 프로이트의 발견은 우리들의 자존심에 대한 또 다른 타격이었다.

프로이트는 마치 외부 실체의 근본적인 본질이 보이는 것과 아무런 관련이 없는 것처럼, 정신의 본질이 의식과 아무런 관련이 없다고 결론지었다. 그것은 보이거나 또는 의식되는 것과 관계없이 존재한다. 아르키메데스가 우주에 고정점이 주어진다면, 우주 전체를 움직일 수 있다는 그의 주장에서와 같은 의미로 정신분석적 이론화에서 의식의 위치는 고정점이 된다.

무의식 개념에서 핵심 문제는 *무의식적*이라는 단어 그 자체이다. 이 단어는 마치 무의식이 정신기능의 "질"인 것처럼 보이게 하지만, 이전에 지적했듯이, 정신적인 것들의 본질은 그것이 의식적인지 무의식적인지, 보이든지 보이지 않든지 관계가 없다. 정신적인 것의 의식은 그것이 비록 정신적인 것에 대한 순간적인 지각이라 할지라도, 단지 주의가 집중되어 의식에 의해 인식되느냐 그렇지 않느냐하는 정신적인 것들에 대한 주의집중이다. 프로이트는 이런 개념으로부터 지형학적 관점이라 불리는 정리원칙을 이끌어 냈다.

지형학적 관점 : 프로이트는 이 정리원칙으로 일상생활의 정신병리, 꿈, 그리고 농담에 대하여 연구할 수 있었고, 이론화할 수 있었다. 예를 들면, 프로이트는 일상생활의 정신병리는 틀림없이

보이지 않는 다른 조직에 의해 영향을 받는다고 추정했다. 그의 모델은 다음과 같다.

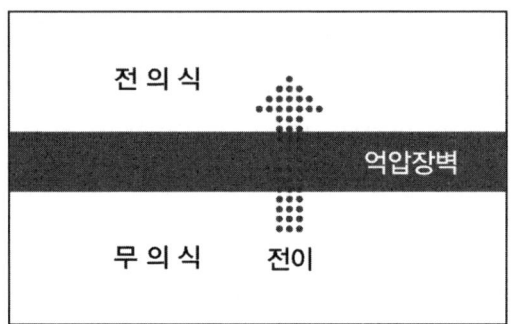

프로이트는 그 메커니즘을 무의식 조직이 전의식 조직에 영향을 미치는 것으로, 많은 오해가 있는 용어인 "전이"라 불렀다.

프로이트는 정신적인 것들에 관하여 그것들의 본질은 역동적이지만, 그것을 알기 위해서는 의식의 감각기관으로 그것을 바라볼 필요가 있다는 것을 임상을 통해 관찰했다. 피셔Fisher의 순간노출기 실험들(1954; Fisher and Paul, 1959)은 그 개념을 강력하게 뒷받침해준다. 즉, 주제가 의식되지 않은 채, 순간적으로 비춰진 아주 복잡한 그림들이 그날 밤 아주 상세하게 꿈에 나타난다.

질문: 프로이트가 자신의 의식개념을 내부 감각기관으로 제시했을 때, 그것이 의식과 전의식, 무의식 과정에 대한 후기 발달 이론인가?

대답: 그것은 그의 이론의 발달 초기에 속한다. 서술적인 관점에서 "무의식적"이란 "의식되지" 않는다. 즉, 의식에

의해 관찰되지 않는다.
질문 : 의식의 감각기관은 자아와 같은 것인가?
대답 : 아니다. 프로이트는 "지각-의식"을 자아의 외부 가장자리에 있는 지각조직으로 생각했다. 외부로 향하면 외부 의식적 지각으로 기능하고, 내부로 향하면 의식적 자기성찰로 기능했다.

질문 : 의식이 자아의 부분일 수 있는가?
대답 : 그렇다. 그 말이 더 합리적이다.

제 4 강

갈등, 전이, 그리고 유아성욕

갈등에 대한 마음의 성향은 프로이트의 이론에서 중요한 개념이었다. 즉, 서로 반대되는 힘의 내부조직과 상호균형을 향한 타고난 경향을 가진 역동적인 조직이다. 외부 좌절(내적 충동들의)조차도 정신기구 자체 내에서 상응하는 부분, 곧 충동들의 반대편에 버티고 있는 내적 성향을 갖는 것으로 간주될 수 있다. 게다가, 프로이트의 가장 초기의 지형학적 모델은 단지 그들 사이에 억압장벽이

의 식 (자아 본능)
억압 장벽
무의식 (성적 본능)

있는 전의식과 무의식으로만 되어있는 것이 아니라, 성적본능과 자아본능 사이의 생물학적 비교 또는 유사성을 포함했다.

프로이트는 무의식을 종족 보존기능을 가지고 있는 쾌락을 추구하는 (성적)본능으로 가득 차 있고, 반면 전의식은 개인의 생존을 보장하려는 자기보존의 (자아)본능들로 채워져 있다고 묘사했다. 두 종류의 본능은 때때로 서로 갈등 속에 있는 것으로 추정된다. 이 개념은 단지 "별난 것"이었지만, 프로이트는 이것을 추구하지 않았다. 그것은 프로이트의 후기 이론의 전조로 볼 수 있지만, 오이디푸스시기의 근친상간적 욕망 *대* 거세공포처럼 심리적인 것이 아니라 생물학적인 이론이다.

갈등에 대한 마음의 준비성향이라는 개념은 그다지 새로운 것이 아니었다. 그렇지만 혁명적인 것은 구조적—지형적인 관점을 지닌 역동적 심리학을 위한 토대였다. 전의식과 무의식 과정의 본질과 특징이 이제는 구별될 수 있다. 프로이트는 무의식에서의 과정들을 "일차과정", 그리고 전의식에서의 과정들을 "이차과정"이라 불렀다. 그리고 그는 이 두 과정이 의식과 독립적이라고 결론내렸다.

이차과정의 원형은 합리적 사고이다. 그러나 우리는 일차과정이 어떤 것인지 실제로 알지 못한다. 우리는 오로지 이차과정에 침투한 일차과정의 예시들로부터 알 수 있다. 일차과정을 직접적으로 설명해 보일 수는 없지만, 그들의 특질과 특성의 일부를 유추할 수는 있다. 예를 들면, 전의식 기능에 "묶인" 소량의 에너지를 사용하는 것과 대조적으로, 일차과정은 압축과 전위에 다량의 "자유로운" 에너지를 사용한다. 따라서 우리는 이차과정만을 연구할 수 있고, 이차과정의 예상되는 행동들이 어떤 식으로든 방해받고 왜곡되었을 때만 일차과정의 행동들을 추론할 수 있다.

일차과정이 이차과정에 침입하는 것을 "전이"라 부른다. 그러한 전이의 예로 강박관념을 들 수 있는데, 그것은 충동에 내몰린 성질을 가지고 있으며, 끈질기게 개입하여 정상적 이차과정인 사고를 방해하고 혼란스럽게 한다. "기술적인 전이"의 현상(분석가들에게)은 전이의 기본(정신 내적)적인 메커니즘의 유일하고도 특별한 형태이며, 나중에 가서야 발견되었다.

프로이트는 전이의 예로 실수 행위와 꿈을 공식화했으나, 그는 또한 신경증 증상을 무의식 과정이 전의식 속으로 침입해서 전의식 속의 내용들에 자신을 부착시킴으로써 발생하는 전이현상으로 설명했다. 예를 들어 글쓰기는 전의식적 행위이지만, 만약 옛날의 수음 콤플렉스가 글쓰기에 첨부된다면, 전의식의 나머지 부분은 글쓰기를 마치 자위행위인 것처럼 취급하여 글쓰기를 하지 않을 것이고, 결국 글쓰기 장애 증상으로 나타날 것이다. 프로이트는 그런 종류의 증상현상을 "전이신경증"이라 불렀다. 이것은 글쓰기 장애가 지속되기 때문에 신경증이다. 실수 행위와 꿈에 관련된 전이는 단지 일시적이므로 증상이라고 간주되지 않는다.

무의식에서 전의식으로의 전이는 "낮의 잔재물들"에 부착하는데, 낮의 잔재물들은 최근의 기억들이고, 가끔 실제적인 의미나 중요하지 않은 종종 덧없는 경험들이다. 예를 들어, 사람을 순간노출기 사진으로 보여준다면, 그는 잠시 힐끗 보는 표면상 무관한 그림들을 그날 밤 꿈 형성에서 낮의 잔재들로 사용할 것이다(Fisher, 1954; Fisher and Paul, 1959). 왜일까? 그것은 그다지 중요하지 않고 실제적인 가치가 부족하기 때문에, 무의식으로부터 전이되는 것들에 쉽게 이용될 수 있고, 빌려줄 수가 있기 때문이다. 같은 메커니즘으로 분석가가 왜 그리 쉽게 전이의 대상이 되는지 설명하는데 도움이 된다. 분석가는 실제적으로 환자의 삶에 직접적인 만족의 원천으로서 별로 중요하지 않다. 만약 분석가가 환자의 지원자, 돕는 자, 친구, 또는 만족시켜주는 사람이 되어야 한다면, 그 분석가는 전이의 대상으로 쉽게 이용할 수 없다. 이른바 정신분석가의 낮의 잔재물의 기능이다.

프로이트의 구조적 지형학 개념에 있어서 또 다른 발전은 감정과 욕동의 쾌락을 추구하는 태도가 본질인 유아성욕에 대한 점진적인 이해였다. 그는 유아욕동의 즉각적인 만족을 방해하는 외부 좌절의 결과로 이드의 외부가 자아로 발달한다고 생각했다. 그는 무의식에서는 쾌락원칙, 곧 즉각적인 만족에 대한 기대가 우세하다고 이론화했다. 대조적으로, 전의식에서는 현실원칙이 지배한다. 쾌락을 추구하는 욕동들은 억제되고, 연기되고, 지연된다. 프로이트가 풀어야 했던 과제는 왜 유아성욕 일부가 전의식적인 이차과정의 행동으로 변형되는 대신 분리되지 않은 채로 남아있었는가에 대한 이유였다.

우리는 유아성욕은 성인들의 관점에서의 성욕과 똑같지 않다는 사실을 명심해야 한다. 유아성욕의 강렬함에 가장 근접한 성인의 정신생활(또는 성인의 경험)은 아마 오르가즘의 높이와 같은 것일 것이다. 그것은 의미심장하게도 다른 종류의 의식인 일차과정의 우연한 의식과 관련이 있다. 성인에게 있어서, 오르가즘은 일차과정의 성질과 강렬함에 근접하는 유일하게 남아있는 경험일 수 있다.

『집단 심리학과 자아 분석』(1921)에서 프로이트는 자신이 비슷한 종류의 다양한 경험들 중에 가장 잘 알려졌다고 여기는 단어인 *potiori* [3]를 선택했기 때문에, 유아기의 경험들에 대한 **성본능**이라는 용어를 바꾸고 싶지 않다고 적었다. 예를 들어 아기가 젖을 빨 때 강렬한 쾌감의 경험은 "성적" 흥분이나 만족과 비슷하다. 프로이트는 모든 행동은 원래 아주 "성적"이라고 이론화했다. 즉, 걷기, 말하기, 보기, 쓰기, 이 모든 것들이 성적으로 경험된 행동으로 시작했다. 나아가서 이 모든 경험들은 다시 성적 만족을 준다. 예를 들어, 강박신경증에서도 처음에 아주 쾌락적인 성적 행동이었던 생각 그 자체가 다시 성적 만족을 주게 되고, 그때 환자의 자아는 생각하는 것조차도 성적 위험으로 취급한다.

전의식이 제대로 작동하면, 전의식적 과정의 탈성화는 매우 효과적이어서 전의식적 행동들은 더 이상 성적인 성질을 갖지 않는다. 이전에 언급했듯이, 프로이트 역시 유아성욕이 탈성화되지 않고, 또 부드럽게 작동하는 전의식 행동들로 변형되지 않는 경우에 대해서도 설명이 필요했다. 그가 그 문제를 어떻게 다루었는지 다음 과에서 논의 될 것이다.

질문 : 낮의 잔재물의 내용과 유아적 소원의 내용과 관련이 있는가?

---

3) 라틴어(격식 또는 법률), 영어: a fortiori(더욱 유력한 이유로, 더욱 유력한 논거가 되는), 독일어: erst recht a potion

대답 : 프로이트는 관련이 있을 수도 있지만, 반드시 그런 것은 아니라고 말했다. 예를 들면, 유아적 소원이 자기 아버지처럼 큰 인물이 되는 소원과 같은 장래희망과 관련이 있다면, 그것은 정교수를 언급한 누군가에 관한 낮의 잔재물에 부착되었을 것이다. 따라서 전의식적 내용과 유아적 소원 사이의 연결은 단지 상징적이다. 전날의 무언가가 어린 시절의 소원을 자극했음에 틀림없다. 유아적 소원을 나타내도록 특정한 날의 잔재물이 선택되어진 것은, 실제적인 소원에서 멀리 떨어져 있는 것에 의해 결정되며, 동시에 충분히 가까워지면 그렇게 너무 직접적으로 행동하지 않고 소원의 표상을 제공하는 것처럼 보인다.

제 5 강

적절한 좌절과 외상적 좌절, 기억과 환상 그리고 백일몽

지난 번 토론의 연장 : 프로이트는 변하기 쉬운 유아성욕의 상당량이 이차과정인 전의식적 행동으로 변형되어 탈성화되지 않고, 쾌락원칙의 지배하에 있는 무의식적 일차과정에 고착된 채 남아있다고 추론했다. 이런 유아성욕 운명의 차이점들을 설명하기 위하여 그는 유아기와 어린 시절에 경험하는 두 가지 형태의 좌절을 구분했다. 즉, 약한 정도에서 중간정도의 또는 유아성욕을 이차과정으로 전환시키는 "적절한 좌절", 그리고 과도하게 강렬한 또는 억압과 유아성욕에의 고착을 만들어 내는 "외상적 좌절"이 그것이다. 이 설명 역시, 환각으로부터 나오는 기억의 발달과 백일몽의 기능에 대하여 오늘 논의될 관련 개념들이 포함되어 있다.

프로이트의 추론에는 유아들이 경험하는 다음과 같은 가상의 연속 경험이 포함되어 있다.

아이가 배고플 때, 무작위적으로 행동함으로써 배고픔을 해소하려고 한다. 엄마가 와서 젖을 준다. 그 다음 번에 아기가 배고프면 구조적인 변화가 일어난다. 즉, 아기는 이전의 경험을 되살릴 수 있고 그것이 무엇이던지 환각적인 만족을 위해 정해져 있는 기억심상들을 사용한다. 환상이 오랫동안 작동하지 않는다. 왜냐하면, 배고픔은 증가되기 때문이다. 무작위적 방출은 다시 일어난다. 엄마가 오고, 만족이 뒤따른다. 이제 아기는 현실과 환각 사이의 다른 점을 처음으로 발견할 기회를 갖는다. 즉, 이전의 실제로 만족했던 환상적인 기억과 현재에 현실적으로 만족하는 실제적인 경험사이의 다른 점을 구별하게 된 것이다.

따라서 아이는 환각된 엄마와 현실적인 엄마 사이의 차이점을 점차 배워 나간다. 환각 속 엄마로는 배고픔이 점점 커지고, 현실적인 엄마로는 진정된다. 이런 경험으로부터 유아는 환각에서 기억을 만들어내는 것을 배우게 된다. 외상의 경험들과는 대조적으로, 그런 가르침을 유도하는 다양한 경험들, 즉 현실과 환상을 구별하는 능력은 "적절한 좌절"의 경험들이다. 외상 경험의 경우 유아나 아동에게 환각적 만족과 실제적 만족의 차이를 구별하는 것이 훨씬 더 어렵다.

유사하게 부모가 아이를 위해 무엇이든지 해준다면, 어린 아이는 유아적이고, 일차적인 과정인 부모와의 동일시를 계속 유지하므로, 어린 아이는 적절한 좌절을 통하여 스스로 모든 것을 할 수 없다는 것을 배우기보다는, 그가 부모들처럼 모든 것을 잘 할 수 있다고 상상한다. 자기애적 특징을 가진 사람은 부모와의 전능한 동일시를 많이 볼 수 있지만, 기술은 없다.

어린 아이가 성장하면서 (부모와의 관계 속에서) 발생한 외상의 양과 횟수는 크게 변화한다. 외상은 늘 발생한다. 외상은 경험의 내용이 아니라, 그 양과 강렬함을 나타내는 정신분석학의 심리경제적 개념이다. 외상의 정도는 어느 정도 외부 사건에 근거를 두고 있지만, 아이의 삶 속에서 그 사건이 발생했을 때와 같은 다른 요소들에도 역시 근거를 두고 있다. 예를 들어, 유혹경험은 비록 그것이 언제든지 외상적이라 할지라도 어느 때는 다른 어떤 것 보다 덜 외상적일 때가 있다.

외상적 경험은 환각적 만족의 발달단계에 있는 아이를 고착시키는 경향이 있다. 전의식에서 벽으로 막힌 어떤 무의식적 내용은 배우지 못하게 된다. 그것은 즉각적이고 환각적인 소원성취의 일차적인 쾌락원칙을 따른다. 예를 들면, 60년 동안 반복적으로 발생하고 있는 동일한 신경증 증상은 실제적인 만족을 얻지는 못하지만, 환각적인 소원성취를 끊임없이 반복한다. 반면에 적절한 좌절의 조건들은 일차과정에서 이차과정으로의 점진적인 발달을 용이하게 한다.

복습 : 적절한 좌절은 소원성취의 환각과 현실사이를 구별하게 한다. 소원성취의 환각은 외부의 현실과 환각적 "실제"의 내부 환상의 차이에 대한 식별이 부족하다. 이것은 요점을 파악하기 위해 중요한 개념이다. 즉, 개인들이 사건

들을 어떻게 경험하느냐가 결정적이다.

질문 : 기억이 환각으로부터 생긴다는 설명이 필요한가? 아마도 기억은 환각과 외부현실의 구별에서라기보다는 경험에서 직접 발달하는가?

대답 : 내가 지금까지 기술한 개념을 파악하기는 어렵다. 우리가 그 안에 일어나는 모든 것들이 "현실"인 정신기구를 개념화하기란 쉽지 않다. 그런 사태를 만드는 것은 일차과정의 기능이고, 쾌락원칙과 관련되어 있다. 오직 적절한 좌절의 경험만이 그런 미숙한 상태의 정신적 기능을 현실원칙으로 바꿀 수 있다. 그렇지 않으면 어린 아이와 이후의 성인은, 전능성의 망상과 환각적 만족에 고착될 것이다.

질문 : 그런 망상은 방어적이지 않나?
대답 : 그렇다. 어린 아이처럼 "응석받이로 키운" 사람에게서는 단순한 방어적 과잉보상이 아닌 고착된 일차과정의 전능망상을 발견할 수 있다.

백일몽

쾌락원칙의 일차과정 사고와 현실원칙의 이차과정 사고 사이에도 역시 사고의 영역이 있다. 즉, 백일몽의 영역인데, 여기서는 소원과 성취가 하나요, 동일한 것이다. 이 개념을 파악하기에 어려운 점은, 그 안에 외부현실과 자기 자신의 정신과정들 사이에 아무런 차이가 없는 원시적인 과정이 존재한다는 것을 인식하는 문제이다. 우리가 이차과정 사고에서 자기애적으로 엄청나게 집중할 때 이런 사각지대가 만들어진다. 본래 일차과정인 전능환상들이 종종 이차과정 작업에 전이된다. 그러면 우리는 후자가 모든 정신기능의 가장 중요한 부분으로 생각한다. 일차과정 환각의 쾌락은 전적으로 포기하지 않지만, 단지 어느 정도까지는 이차과정의 사고에 관한 전능성 환상으로 전이된다.

[**주** : 이 강의에서는 무의식적 환상을 ph로, 전의식과 의식적인 환상은 f 철자로 시작하는 전통에 따른다. 코헛이 따른 다른 전통은 의식, 전의식, 그리고 무의식의 명사형에서 첫 글자를 대문자로 사용했으며, 쾌락원칙과 현실원칙의 첫 글자를 대문자로 사용했다.]

제 6 강

심리적 외상과 경제적 관점

현실원칙은 소원이 생겼을 때 그것이 성취되기까지 어느 정도 기다려야만 하고, 만족을 얻기 위해서는 몇 단계를 거쳐야 한다는 인식을 포함한다. 쾌락원칙은 그런 현실을 인식하는 것이 아니라, 소원이 일어나자마자 곧 성취로 추정한다. 무의식에서 전의식으로의 연속체로 생각한다면, 일차과정에서 이차과정으로, 그리고 쾌락원칙에서 현실원칙으로의 점진적인 변화를 개념화하는 것은 가능하다. 쾌락원칙을 이해하기 위해서 가장 어려운 지적 및 정서적 공적 하나는, 프로이트가 할 수 있었던 것처럼, 원시적인 무의식에는 오로지 소원성취만 있다고 상상하는 것이다. 정신의 이 원시적인 계층 안에 있는 모든 것들은 소원성취의 환각적인 환상이다.

후기 발달단계에서 아이는 정상적으로 본래의 전능환상을 부모에게 투사한다. 만약 아이가 지나치게 응석받이인 경우, 이례적인 양의 자기애 또는 전능감을 유지한다. 동시에 그런 아이는 실제적인 기술이 부족하기 때문에 열등하다고 느낀다. 마찬가지로 이전 강의에서 논의된 것처럼, 지나친 좌절경험은 무의식이 전의식으로 분화하는 것을 어렵게 만들고, 이 경험들 역시 자기애적 전능환상을 유지하게 한다.

환각적 쾌락원칙이 기능하는 유아의 초기 동안 아기는 울 때조차도 만족을 상상하는가? 라는 질문이 제기된다. 대답은 물론 "예"이다. 울음이란 원래 자주 엄마를 불러오는 순전히 반사적인 행동이지만, 우는 행위는 언제나 환각적인 소원성취인 아기의 원시적인 심리상태와 별개의 것이다.

프로이트가 처음에 "유아성욕"이라고 부른 것은 이러한 쾌락원칙, 일차과정, 무의식적 특징, 즉 유아의 신체와 관련된 소원성취가 절실히 요구되는 집중적인 쾌락 추구의 특징을 지녔다. 이런 특정한 자질을 가진 일정량의 유아성욕은 마치 마음 한 구석에 외국 영토처럼 남아 있다가, 어떤 조건하에서 현실원칙이 기능하는 전의식(이차과정)을 침범할 수 있다. 예를 들어, 일차적인 무의식적 정신기능의 억압된 고착들 안에 존재하는 상당한 적대감을 생각해보라. 강박신경증 환자에게 적대감은 즉각적인 성취(파괴)와 동등한 것이다. 소원과 소원성취는 구별되지 않으며, 강박신경증 환자는 오로지 대응마술을 사용함으로써 그런 충동을 "취소할" 수 있다. 강박신경증의 근본적인 적대감의 강도와 전능감은 이에 대한 방어의 강도가 매우 크고 중요하기 때문에 상당한 것이어야 한다고 추정한다.

우리는 프로이트가 지형적 관점이라고 부르는 것을 논의해 왔다. 정신기능에는 전의식과 무의식의 두 부분이 있는데, 그것들은 서로 직접 연결되어 있는 것이 아니라, 그들 사이에 장벽이 있다. 무의식은 일차과정, 쾌락원칙, 유아성욕, 그리고 공격성으로 특징 지어 진다. 적절한 좌절은 무의식을 전의식으로, 일차과정을 이차과정으로, 쾌락원칙을 현실원칙으로의 분화를 극대화시키지만, 과잉 또는 결핍된 좌절은 무의식, 전능성, 쾌락원칙, 유아성욕과 유아공격성, 환각적인 소원성취, 일차과정 기능에 고착시킨다.

우리는 이제 경제적 관점에 대하여 계속해 보자. 정신분석 이론에서 탁월한 경제적 요소는 외상의 경험이다. 외상은 주체와 별도로 객관적으로 정의할 수 없지만, 아이가 통합할 수 없는 그런 강렬함의 경험으로 이해된다. 외상적 경험은 전의식으로의 점진적인 통합으로 처리될 수 없고, 분화로 진행되는 대신, 억압되고 벽으로 막혀야만 한다. 외상이란 과도하게 만족하는 경험이거나, 지나치게 좌절하는 경험에서 비롯된 과도한 자극인 것이다.

외상은 유아성욕과 공격성에 대한 억압과 고착을 유도한다. 외상은 외부에서 발생한 것뿐만 아니라, 당시의 외부 사건과 내부 정신조직이 동시에 맞물려 발생하는 것이다. 그렇게 내부의 정신조직과 결합된 한 가지 요인은 아이의 리비도와 공격성의 발달단계이다. 심리경제적 개념에서 외상의 중요한 또 다른 요소는 시간의 문제이다. 즉, 아이가 쾌락원칙에서 현실원칙으로의 신속한 전환이 요구되는 과제를 얼마나 갑자기 맞닥뜨렸느냐, 그리고 그런 요구가 갑자기 불쑥 만들어졌는지, 아니면 장기간에 걸쳐 서서히 그리고 분별하는 방식으로 만들어졌는지의 문제이다.

정신분석을 하는 동안, 어린 시절의 전의식으로 통합되기보다는 억압되었던 외상 경험들이 다시 활성화된다. 그래서 Rado(1925)가 말한 것처럼, 정신분석은 연장되고 지연된 애도의 과정인 것이다. 즉, 유아시절의 대상들과 환상들을 점진적으로 포기하는 과정이다.

제 7 강

원초적 억압과 "실제신경증"

이전에 논의된 일차과정 기능을 검토해 보면서, 다음은 소원성취라는 일차과정 사고의 본질인 신비로운 전능성의 한 예이다. 어떤 여성이 동생을 낳은 어머니에 대한 기억과 관련하여 근육경련을 경험하였다. 이 경우에서 근육경련은 동생출생에 대한 신경증적 발현이다. 따라서 올바른 해석은 단순히 그 환자도 어머니처럼 아이 갖기를 원했던 것이 아니라, 환자가 그녀의 어머니가 그랬던 것처럼 아기를 출산하는 것이라고 해야 할 것이다. 그녀는 단순히 아이를 원하는 것이 아니라, 아기를 일차과정 사고의 원시적이고 상징적인 형식으로 출산하기를 원하는 것이다.

일차과정과 이차과정의 차이는 주로 경제적 또는 양적인 것이다. 이차과정은 비교적 적은 양의 에너지를 다룬다. 반면 일차과정은 많은 양의 에너지를 다룬다. 이차과정은 일차과정을 통제하는 기능을 가지고 있다. "발생학적 관점"은 이 이분법의 기원과 관련이 있다. 즉, 무의식은 외상의 결과로서 이차과정으로 통합될 수 없는 유아성욕 및 공격성의 잔재물들을 가지고 있다. 억압의 메커니즘이 작동되었고, 억압적 소원들은 벽으로 가로막혀 원래의 형태로 남아있게 된다.

원초적 억압의 개념으로 돌아가서, 노출될 수 없는 무의식의 심연에는 벽으로 가로막힌 초기 삶의 외상들을 포함하고 있다. 초기에 벽으로 가로막거나 원초적으로 억압하는 것은 유아 초기의 일차과정과 미숙하고 취약한, 그리고 쉽게 과민 반응하는(그래서 외상이 될 수 있는) 자아 앞의 유아성욕과 유아공격성의 강렬함 때문이다. 경제적 관점의 개념적 요지인 외상은 항상 발생한 시간의 (미)성숙 정도에 관련이 있다. 원초적 억압은 더 이상 오이디푸스 콤플렉스 이후에 발생하지 않는다.

실제신경증의 개념은 일부 심리적 증상들이 특정한 심리적 내용이 있는 것이 아니라, 지나친 성적 자극의 직접적인 결과라는 뜻을 담고 있다. 원래 불안신경증은 상징적 심리내용을 가지고 고도로 구조화된 증상을 특징으로 하는 불안히스테리(공포신경증)와는 달리, 실제신경증의 예로 여겨진다. Glover(1039)는 특정 종류의 불면증은 수면공포증보다는 실제신경증이라고 생각했다.

프로이트는 "내용 없는" 불안을 호소한 남성 환자들에 대한 임상적 관찰을 통해 실제신경증의 개념을 발전시켰는데, 그들의 불안 증상들은 오르가즘의 어떤 특징을 갖고 있었고, 또 그 증상들은 그의 아내가 임신했을 때 사라졌다. 프로이트는 만성적인 중절

성교(피임을 목적으로 하는)가 증상의 조건을 만들었고, 아내가 임신했을 때에는 중절성교가 불필요하게 되었다. 중절성교로 인한 성적 흥분의 불완전한 제거가 과도한 자극의 근원으로 여겨지며, 그 결과 자아는 그 자극에 강렬함으로, 내용 없는 불안으로 반응한 것이다.

제 8 강

발생학적 관점

경제적 관점 복습 : 프로이트는 상대적인 경험의 양 또는 경험의 강도에 중점을 두었다. 예를 들어, 실제신경증과 정신신경증의 차이를 비교해보라. 프로이트는 실제신경증에서, 중절성교로부터 해소되지 않은 리비도는 이후에 의식 속에 불안으로 침투하여 불쾌한 리비도로서의 변형을 나타낸다. 나중에 프로이트는 실제신경증은 성적인 긴장과 마찬가지인 억제하는 공격성으로부터 발생될 수 있다고 덧붙였다.

프로이트는 "리비도 불균형"의 개념을 불안신경증뿐만 아니라, 신경쇠약에 까지도 적용하였다. 여기서 그는 구조적인 지형학적 갈등에 의해서가 아니라, 해소되지 않은 흥분의 양이 직접적으로 증상을 만든다고 다시 주장한다. 그가 사례로 제시한 사춘기의 신경쇠약은 부분적인 해소와 만족만으로 연장된 자위충동은 해소되지 않은 리비도의 축적을 낳고, 그 다음에 "유독성의" 변화, 예를 들어 목덜미 두통과 같은 증상들을 만들어낸다.

수면장애는 정신신경증을 나타내지만, 다른 한편으로는 실제신경증을 나타내기도 한다. 전자의 경우, 불면증은 수면을 금지된 환상과 동등시하는 결과로, 그것은 수면의 신경증적 억압으로 이끈다. 실제신경증적 불면증의 경우에는 소멸되지 않은 긴장들이 직접적으로 수면을 방해한다. 후자의 조건이 정신병리에 더 가깝다. 예를 들어, 정신분열증 환자가 잠들기 어려운 것과 정신적 우울증 환자가 아침 일찍 잠에서 일어나는 것을 비교해 보라.

신체정신의학의 어떤 개념들 역시 실제신경증의 이론에서 유래되었다. 예를 들어, 『심인성 시각장애에 대한 논문』(1910)에서 프로이트는 정신신경증 증상으로의 히스테리성 실명과, 그것이 시각조직의 생물학적 기능을 실제로 손상시키는 눈에 대한 지나친 성애화나 리비도화가 원인이 된 눈의 다른 상황들을 구별하였다. Alexander(1950)는 나중에 전환히스테리와 성장신경증을 같은 차이점으로 구별하였다.

질문 : 다음의 관찰이 실제신경증적 불면증 개념과 어떤 관련이 있는가? 예를 들면, 특정 유형의 운동인 탁구나 테니스, 그리고 스쿼시 같은 운동선수들은 경기를 마치고 잠들기가 힘들다. 그러나 축구와 같은 운동 후에는 잠을 잘 잔다. 그 차이는 앞에서 말한 운동에서 완전히 소멸되지 않아서 실제신경증 형태의 불면증을 일으키

는 적대적 긴장 때문인가?

대답 : 그럴 수 있다. Fenichel(1945)는 "리비도의 담 쌓기 damming up"를 언급했다. 그러나 다른 긴장의 담 쌓기, 예를 들면, 공격적 긴장의 담 쌓기 역시 발생한다. 이런 조건들의 특수한 특징은 그것들이 구조적 갈등에 의한 것이 아니라, 오직 담이 쌓인 상태에 달려있다는 것이다. 프로이트는 이런 차이점을 기준으로 *신경증과 정신신경증*의 경계를 구분했다. 실제신경증은 소멸되지 않은 긴장에 의해 생성된 "심리경제적 불균형"을 기반을 둔다. 즉, 정신신경증은 구조적 갈등에서 기인한다.

자유연상은 이러한 다양한 견해와 접근방식에 어떻게 조화를 이루는가? Waelder(1960)는 자유연상 속에서 자아가 한 영역 속으로 퇴행하지만(그래서 충분히 일하지 않지만), 다른 영역에서, 특히 자신을 관찰하는데 너무 지나치게 열중한다고 제의했다. 자유연상이 순전히 수동적이거나 부정적인 과정이고, 그 무언가(통제나 자기비판)를 포기하는 것이라는 생각은 일반적인 오해이다. 자유연상은 그저 내버려 두는 것 그 이상이다. 또한 마음의 불쾌한 내용들까지도 적극적으로 의식되게 허용하여 경험될 수도, 지각될 수도, 그리고 흔적을 더듬을 수도 있게 한다.

그러므로 자유연상은 자아를 점진적으로 확장시키는 작업이다. 그러나 우리가 분석 안에서 얻으려고 노력하는 것이 무의식 대신의 모든 전의식적인 인격이라고 말하는 것은 이 개념에 대한 부정확한 풍자일 수 있다. 프로이트(1937a)는 『끝이 있는 분석과 끝이 없는 분석』에서 분석의 목표는 그것과 다르다고 지적했다. 억압이 만족하게 작동하고 있어서 활동하지 않고, 벽으로 막혀 있는 어떤 내용도 고립되어 있다. 비록 현실성 검사라 할지라도 병리적이 된다.

발생학적 관점 : 몇 가지 관점 가운데 이 관점이야말로 정신분석의 특징을 가장 정확하게 나타낸다. 프로이트는 원래 정신신경증적 증상들과 꿈 등에 대한 연구로부터 발생학적 문제에 접근했다. 그러나 역동적 구성물과 발생학적 관점에서의 재구성과의 차이가 무엇인가? 후자(복구된 것들)는 외상적인 상황을 다루는데, 그 안에는 옛날의(병리적이지 않은) 역동적인 마음의 평정상태가 새롭고 영원한(병리적인) 것으로 대체되어 있다. 발생학적 관점은 환자의 생활과 치료과정에서 스스로 반복하는 특정 역동적인 패턴에 대한 인식을 뛰어넘는다. 발생학적 관점에서 비록 어린 시절로 거슬러 올라갔을 때조차도 역동적인 재구성은 완전하지 않다. 유사하게 자유연상이 이루어지고, 또 분석가에 대한 전이 속에 동일한 패턴이 발생하면, 그것은 "발생학적"인 것이 아니라, "역동적"인 것이다.

구성물은 다시 체험하는 것이 단지 반복적인 패턴뿐만 아니라, 어린 시절 외상이 발생했던 특정 심리내적, 그리고 외부 환경적인 사건들도 포함할 때 발생학적이 된다(Hartmann and Kris, 1945). 반복적인 패턴은 실제로 외상 자체의 반복에 대하여 방어하는 증상이다. 발생학적 반복은 오로지 전이 안에서만 일어날 수 있다. 그것은 원래의 사건으로 직접적으로 기억되는 경우는 흔하지 않지만, "재구성된" 곳인 전이 안에서 다시 살아나기도 하고,

때로는 기억되기도 한다.

임상사례 : 어떤 사람이 자신이 근무하고 있는 직장의 최근상황을 말했는데, 전에는 좋았던 그의 직장생활이, 같은 부서에 더 젊은 동료직원이 들어온 후로 악화되었다. 분석 작업 과정 중에 직장생활의 실패는 새로운 동료와의 경쟁에서 발생하는 시기심과 불안 때문이라는 것을 발견했다. 동일한 역동이 이전 직장상황과 관련되어 형성되었다. 그의 어린 시절의 역사가 학교 친구들과 특히 그의 남동생들과 같은 문제가 관련되어 있음을 암시했다. 이런 패턴의 역동적인 구성물은 작업금지로 이끄는 형제자매간의 경쟁에 대한 죄의식이다. 이 패턴은 그의 분석 안에서 반복되었다. 처음에 그는 자유연상이 꾸준하게 이어지면서 분석작업이 잘 진행되다가, 나중에 실패와 저항이 왔다. 저항의 분석을 통하여 그 환자가 분석가의 "새로운" 환자에 "주목했다"는 사실이 밝혀졌다. 이전과 마찬가지로 동일한 역동적인 구성물과 해석이 이루어졌고, 작업은 다시 진행되었다. 나중에 심한 저항이 시작되었다. 저항에 대한 분석의 느린 진전이 다른 환자가 매우 아파서 그는 약하고 창백하게 보인다는 환상으로 드러났다. 그러나 그것은 실제가 아니었다. 어린 동생이 아팠었던 기억이 그때 출현한 것이다. 마지막으로, 그런 수많은 심각한 저항단계 후에, 마침내 꿈 자료가 재구성을 가능하게 했고, 이후에 기억인, 환자 입장에서 강렬한 적대감의 질투시기 동안에, 어린 동생이 죽었다는 사실을 나중에 기억하게 했다.

발생학적 구조물 : 외상적 사건 전에 그는 경쟁자에 대해 정상적인 수준의 적대감을 경험했었다. 외상적 사건 후에 형제자매의

표상을 향한 위험한 적대감에 대항해서 금지가 강요된다. 외상이란 무엇인가? 불안정하게 형성된 자아는 소원들을 죽일 수 없고, 그런 생각들이 전능하지 않다는 사실을 가까스로 받아들인다. 그의 동생 죽음은 외상의 시기 동안에 환자로부터 철수했던 부모와 같은 수많은 보조적 요인들과 결합되어 약하게 세워진 현실자아를 심하게 위협했다. 그 결과, 형제자매에 대하여 적대시하는 경쟁심의 더 나은 통합으로부터 그 자체를 벽으로 쌓았다.

제 9 강

증상형성

복습 : 정신분석에서 경제적 관점은 특별히 "심리경제적 불균형"이라는 개념에 적용된다. 예를 들면, 애도 중에 구조적인 갈등은 없지만, 슬픔을 더 쉽게 견딜 수 있게 하기 위해 작은 조각으로 분쇄함으로써 수행되는, 분리와 관련된 긴장을 소멸시키는 "작업"이다. 분석에 있어서 Rado(1925)의 "훈습"[4]이론은 과거로부터 상실한 대상들을 분별하여, 점진적으로 포기하는 것과 같은 심리경제적 원칙을 따른다. 프로이트의 놀이 개념은 동일한 개념을 기반으

---

4) 억압된 갈등에 대한 초기 해석이 제공된 후에 지속되는 저항을 극복하기 위해 분석 작업을 계속하는 것을 말한다. 프로이트는 이것을 "원본능 저항"이라고 설명했다.(미국정신분석학회, 정신분석용어사전, 이재훈역, 한국심리치료연구소, 2002.)

로 한다. "사라져 버렸다"라는 어린이 놀이에 대한 그의 기술(『쾌락원칙을 넘어서』, pp.279-282)을 비교해 보라. 그 놀이 속에서 소년은 자신의 분리공포를 없애고 정복하기 위해서 약간의 대상상실 경험들을 자신과 분별했다.

초기에 프로이트의 연구는 세 가지 주요 주제에 중점을 두었다. (1) 정신신경증 (2) 일상생활의 정신병리학 (3) 꿈. 증상형성의 개념은 이 세 가지 모두에서 핵심이었다. 정신신경증에서 증상형성 이론은 프로이트의 개념적 꿈 모델 및 일상생활의 정신병리학과 동일하다. 세 가지 모두 "전이" 현상을 나타낸다.

증상 자체는 지형적, 경제적, 발생학적 관점으로 설명된다. 정신신경증 증상은 "이차적 조직"(전의식, 나중에 자아)과 현실사이의 관계에서 발생하는 그 무언가로 시작한다. 그는 이런 방해를 그가 붙일 수 있는 가장 일반적인 이름으로 불렀는데, 그것은 좌절이었다. 좌절이라는 이 요인은 그 자체로 정신신경증을 일으키지는 않지만, 발달에서 없어서는 안 될 단계이다. 그런 좌절에 대한 일반적인 예로 사랑에 실패하거나, 승진에 누락되는 것 등을 들 수 있다.

그런 좌절에 대한 첫 번째 반응은 전의식 조직의 활동인 백일몽의 증가이다. 백일몽은 "자아임무의 퇴행"(Kris, 1952)을 나타내고, 현실적 좌절의 "충격 완화"를 위해 적응적이고 필요한 수단이다. 그것은 고통스러운 현실을 유연한 방식으로 회피하고, 백일몽에 의해 회복되어 장래성 있는 새로운 목표나 대상을 찾을 준비를 하며, 다시 현실로 돌아온다. 프로이트는 이런 과정을 "내향성" 또는 "드러난 퇴행"이라 불렀다. 이 과정은 전의식의 통제 하에 있지만, 전의식적인 통상적 행동들보다는 무의식과 일차과정에 더 가깝다.

프로이트는 정신신경증의 발달에서 "본 퇴행"을 결정적인 단계라고 불렀는데, 그것은 드러난 퇴행과 다르다. 발달단계에서 다양한 지점에 많은 양의 리비도가 고착된 사람은, 현실좌절에 대처할 수 있는 정상적이고 유연한 퇴행을 위해서 비교적 적은 양의 리비도가 남아있다. 드러난 퇴행이 그런 좌절을 처리하는데 충분하지 않을 때, 본 퇴행은 시작되고, 리비도가 무의식의 리비도 고착지점으로 재빨리 되돌아간다. 그러면, 현실적 좌절은 억압된 무의식 안에서 옛날 리비도 대상에 부착된 부착물을 다시 소생시킨다.

본 퇴행에 앞서, 역동적 체계는 상대적인 균형상태로 특징지어졌다. 즉, 고착된 근친상간적 욕망이거나 더 큰 힘의 억압에 의해 균형을 이루었다. 균형 또는 더 큰 힘에 의한 균형은 이차적 조직(전의식)에 얼마만큼의 자유를 주었다. 그러나 본 퇴행이 일어날 때, 현실대상에 부착되기에 유용했던 리비도 집중이 과거에 리비도가 부착되었던 부착물들로 재 유입된다.

그러면 균형은 바뀌어, ⬇️이러던 것이 ⬆️이렇게 바뀐다. 프로이트의 정신신경증 증상형성의 개념에서 네 번째 단계는 현실대상에서 어린 시절의 대상으로 되돌아감으로써 생기는 억압된 대상 리비도의 증가이다. 그 결과는 소멸되지 않는(그리고 소멸될 수 없는) 대상 리비도의 증가이고, 이것이 "실제신경증"을 일으킬 위험이 있다. 프로이트는 이런 심리경제적 불균형의 심리내적 상태를 정신신경증 증상형성의 "실제신경증의 핵"으로 간주했다.

정신신경증 증상에 대하여 더욱 정교화하기 위한 동기부여는 프로이트에 의해 불안을 피하려는 시도로 개념화 되었는데, 이 불안은 소멸되지 않은 리비도의 폭발에 대응하여 무의식 체계 안에서 일으키려고 위협한다. 증상형성의 발달은 그런 불안을 줄이는 기능을 가지고 있다. 만약 정신신경증 증상이 어떤 방식으로든 제거된다면, 환자는 강렬한 불안의 공격을 경험하게 될 것이다. 증상이 그대로 유지되면, 불안은 사라진다. 히스테리환자의 무관심 미인(la belle)[5]을 비교해 보라. 따라서 정신신경증 형성의 "일차적 이득"은 근본적인 심리경제적 불균형에 의해 야기되는 불안의 위협으로부터 계속적으로 보호하는데, 그 심리경제적 불균형은 소멸되지 않은 리비도가 증가되는 결과로 발생한다.

이런 증상형성의 마지막 단계에서 일어나는 현상은 두 번째 체계인 전의식에서 다시 발생한다. 프로이트는 증상형성에서 이 마지막 단계를 "타협형성"이라고 불렀다. 증상은 욕동과 처벌욕구의 두 힘으로 형성된다. 이런 갈등은 자아 본래의 모습 일부를 갈등에게 희생하면서 그 자체 내에서 균형상태를 만들어 낸다. 따라서 증상은 자아 안에 있는 이물질이고, 자아는 그것을 자기 안에 있는 이질적인 존재로 인식한다. 자아는 증상에 대해 그것을 합리화하는 것 외에는 아무것도 할 수 없다. 금지나 공포 같은 몇몇 증상들은 쉽게 합리화한다. 예를 들어 "단순한 확인행위"와 같은 일부 강박증은 가능할지라도, 강박증은 합리화가 어렵다.

이 이론이 제시하는 핵심적인 "골자"는 아이들의 정서적 삶에

---

5) 아름다움, 미인(프랑스어, 예: La Belle et La Bete : 미녀와 야수)

관한 모든 임상적 발견들로, 예를 들어 의존과 분리의 문제, 어린 시절의 공포와 공포증, 형제자매의 경쟁, 그리고 오이디푸스 콤플렉스 등의 개념들을 설명하는데 도움이 되었다.

이제 "*수직적인 관점*"[6]으로 관심을 돌려보자. 억압의 결과로서 유아성욕(및 공격성)의 시기는 잠재기로 넘어간다.

질문 : "해결"이라기보다는 "억압"인가?
대답 : 둘 다 발생한다. 변경되지 않은 대상애착이 억압되었다. 하지만 거기에는 "전이"라기보다는 다른 대상으로 향하는 리비도의 실제적인 "이동"도 있다.

자아의 발달을 욕동(구순, 항문, 남근)의 관점에서, 대상의 관점에서, 또는 연루된 불안(및 숙달방법)의 관점에서 논할 수 있다. 물론 거기에는 쾌락원칙에서 현실원칙으로의 전반적인 발달이 있다. 이러한 모든 과정은 함께 진행되지만, 그것들을 동시에 논의할 수 없고, 개별적으로 고려해야 한다.

프로이트는 무의식과 전의식 두 체계를 유아기에서 잠재기로 이행하는 5세 또는 6세경에 균형을 이루는 것으로 생각했다. 비록 이상적으로 양육된 아이에게서조차도, 예를 들어 일시적인 공포증과 같은 적어도 "과도기적 신경증"의 발달은 이 시기에 발생한다고 프로이트는 가정했다. 이런 (후) 오이디푸스 공포증은 전 오이

---

6) longitudinal: 종적인, 수직적인, 무엇의 장기적인 변화 과정을 다룬. lateral(측면의)과 longitudinal(세로의), 참조: vertical(종적)과 horizontal(횡적)

디푸스 공포증과는 다른데, 전자는 정신신경증 증상 형성의 모형을 따르는 전이 현상이다.

　이런 "과도기적 증상들"은 이제 사라지고, 대신에 "성격"이 발달된다. 어떤 특정 성격의 특징들은 정신구조의 취약한 부분에서 발달할 수 있다. 예를 들면, 강렬한 성욕의 억제로 발달하는 냉담함을 지닌 히스테리적 특징이 무성적 행동의 성애화와 관련이 있다. 사례 : 낄낄대며, 모든 건강검진에 사랑유희로 반응하다가도 막상 성교 시에는 냉담하다. 예를 들어 강박적 성격, 공포증적(회피적) 성격 등과 같이 다른 유형의 인격의 특성들 역시 이 시기에 발달한다.

제 10 강

수직적인 관점에서 본 증상형성

복습 : 초기의 심리발달은 다양한 관점에서 연구될 수 있다. 리비도 발달단계의 연속, 발달하는 자아기능의 연속, 다른 종류의 불안경험 등이다. 프로이트의 초기이론 체계에서 중요한 개념은 나중에 비非리비도적이 되는 모든 활동들은 원래 리비도적인 것이었다는 것이다. 예를 들어, 아기가 울 때, 좀 더 복잡한 나중의 경험에 비춰볼 때, "배고픔"을 경험하기 때문이라기보다는, 구순기의 리비도 좌절 때문이며, 그것은 젖을 빠는 것으로 줄어든다(소멸된다). 유아들을 위한 "고무젖꼭지"의 보편적인 사용을 비교해 보라. 운동이나 여행조차도 원래는 "성적" 활동이고, 본래 (성애적인) 즐거움을 얻기 위해 시작된다.

"구순애"를 말할 때, 구순기적 리비도의 본질이 구순기와 남근기 단계에서 똑같지 않다는 것을 명심해야 하는 것이 중요하다. 구순애의 본질과 강렬함은 각각의 단계에서 다르다. 그러나 이런 유아성욕의 모든 단계는 공통적으로 후기(예를 들면, 잠재기) 단계에 나타나지 않는 무엇인가를 가지고 있다. 잠재기 때에 이전에 존재하지 않았던 힘의 균형이 도달된다. 오이디푸스 콤플렉스에서 잠재기로 향하는 과도기에 유아활동의 성적 본질은 배경 속으로 물러나 억압된다.

과도기에 발달하는 다양한 특징적 방어들은 아이를 피폐시키지 않는 것이라면 병리적이지 않다. 특징적인 방어는 주로 별도의 방어적인 억압이 필요한 전 오이디푸스 성욕의 특별한 양상에 의해 결정된다. 결정적인 이론적 쟁점은 오이디푸스 콤플렉스에서 잠재기로 이행하는 과도기이다. 과도기의 중요성은 프로이트의 강박신경증의 고전적인 개념을 검토함으로써 잘 드러난다.

프로이트의 강박신경증 개념들 : 우선, 배변훈련 기간 동안에 아이의 항문성애를 매력적으로 격려하고, 때론 벌을 주기도 하는 엄마를 가정해 보자. 그 엄마는 그 아이와의 내면의 갈등을 외면화한다. 아이는 반항과 굴복을 번갈아가며 반응하고, 또한 가학적 항문기 리비도와 공격적인 목적에 강하게 고착함으로 반응한다. 그러나 아이는 이 시점에서는 신경증에 걸리지 않는다.

그 후, 아이는 오이디푸스적 발달시기를 경험하기 시작하지만, 항문기적인 색채라고 불릴 수 있는 것들을 가지고 있다. 예를 들어, 초기장면의 가학적인(사디즘적) 개념과 임신과 출산에 대한 항문기 이론처럼, 결과적으로 오이디푸스 상황의 어떤 면은 특정한 방식으로 반응된다.
　아이의 리비도적인 오이디푸스 환상은 항문기적인 색채를 띨 뿐 아니라, 아이의 불안도 다르다. 예를 들면, 가학적으로 수치스러운 두려움과 완전히 통제되는 두려움이다. 결과적으로 잠재기로 향하는 과도기적 공포는 항문기적 영향을 받는 경향이 있고, 예를 들어 "항문기적 거세"의 환상처럼 특별하게 근본적이며, 원시적인 특징을 갖고 있다.
　오이디푸스 갈등에서 잠재기로 전환하는 이 시점에서 첫 번째의 진정한 퇴행이 발생한다. 아이는 그의 부모와 항문기적-오이디푸스 관계의 느낌과 강렬하게 위협하는 환상으로부터 퇴행해서 항문기적 환상과 항문기적 수음을 지닌, 보다 더 퇴행적인 몰두로 되돌아간다. 그때 반反항문기적 특징의 방어들이 발달하는데, 그것들은 이중적인 층, 즉 강박신경증 환자들에게 억압된 항문-성애적이고 항문-가학적인 환상에 대항하는 강한 표층방어들과 오이디푸스 공포증에 대한 방어인 항문성애 자체의 전반적인 체계를 제공 한다.
　그 다음으로 발달하는 것은 잘 알려진 성격특성인 질서정연함, 인색함, 항抗감격성, 그리고 과잉합리성이다. 강박신경증의 증상들은 항문기적-에로티즘과 항문기적-사디즘에 대한 방어와 감정표현일 뿐만 아니라, 항문기 색채를 띤 오이디푸스적 욕구에 대한 방어와 표현인 것이다.
　명백한 강박신경증을 지니고 있는 환자가 결국 정신분열증이나 편집증 환자로 판명되는 환자의 경우는 어떤가? 앞서 말한 이론의 맥락과 의미가 통하는가? 이 질문에 답하려면 우리는 "원시적 자아활동"과 증상을 구별해야만 한다. 예를 들면, 의례행위는 위험을 다루는 원시적인 방법이다. 그러나 만약 원시적 문화 속에 있는 사람이 미신적인 의례행위의 효능을 믿는다면, 그는 강박신경증 환자는 아니다. 강박신경증 환자는 내적 긴장을 강박적인 의례행위 방법으로 처리한다. 따라서 의례행위는 항상은 아니지만 때로는 항문기-사디즘적인 대상관계에 대항하도록 지시된 강박적인 자아활동이다.

강박적 자아활동이 강박신경증의 일부인지, 아니면 다른 내부 또는 외부적 위험에 대한 강박적인 방어인지는 방어되고 있는 일차적 대상관계의 본질에 달려있다. 몇몇 사례에서, 중대한 차이점은 무의식적인 유아기 대상(이마고)이 (강박신경증에서와 같이) 유지되느냐, 아니면 (정신분열증과 편집증에서처럼) 포기되느냐이다. 따라서 특정한 자아 활동은 반드시 근본적인 심리적 구조를 나타내는 것은 아니다.

제 11 강

프로이트의 정신증 이론

복습 : 전이신경증의 증상은 일차과정과 이차과정 사이에서 꽤 잘 조직된 장벽이 세워진 이후에야 발달 할 수 있다. 오직 그때에만 전이현상인 진정한 공포가 발생할 수 있다. 예를 들어, 한 환자가 원자폭탄에 대한 비정상적인 두려움을 갖고 있다. 분석을 통하여 6살 경으로부터 기억을 되찾았는데, 지진에 대한 두려운 기억이었다. 간략하게 말하자면, 일시적인 공포증은 그때 발생했다가 사라졌고, 그 후에 삶 속에서 다시 나타났다. 이 사례의 경우, 지진에 대한 원래의 공포증을 6살 때 유아성욕의 관음증적 행동과 관음증적 행동의 결과로 만들어진 발견들로 연결시키는 것이 가능했다.

물론 더 이른 시기의 전 오이디푸스 공포증이 있지만, 그것은 다른 구조를 가진 다른 사연이다. 오이디푸스 갈등 시기 당시에 거세불안과 초자아 발달과 맞물려 억압 장벽이 충분히 견고해져 전의식적 체계가 무의식적 체계보다 우세하게 되고, (오이디푸스적) 공포증과 같은 전이현상이 발달할 수 있다. 두 개의 안정되고 분리된 조직의 존재 없이는 "전이"를 말할 수 없는데, 왜냐하면 "전이"는 무의식적 체계로부터 전의식 체계의 운반자에게로 특질을 옮기는 것을 뜻하기 때문이다.

꿈속에서 전의식의 운반자는 비교적 중요하지 않고 하찮은 사건 같은 낮의 잔재물이다. 분석가는 전형적인 낮의 잔재물이다. 왜냐하면 분석가는 환자의 생활 속에서 조용하고, 중립적이며, 주제넘지 않기 때문이다(이런 개념에 대한 자세한 내용은 프로이트의 『정신분석 강의』(1916-1917) Part III 참조).

프로이트의 정신증 이론

먼저 프로이트(1915b; Fenichel, 1945, pp.415-452)에 따르면 전이신경증과 유사성이 있다.

1. 현실에서의 실망감과 좌절 : 환자가 그런 좌절에 대해 어떻게 반응하는지는 "보완적인 연속물"에 의해 영향을 받는다.
2. 드러난 퇴행 : 백일몽의 증가는 전이신경증에서와 같은 것이다.
3. 본 퇴행 : 전이신경증과 정신증과의 다른 점은 여기에 있다. 전이신경증에서는 퇴행으로 끌어당기는 힘이 근친상간 대상이나 또는 다른 금지된 대상들에 대한 옛날 어린 시절

의 고착점으로부터 온다. 정신분열증에서 퇴행은 대상 확립 이전의 수준이나, 고착점으로 향한다. 정신분열증에서, 자기 내면의 핵심은 대상으로 향하는 리비도적 애착이 없다(또는 현저하게 줄었다). 정신증에서 퇴행은 위협적인 대상없는 고착점으로 향하는 것이며, 전이신경증에서처럼 처벌받을지도 모르는 대상에 대한 사랑이 오랫동안 많이 집중된 지점이 아니라, 이 대상없는 퇴행상태에서 많은 양의 대상없는 리비도가 개인의 신체에 흘러넘치기 때문에 그것이 외상이 되고, 다음으로 이어진다.

4. 정신이상증적(신경증과는 대조적으로) 심기증(건강염려증) : Glover(1947)의 세심한 관찰에 따르면, 이런 유형의 심기증은 정신이상증 환자의 대상이 없는 리비도가 그 환자 자신의 신체기관에 부착해서 생성된 이상한 신체적 경험들을 "이론화"한 환자의 노력이다. 그는 그것에 대해 말하고, 불평함으로써 상태를 완화해보려고 시도했다. 예들 들어, 그는 세상이 덧없다고 불평하였다. 그러나 리비도집중을 상실한 것은 외부세계가 아니라, 대상에 대한 내부 무의식적 핵심인 것이다.

정신분열증 환자와 달리, 로빈슨 크루소조차 그에 관련된 모든 대상 경험의 느낌을 가질 수 있다. 왜냐하면 대상의 경험은, 예를 들어, 대상에 대한 기억들이나 백일몽에 근거한 근본적으로 대상에 대한 내면적 경험이다. 대상에 대한 경험은 정신의 깊은 층에서 온전한 대상 리비도집중에 의존한다. 외로움은 정신분열증이 아니다. 정신병에 있어서, 대상으로부터 철수한 리비도집중은 신체기관에 부착되어 신체기관을 불안하게 긴장시키고, "실제신경증"을 만들어 낸다.

따라서 정신신경증에서 외상(불안)신경증이 "실제신경증의 핵"인 것처럼, 정신증적 심기증은 정신증에서 실제신경증의 핵이다. 정신증적 심기증이 발생할 때, 신체기관들은 나와 너의 의미를 잃는다. 그것들은 대상관계를 위한 도구가 되는 것을 그만둔다. 대상 이전의, 자가성애적인, 자기애적인 긴장의 경험을 시작하면서 정신증 환자에게는 고통스런 상태에 놓이게 되는데, 왜냐하면 환자 자아의 건강한 잔재물은 자아의 평형상태, 유기적 구조, 그리고 내적대상의 상실을 감지하기 때문이다. 정신분열증의 특징을 경험한 사람들은 스스로 외부세계와 벽을 쌓음으로써 그 고통으로부터 자신을 보호한다. 그들은 자신들의 민감성을 알고 있으며, 만약 사람들과 접촉하여 상처를 받으면 대상이 없는, 즉 자기애적인 자체성애적인 상태로 퇴행할 것이라는 사실을 알고 있으며, 이것은 남아있는 자아에게 몹시 고통스러운 일이다. 또 다른 일반적이고 놀라운 퇴행증상은 세상의 종말이 오고 있다는 망상인데, 그것의 근거는 정신병자가 세상이고 그의 내적 대상세계가 붕괴된, 즉 그의 무의식 속에서의 대상 리비도집중이 "끝장난" 자기애적 퇴행에 기인한다.

5. 자기애적 퇴행의 고통은 환자로 하여금 회복하려는 시도를 하게 한다. 즉, 정신증적 상태를 "치료"하기 위해서 (내적) 대상들과 관계를 되찾으려는 것이다. 프로이트(1915)에 따르면, 그러한 회복의 한 사례는 정신증 환자가 신조어를 사용하는 것이다. 정신증 환자의 핵 대상들(유아시절)이 무의

식에서 리비도집중이 사라졌음에도 불구하고, 전의식에서 대상에 대한 언어적 표상은 리비도가 집중된 채로 남아있다. 자신을 치료하려는 환자의 회복노력에서 환자는 전의식적인 대상들에 대한 언어상징에 리비도를 과잉 집중시킨다. 그 결과로 단어들은 과대적 의미를 갖게 된다. 즉, 그 단어들은 "대상들"이 되고, 환자는 그의 말에서 새로운 "대상들"을 창조한다. 환자는 단어들이 단지 대상들을 상징하는 것이 아니라, 대상들 그 자체인 것처럼 단어들을 "사랑"하고, 그것들과 함께 "논다." 그래서 그것들은 분열증 환자의 신조어들을 만들어 낸다.

추가적인 회복노력은 망상과 환상의 발달을 포함한다. 정신분열증에서 "영향을 미치는 기관"에 관한 그의 독창적인 논문에서 Viktor Tausk(1933)는 본질적으로 대상없는 자기애적 상태에 있으면서 동시에 그런 상태의 낯설음에 대해 표현하고 설명하려고 노력하는 정신증 환자를 통찰할 수 있었다. "영향을 미치는 기관"에 대한 환자의 망상이 대상들과 일종의 관계를 재개하려는 시도였다는 그의 인식은 타우스크측에서는 천재적인 발상이었다. "적어도 그들은 내 뒤에서 나를 잡으려고 애쓰고 있어." 누구일까? 그들은 리비도집중이 사라졌기 때문에 대상들이 아니다. 그러면 환자를 뒤쫓는 것은 무엇인가? 그것은 자신의 엉덩이와 배설물에 자기애적으로 과잉집중된 경험이며, 외부 "대상"으로서 투사된(회복적으로) 것, 즉 대상과 일종의 접촉을 회복하려는 필사적인 시도이다. 그래서 신조어처럼 망상과 환상은 대상관계의 회복적인 실마리를 제공한다.
　수직적인 관점에서 볼 때, 정신증적 병리에 있어서 외상적 고착은 매우 이른 시기에, 예를 들면 현실을 믿을 수 없는 경험과 관련된 시기에 발생한다. 결과적으로는 "마치 ~처럼"의 조정이 이루어진다. 정신증적 퇴행은 성인 초기에 발생하는데, 그때는 성인 대상관계와 관련 있는 좌절이 빈번하게 발생한다. 초기의 대상없는 상태에 너무 많은 리비도집중이 고착되어서 그 다음 발달을 위해서는 남은 것이 별로 없으며, 가장 후기 발달에서는 단지 외상적 핵에 맞서는 방어를 시도할 뿐이다.
　성인 초기에 분열증적인 사람의 좌절은 종종 결혼과 같은 경험인데, 그런 경험은 감정적인 개입으로부터 거리를 유지하는 방어가 방해받게 된다. 이런 환자들에게 지나친 친밀함의 위험을 비교해보라. 치료에 있어서 이런 환자들은 다른 사람과 다르다는 것을 알 필요가 있다. 그들은 그 사실을 받아들이고 살아야 한다. 그들은 결혼과 아이를 갖는 것이 그들만을 위한 것이 아니라는 것을 배워야 할지도 모른다. 결혼하고 아이를 가짐으로써 타인을 모방하려 시도하기보다는, 그들의 다른 점을 가진 스스로를 존중할 필요가 있다.

제 12 강

우울증에 대한 프로이트의 이론과
전 오이디푸스 공포증

복습 : 초기 이론형성에서, 프로이트는 신경증과 정신증 모두의 증상형성을 타협의 산물, 즉 전이신경증에서 자아와 이드 사이, 그리고 정신증에서 잃은 현실과 그것을 회복하려는 시도와의 타협의 산물로 생각했다. 어떤 면에서 신경증과 정신증 모두 현실로부터의 후퇴를 나타낸다. 신경증 환자에 있어서, 좌절과 내향성을 만들어내는 대인관계의 갈등은 옛날 대상과의 관계와 관련된 감정과 기억을 퇴행적으로 재활성화를 일으키고, 그럴 때 전의식적 욕구들과의 갈등, 곧 구조적 갈등이 발생한다. 전이신경증은 그런 내부적이고 내생적인 병리의 원형이다.

반면, 정신증 환자의 퇴행은 외상적 경험에서 비롯되는 초기의 자기애적 위치까지인데, 특히 이른 시기와 심각한 경우이다. 정신증 환자의 퇴행과정에서, 내적대상은 상실되고, 퇴행한 자기애적 위치가 대상 이전이므로, 그들은 낯설고 놀라운 종류의 기쁨으로, 또는 사람을 파괴할지도 모르는 위험으로 경험한다. 정신증 환자에게 있어서 마치 환상, 망상, 그리고 신조어들과 같은 회복적인 증상들은 대상들과의 관계를 회복하려는 비교적 건강한 시도이다. 정신병원의 사람들은 가끔 정신증 환자에게서 망상이나 환상의 발달이 상태가 악화되는 것을 나타낸다고 여기기도 하지만, 사실은 그 경우 반대일지도 모른다.

프로이트의 우울증 이론

우울증에서 고착점은 대상없는 자기애적 상태와 초기 대상 추구의 시작 사이의 중간지점이다. 이런 환자들 안에 억압된 분노는 완전히 명확하거나 정의되지 않은 모호한 대상(예, 젖가슴)을 향하며, 아직 자기와 구별되지 않는다. 따라서 우울증 환자들에게 있어서 대상상실이라는 프로이트의 개념은 특별히 동일시에 기반을 두고 선택된 사랑 대상, 곧 자기애적 대상 선택의 개념이다. 따라서 상실한 것은 자기에게 매우 가까운 대상으로서, 마치 자신의 일부를 잃은 것과 같다. 이런 개념들은 우울증 환자에게서 "자기 멸망시키기" 같은 분노의 본질을 설명하는데 도움이 된다. 즉, 분노가 향하는 대상은 자기와 완전히 구별되지 않아서, 외부로 향하는 대상 분노가 되어야 하는 분노가, 여전히 자신과 아주 많이 동일시되어 스스로를 향한 분노의 특질을 가지고 있다.

왜 이런 환자들의 초자아는 항상 부모보다 더 가혹한가? 그 이유는 초자아가 부모의 실제 가혹성에서 비롯된 것일 뿐만 아니라, 부모의 무의식적 적개심에서 비롯되기 때문이며, 계속해서 아이의 적개심을 부모에게 투사하기 때문이다.

전前오이디푸스 공포증

우리는 전이신경증의 핵으로서 오이디푸스 공포증을 논의했었다. 전 오이디푸스 공포증은 정신이상의 핵이다.

임상사례 : 2살짜리 아이는 방에 있는 파리의 윙윙 소리에 겁에 질려 있다. 그런 어린 아이에서 우리는 욕동조절이 아직 확실치 않고 안전하지 않은 불안정한 심리체계를 다룬다. 그 아이는 자기가 발달시킨 기술에서 비롯되어 새롭게 획득되었으나, 아직 확고하게 자리 잡지 못한 욕동조절과 숙달되지 않은 욕동, 즉 계속해서 뚫고 나와 겁나는 것으로 감지되는 욕동 사이에서 갈피를 못잡는 시기를 겪고 있다. 후자의 지각과 불안은 파리의 윙윙 소리에서처럼 외부로 투사될 수도 있다. 그 때 아이는 가까이에서 자신을 진정시켜주고, 자신의 욕동조절이 안전하다고 안심시키는 부모가 필요하다.

습득된 모든 새로운 기술은 욕동조절에 대한 중요한 의미를 갖는다. 예를 들어, 프로이트(1932)의 논문 『불의 입수와 지배』를 참고하라. 그는 인간의 발달에서 각각의 주요한 발전은 욕동조절의 성공에 기인한다는 흥미로운 이론을 발달시켰다. 예를 들면, 원시인이 그 두려운 불을 끄기 위해 그의 욕동을 조절하는 능력을 개발할 때, "불 길들이기"가 소변을 누어 불을 끄려는 강한 충동에서 발생했는지도 모른다. 이 개념에 따르면, 내적 충동이 외면화되었거나, 불에 투사되었기 때문에 불을 크게 두려워했다.

꼬마 한스(Freud, 1909a)의 사례처럼, 억압장벽을 통과한 투사와 본능충동의 방출로 인한 불안하고 붕괴되는 자아에서 오는 투사를 구별하는 것은 중요하다. "투사는 존재하고, 존재한다." 분석가는 환자들이 어떤 종류의 투사들을 나타내고 있는지 명시해야 한다. 예를 들면, 본능만족 투사와 타인을 이해하려는 시도로서 공감과 연관된 투사와의 차이점을 비교해 보라.

정신분열적 망상은 환자의 자기애적 경험에 대한 분열증 환자의 이론이고, 심기증적 증상은 환자의 자기애적 신체경험에 관한 심기증 환자의 이론이라고 한다면, 전 오이디푸스 공포증은 방해하는 욕동, 즉 새롭게 획득하였지만 기술이 아직 단단하고 안전하게 숙달되지 않은 욕동에 관한 어린 아이의 이론이다.

수면조차도 기술이고, 보통 말하는 그런 욕동조절에 중요한 의미를 갖는다. 어떤 사람들은 추가 이야기에 대한 즐거움을 포기하거나 다른 종류의 추가 이야기에 대한 즐거움을 포기하고 잠자러 가는 법을 배운 적이 없다. 수면에 대한 두려움은 욕동조절 상실에 대한 두려움일 수도, 정신이상 인격구조의 맥락에서 볼 수 있는 불면증의 한 형태일 수 있다. 예를 들어, 전이신경증인 진정한 수면 공포증과 같이 다른 형태의 불면증이 있는데, 전이신경증에서 수면이 전이에 금지된 성적 행동의 의미를 담고 있기 때문에 수면이 두렵다.

제 13 강

『꿈의 해석』 제 7장

프로이트(1900)는 꿈에 관한 그의 작품이 하나의 사소한 세부사항과 운명을 같이했다고 적었는데, 그것은 꿈에 대한 보고가 불완전하다는 것이다. 그는 꿈을 망각하는 그 자체가 꿈-검열의 한 부분이라고 주장했다. 꿈을 이야기함에 있어 왜곡되고 서로 달라지는 것은 분명 이유가 있기 때문에 그 이유에 따라 정신적 사건들이 결정된다. 사실상, 꿈을 이야기하는데 있어서 왜곡과 상이함은 꿈 분석을 위한 아주 중요한 부분이다.

프로이트는 왜 자신의 저술 중에서 가장 많은 100페이지에서 겉보기에 사소한 주제인 꿈의 망각을 소개했는가? 그 대답은 이런 식으로 문제에 접근함으로써, 그의 중요한 발견들이 기이하게 보이지 않고, 우리들의 일상적인 정신적 기능에 갖춰진 것처럼 보인다. 그것은 수면 중에, 꿈꾸는 "이상한" 행동에 작용하는 똑같은 힘이, 깨어있을 때도 역시 익숙하게 작용한다는 것이다. 나아가서 수면상태와 깨어있는 상태 모두에서 작용하고 또 상호작용하는 힘과 대항하는 힘이 존재한다.

기억기능들 역시 역동적인 기초를 가지고 있다. 우리는 우리가 기억할 수 있는 것, 즉 우리 자신이 과감히 기억하도록 용납된 것을 기억한다. 기억은 구조와 역동성 둘 다 가지고 있다. 마치 하나가 저항에 대항하여 꿈을 꾸듯이, 저항에 대항해서 기억한다. 프로이트(1925)는 그의 논문 『부정』에서 비슷한 점을 지적했다. 무의식(실제로 이드)은 부정이 아니라, 심지어 부분적으로라도 오직 소원만을 인식한다. 따라서 유아의 정신은 단지 소원이 성취된 것으로 환각할 수 있을 뿐이다. 한 환자가 "모호한 여성" 꿈을 꾸었다면, 프로이트는 그 여성이 누구인지를 물을 것이다. 그 환자가 자신의 어머니는 아니라고 대답하면, 프로이트는 그 여성이 바로 그의 어머니라고 결론을 내렸다. "아니오"의 개념은 분명 다른 조직(이차과정)에서 나왔음에 틀림없다. 진정한 자유연상은 동일한 특징을 가지고 있다. 그것은 명확한 것들만 포함한다. 이와 대조적으로, 꿈을 망각하는 것은 한 조직(전의식)이 다른 조직(무의식)에 대하여 억제하고 부정하는 영향의 좋은 예이다.

질문 : 깨어있는 동안 꿈의 망각이 일어난다면, 그리고 이것이 꿈-작업 중에 작용하는 검열과 같은 힘이라면, 꿈은 그 사람이 깨어있을 때에도 계속될 것이고, 꿈은 잠에 국한되지 않을 것이다. 꿈을 꾸는 것은 깨어있든 잠

을 자든 언제든지 가능한가?

대답 : 이드의 내용물들은 끊임없이 낮의 잔재물에 부착된다. 우리가 보통 꿈이라고 부르는 것은 "의식에 나타난 꿈"을 말한다. 예를 들어 "꿈"은 Silberer(1909, 1912, 1919)의 이상추구의 심상과 동일하지 않다. 이드와 자아의 보다 깊은 층 사이에서 항상 일어나는 전이는 그 사람에게 대개 의식되지 않는다. 왜일까? 그것은 의식적이고 전의식적인 자아가 더 깊은 자아의 과정을 짙게 덮어 칠하고 있어서 그들의 완전 큰 덩어리로 그것들을 덮으려는 경향이 있기 때문이다. 창조성이 높고, 특히 예술적으로 창조적인 사람들은 "자아의 수축"으로 더 높은 층들을 일시 정지시킬 수 있고, 이드로부터 낮의 잔재물로의 전이가 일어나는 자아의 보다 깊은 층에서 발생하는 것을 관찰할 수 있다. Herbert Silberer는 그런 일에 매우 익숙했다. 예를 들면, 그가 쓰고 있었던 수필을 부드럽게 다듬는 몽상 속에서 나무 조각을 매끄럽게 하는 목수의 대패에 대한 이미지가 그의 마음에 떠올랐다.

그런 구체적인 이미지로 하는 사고는 이드의 내용물로부터 전이되기 아주 쉽다. 자아의 최고 상층부에서는 주로 언어와 개념의 형태로, 그리고 보다 깊은 층에서는 심상의 형태로 정신적 기능이 일어난다. 프로이트는(1914)는 Silberer(1919)의 "상징역閾"의 개념을 받아들여, 이러한 연결에 적용하였다. 예를 들어, 어떤 사람이 두 사람이 싸우는 것을 보는 꿈을 꾼다. 그것은 이드의 내용인 일차적인 장면의 전이를 상징적으로 나타내는 것이다. 꿈꾼 사람은 (꿈 속에서) 이 방에서 저 방으로 움직이는데, 그것은 깨어 관찰하는 자신을 회화화한 것이다. 후자의 심상은 자아에로 전이되는 이드의 구조가 결여되어 있다. 즉, 수면과 각성 사이의 문턱에서(시초에) 발생하는 "상징역閾"이라 불리는 형태의 무의식적인 이상추구의 이미지이다.

자아 속에는 표면의 언어와 개념들에서 보다 근원적이고 견고하며 형상적인 자아 기능들로의 연속체가 있다. 더 깊고 더 근본적인 자아의 활동은 사고의 일차과정에 보다 가까이 접근한다. 그래서 연속체는 일차과정과 이차과정 사이에 존재한다. 더 깊은 자아의 활동은 이차과정이라기 보다는 일차과정이다. 자아가 수축하면, 마치 백일몽, 최면, 비몽사몽, 무의식적인 현상처럼 더 근원적이고 견고하며 형상적인 사고의 형태 수준까지 퇴행이 일어날 수 있다. 그런 종류의 심상들은 꿈이 만들어낸 자료이지만, 그것들이 꿈이나 꿈-작업 그 자체는 아니다.

그런 퇴행에 대한 저항이 존재한다. 예술가들은 그런 퇴행을 경험하는 것을 두려워하지 않고, 가장 숙련되어 있다. 유머감각 역시 일차과정으로 빨리 퇴행했다가 이차과정 기능으로 재빨리 되돌아오는 말장난처럼 일종의 탄력적인 퇴행에 근거를 두고 있다. 유머감각이 없는 것은 수면에 대한 공포처럼, 그런 퇴행에 대한 두려움에 근거한 금지이다. 수면으로의 자발적인 퇴행에서 이드와 자아 사이에서 항상 이루어지는 "경계교통border traffic"이 관찰된다. 그런 관찰에 대한 저항이 존재하지만, 그런 관찰들(예로 꿈과 꿈에 대한 이차적 가공들)에 대한 "작업"은 그것들을 덜 자아 비친화적非親和的이게 하여 꿈이 기억될 수 있고, 자아 안에서 다소 "편안하게" 느낄 수 있다. 로르샤흐rorschach검사에서 참가자에게 전이가 이루어지는 낮의 잔재물같은 역할을 하는 비교적 형태가 없는 시각자료들이 제시된다.

꿈의 해석은 정신분석학에서 가장 중요한 측면이며, 꿈은 이 학문 분야의 이론적 틀이 된다. 프로이트(1900)는 기억된 꿈의 한 조각으로부터 꿈 전체를 재구성하는 것이 가능하다고 주장했다. 관찰은 기억과 회상을 정서적 역동성의 맥락 또는 전체적인 틀 안에 둔다.

예시 : 인터뷰가 끝날 때, 분석가가 환자에게 약속을 내일 오전 9시에서 10시로 변경할 것이라고 말했다. 그 환자도 동의했다. 그 다음 날 환자는 그가 꿈을 꾼 사실을 기억은 했지만, 꿈의 내용을 기억할 수 없었다. 상담 나중에, 형제간의 경쟁을 암시하는 듯한 자료가 나온 후, 분석가가 환자에게 약속변경에 어떻게 반응했느냐고 물었다. 환자가 그는 그 약속변경에 특별히 반응하지 않았다고 대답하였다. 그때 분석가는 이렇게 물었다. "그렇지만 당신의 동생이 대신했다고 다시 느끼지 않았습니까?" 그 환자는 다소 부끄러워하며 그에게 그런 생각이 떠올랐다고 수긍했다. 그리고는 갑자기 형제간 경쟁을 다루었던 그의 꿈을 기억해냈다.

프로이트는 꿈 자체가 망각될 뿐만 아니라, 꿈에 대한 해석 작업 역시 저항에 의해 "뽑아내기sucked away"라는 점을 지적했다. 또 다른 예로는 퇴행의 두려움으로 인한 자기성찰과 심리학적인 마음자세의 억제이다. 자기성찰의 강박적인 금지는 종종 유혹의 재활성화에 대한 공포와 자위에 대한 불안에 기초하고 있다.

제 14 강

꿈의 망각

복습 : 꿈의 망각이라는 주제로 7장을 시작함으로써, 프로이트는 그의 꿈 이론으로 전 인격과 그 기능의 심리학을 만들었다. 그런 접근방법을 통해 그는 당시 일반적으로 알려진 격리, 즉 꿈은 사람의 통제를 벗어난 고립되고 난해한 현상이라는 태도에 대한 저항을 약화시킬 수 있었다.

*저항*이라고 불리는 정신적인 힘의 중요성은 아무리 강조해도 지나치지 않는다. 저항은 분석 작업에서 가장 중요한 면이다. 저항 없는 분석은 진정으로 분석하는 것이 아니다. 마음속 힘의 균형을 변화시키는 분석은 항상 저항과 대항해 싸우는 분석이다.

꿈꾸는 것과 예를 들어 적응하기 위한 자아 역할의 퇴행처럼 분석에서 우리가 하는 것 사이에는 어떤 대등한 것이 있다. 분석에서 환자는 반듯하게 누워 자아의 일부는 퇴행하는 한편, 또 다른 부분은 방심하지 않고 깨어있는 채로 퇴행하는 부분을 관찰한다. Sterba(1934)는 이런 현상을 분석에서의 "자아의 분열"이라고 언급했다. 이 점에서 분석가의 존재는 매우 중요하다. 때때로 분석가는 환자가 완전히 "깨어" 있어서, 그의 자아의 퇴행하는 부분에서 일어나는 부적응적인 과정을 본다고 주장한다. 이 모두가 분석가와 어떤 관계인가, 즉 분석가를 신뢰하고 사랑하는 태도에 달려 있다. 분석이란 단순히 잠에 취해 퇴행하는 행위가 아니라, 부분적으로 퇴행하고 부분적으로 깨어 있는 과정이다. 결국, 분석가에로의 전이가 그것들에 대한 완전한 "깨어남"으로 해결되지 않는다면, 모든 것이 수포로 돌아간다.

질문: 프로이트가 꿈의 해석 제7장에서 언급한 꿈의 "중심", 즉 해명될 수 없는 꿈 사고의 응축된 혼란이 있는 지점은 무엇을 뜻하는 것인가?

답변: 다른 것들 가운데 그 개념은 최근의 사건으로부터 그것들의 무의식적인 진행상황까지의 관계를 추적하는 분석 과정을 뜻한다. 프로이트가 예를 든 정교수로 임명되었다는 소식을 들은 어떤 사람의 예를 참고하라. 그는 왜 교수가 되고 싶다는 꿈을 솔직히 꿀 수 없었나? 어디에 저항이 있는가? 그는 그가 표면적으로 야망적인 사람이 되기를 원하지 않는다는 것을 아주 쉽게 알아챌 수 있었다. 그러나 정교수가 되고 싶은 소원 역시 그의 아버지에 대한 오이디푸스적인 경쟁심과 결합된 위대함의 유아적 환상과 관련이 있다. 위대해지려는

그의 소원의 끈기와 열정, 그리고 그런 소원들에 대항하는 저항 모두를 만들어 내는 것은 모두 무의식적인 유아적 연고들이다. 왜냐하면 유아적인 소원들은 꿈의 이미지 안에 중층결정요소로 응축되어 있는 많은 파생물을 가지고 있기 때문에, 우리가 유아시절 콤플렉스의 모든 연결과 파생물을 추적할 수 없다.

자유연상은 꿈 작업과 반대되는 경로를 따른다. 그러나 꿈 작업 때 따랐던 동일한 경로라 할지라도 곧바른 경로를 따를 필요는 없다. 비록 꿈 작업이 밤새 진행되더라도, 프로이트가 말하는 "꿈"은 외부 사건과 마찬가지로 "의식의 눈"에 지각되는 분명한 내용이다. 내부와 외부 모두의 지각에 관하여 프로이트는 완전치는 않지만 수면동안 의식이 부분적으로 잠든다고 결론지었다. 수면 중에 외부세계와 꿈 양쪽을 향하여 선택적인 양만큼 각성되어 있다. 꿈 내용이 지각되지 않는다면, 그것은 꿈이라 불리지 않고 "꿈 작업"이라 불린다. Kleitman(1963)의 연구는 꿈 내용은 의식에 의해 지각된다는 앞에서 말한 정의에 따라, 꿈은 주로 사람이 깨어날 때 발생한다는 사실을 확인했다.

제 15 강

퇴행 (I)

복습 : 프로이트는 소원들이 가능성이 있거나 있을 법한 일, 또는 "아마도"로서 제시되지 않고, 성취된 것처럼 현재형으로 제시된다고 강조한다.

질문 : 꿈뿐만 아니라, 소원성취에 기초한 모든 사고가 그러지 않은가?

대답 : 꿈은 소원이나 사고와 실제 행동 사이에 전혀 차이가 없는 원시적인 심리적 상태로의 퇴행이다. 이 정신기능의 원초적인 상태에서, 소원들은 단순히 성취된 것으로 생각된다. 이 개념은 절묘한 논리적 역작일 뿐만 아니라, 발달초기 정신기능의 근본적인 특성이다. "목말라 죽어가는 사람은 '과음'으로 죽는다."(즉, 환각적 만족)

모든 사고가 소원성취인지의 여부는 프로이트의『정신적 기능의 두 가지 원칙』(1911b)에 의해 대답된다. 현실원칙은 쾌락원칙과 전혀 다른 것이 아니라, 쾌락원칙이 특화되고 개선된 형태이다. 현실원칙은 쾌로 나아가는 우회로를 뜻하지만, 그 목적은 역시 최고의 쾌를 획득하는 것이다.

(생물학적이 아니라 정신적으로) 아기에게 배고픔과 음식섭취의 경험은 생물학적인 현상으로가 아니라, 단지 지각되는 느낌으로 등록된다. 나중에 환각적 만족과 현실만족 사이에 차이가 발생할 때, 목표에 도달하는 우회로(예를 들어, 그것에 관한 사고)는 단어나 그림의 선택에서처럼 여전히 자신을 드러내는 지각적인 특징을 약하게 가지고 있다.

사고과정은 쾌락원칙에서 현실원칙으로 발달하는 것과 같은 발달과정을 따른다. 즉, 더 기다릴 수 있게 되고, 궁극적인 만족을 위하여 즉각적인 쾌를 유보할 수 있게 된다. 사고과정 부분들이 자율적일 때조차도, 그것들은 어떤 종류의 쾌의 변화 없이는 발생하지 않는다. "모든 사고는 소원성취이다."라고 말하는 것은 발생적인 착오일지 모른다. 왜냐하면 비록 현실원칙에 따르는 성인의 사고과정이 원래의 쾌락원칙으로부터 발달되었다 할지라도, 그것은 성인의 사고과정이 처음부터, 기본적인, 환각적인, 쾌락원칙과 동일한 사고의 소원성취 형태라는 것은 아니다.

제7장, 2절

프로이트는 이 절에서 "기관"에 대하여 논의한다. 여기서 "기관 agencies"은 프로이트가 사용한 *Instanzen*[7]이라는 단어에 대한 빈약한 해석으로, 관료정치에서 "계통을 밟아서"처럼 "계층"을 의미한다. 프로이트는 그가 서술한 과정들은 분명 방향을 갖고 있다고 지적했다. 그것들은 방해받았던 균형상태를 재확립하는 것을 목표로 한다. 아이가 초기의 자기애적인 균형상태에 있는 한, 아무도 정신과정을 말할 수 없다. 정신과정은 오직 초기의 자기애적인 상태가 방해를 받은 후에만 발생한다. 정신과정이 시작되면, 원래의 사고 형태는 즉각적이며 환각적 소원성취인 일차과정이다. 프로이트는 저장된 명확한 기억들은 경험들을 지각하고 등록하는 기관과 틀림없이 구분된다고 강조했다.

프로이트는 전의식과 의식과의 관계에 대해서 두 개의 유추를 사용했다.

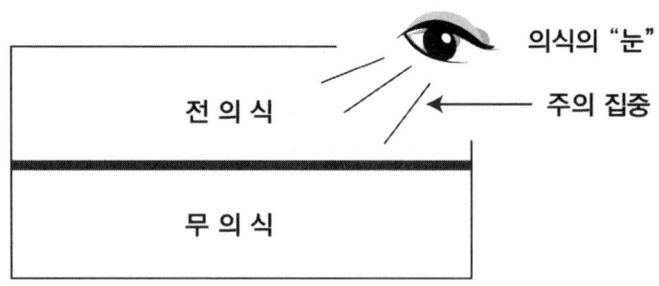

---

7) Instanz(독일어) : (소송절차상의)심급, 주무관청, 해당부서

1. *비 지형학적 유추* : "눈" 또는 "탐조등"은 전의식 안에서 진행되는 과정의 어떤 것에 초점을 맞춘다. "의식의 눈"은 전의식적인 정신활동을 인식(즉, 의식)하기 위한 노력을 기울여야만 한다. 그 노력은 선택된 전의식적인 정신활동들에 과도하게 집중하는 "주의집중"이다.

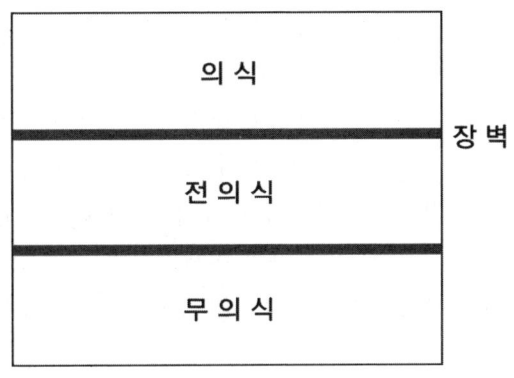

2. *지형학적 유추* : 의식체계와 전의식체계와의 사이에 장벽이 존재하는데, 전의식적 내용이 의식되기 위해서는 주의집중이 과도하게 이루어져야만 한다.

지각은 욕동들과 따로 분리해서 검토될 수 없다. 우리는 욕동들이 우리로 하여금 찾도록 하고 지각하도록 압박감을 주는 것으로 향하고 지각한다. 지각-의식은 환각적인 소원성취가 실패하기 때문에 세상을 자세히 조사한다. 맨 먼저 아기는 내면적으로 유아가 발견한 엄마-젖가슴-만족이라는 감각적인 느낌(기억흔적들)들을 자세히 조사한다. 그러나 이런 기억들은 오랫동안의 배고픔으로 생성된 불균형을 완화시켜주지는 않는다. 그런 기억들이 만족시키는 것을 실패하는 순간 내적인 엄마-젖가슴-만족("환각")의 감각기억들은 현실적인 만족기억들과 분리된다. 그리고는 최초의 기억이 된다. 이런 초기 기억조직들은 백일몽과 꿈속에서 퇴행적으로 욕동소원들의 압력 아래로 되돌려진다(증상형성과정의 첫 단계로 "드러난 퇴행" 또는 "내향성" 참조).

질문 : 꿈속에서 초기의 기억흔적들로의 퇴행이 있다면, 왜 꿈꾸는 사람은 만족의 꿈을 직접적으로, 예를 들어 만족의 초기 기억흔적들의 형태로 꾸지 않는가?

대답 : 꿈은 단순히 원시적인 정신과정이 아니라, 불안하게 하는 원시적 소원들과 약화되긴 했지만, 그래도 (부분적으로) 잠자는 자아의 여전히 활동적인 방어기능과의 "타협의 산물"이기 때문이다.

질문 : 이런 개념들이 분석 속에서 분석가가 위장되지 않은 모습으로 나타나는 첫 번째 꿈들에 어떻게 적용되는가?

대답 : 그것은 분석가가 실제로 중요한 어린 시절의 원형을 닮았거나, 또는 환자의 방어기제들이 매우 약해서 즉각적이고 깊은 전이의 형성을 허용하기 때문이다. 보통 분석에서 현실적 유대는 초기에 현실적인 존재로의 분석가와 환자의 현실적 자아 사이에 형성된다. 현실적 유대를 배경과 근거로 하여 저항에 대항한 점진적인 퇴행이 일어나는데, 이 퇴행은 결국 전이의 발달로 귀착된다. 그때 전이는 분석된다. 즉 현실적이고 비현실적인 측면들은 분석가의 실재에 의해 지지받고 있는

현실 자아에 의해 구별된다. 충분한 저항 없이 즉각적이고 깊은 전이를 표현하는 첫 번째 꿈들은 환자의 (분석가에 대한) 현실지각이 약하다는 징후, 즉 예측된 경고 신호인 것이다.

질문 : 기억memory 이란 무엇인가?

대답 : 그것은 경험에 기초한 영원한 대체물이다. "회상re-membering"은 기억을 의식화하는 것이다. 기억 자체는 의식과 아무런 관계가 없다. 기억은 어떤 지각적인 특질을 상실하는 경험에 의해 기억이 되고, 그래서 실제적인 지각과 구별되어질 수 있지만, 과거에 지각된 적이 있었던 것으로 인식될 수 있다.

제 16 강

퇴행 (II)

복습: 프로이트는 꿈속에서는 자극이 평소방향으로부터 역방향으로 이동한다고 주장한다. 일반적으로 자극은 지각으로부터 운동기관의 활동으로 이동하지만, 꿈속에서는 역방향인 지각을 향해 이동한다. 여기에서 꿈속에서의 "퇴행" 개념이 문제가 된다. 프로이트가 이 개념으로 설명하려고 시도한 것은 꿈이 원시적인 그림들로 가득 차 있고, 깨어있는 상태에서 사고과정의 논리가 결여된 방식으로 "보는" 이유였다.

질문: "운동기관의 끝은 진보적이고, 감각기관의 끝은 퇴행적이다."의 의미는 무엇인가? 이것을 환자들에게 어떻게 적용하는가?

대답: 그 개념은 정신기구의 지각기관의 끝과 운동기관의 끝

사이의 관계를 나타낸다. "깊은 곳으로부터" 리비도나 공격적인 충동이 일어날 때, 운동기관 방출의 방법과 선택에 있어서 분명 과거의 (지각적) 기억에 의해 인도되어야 한다. 흐름이 지각-기억에서부터 운동기관의 끝까지 가는 경우, 그 흐름은 점진적이고, 반사궁反射弓의 일반적인 방향이다. 기억에 대한 에너지 재집중이 그 자체로 충분한 만족으로 받아들여진다면, 어쨌든 그것은 "지각적"인 것이다.

질문 : "행동화"가 무엇인가? 그것은 상반되는 양식, 즉 충동에 관한 (감각적인) 환상을 허용할 수 있는 것보다 덜 "퇴행적"이지 않은가?

대답 : 행동화는 진정한 반응행동이 아니다. 즉, 그것은 기억흔적들에 기초한 통합된 양식의 행동을 포함하고 있지 않다. 그것은 자아의 무의식적 부분으로부터 현실의 어떤 상황으로 올라온 전이이며, 환각적 만족을 통한 유아적 소원의 직접적인 만족에 더 관련되어있는 무언가를 하는 것이다. 따라서 행동화는 더 퇴행적이다.

질문 : 잠자면서 걷는 몽유병은 행동화와 일치하는가?

대답 : 몽유병은 히스테리 발작의 모방과 더 관련이 있다. 작은 아이는 종종 자기가 관찰하는 것과 같이 되려는 시도로 관찰을 한다. 예를 들면, 새를 관찰할 때 아이는 팔을 펄럭거린다. 그러므로 원시적이고 미발달된 정신에서 지각과 신체운동은 밀접하다. 몽유병은 가끔 부모가 성행위를 하고 있는 방을 향해 가는데, 그것은 행

동보다 유아적 소원의 환각적인 만족에 더 가깝다. 행동화하는 몽유병에서 우리는 통합되고 자발적인 행동을 다루는 것이 아니라, "사람을 태우고 멀리 달려가는 말"의 경우를 다룬다. 몽유병에서 말 탄 사람은 수동적이고, 분명히 잠자고 있다. 말을 탄 사람은 실제로 말의 방향을 그대로 받아들여야 함에도 불구하고, 말 탄 사람이 말이 가는 곳을 통제하는 것처럼 가장한다. 다른 종류의 행동들의 심리적 본질에 대한 이런 차이점을 구별하기 위해, 관련된 행동에 대한 근본적인 정신구조, 즉 무의식과 전의식(또는 이드와 자아사이)의 관계와 그것들이 어떻게 저장되어 있으며, 그 발생의 메커니즘은 어떤가를 연구해야만 한다.

꿈은 의식과 행동으로 향하는 정상적인 통로를 따르는 대신 기억된 그림의 감각-지각적인 재활성화로 퇴행하는 경향이 있다. 그런 경향은 수면 중에도, "정상적인 통로"에 지속적으로 대항하는 저항에 의해 촉진된다. 환각적 과정으로 향하는 성향의 일부는 우리가 잠잘 때 외부현실이 (대부분) 닫힌 결과에서 기인한다. (진행성 청각 장애와 청각적인 환각의 발생 사이의 상관관계와 어느 특정 감각적인 판단양식에 있어서 심리적 이미지의 양과 정확성이 낮아질수록 환각의 발생률이 높아지는 관계된 발견을 비교하라 [Seitz and Molholm, 1947]).

프로이트는 단일 퇴행현상을 기술하는 세 가지 방법, 즉 지형적, 일시적(즉, 과거의 행동양식으로의 퇴행), 그리고 형식적(즉, 형식에서의 퇴행. 예를 들어, 정신활동의 보다 원시적인 형식으로

까지의 퇴행) 방법을 제시하였다. 대개 이 세 가지 퇴행의 변화는 함께 포함되어 있다. 프로이트는 꿈과 증상형성에서 퇴행의 유사점을 강조하였다.

꿈속에 짜여있는 낮의 잔재물의 퇴행적 정황은 특별한 문제를 내포하고 있다. 때때로 낮의 잔재물이 정신기능의 이차과정 영역 속의 깨어있는 정황으로 지각되는 것처럼 보인다. 그것의 꿈속 출현은 무의식적 내용들과의 역동적인 관계에서 비롯되고, 퇴행적 분투와 관련이 있다. 어떤 때에는 꿈속에서 나중에 사용되는 즉각적인 지각은 그것이 지각될 때 이미 퇴행적이다.

예시 : 환자가 분석가의 새 안경을 (무의식적으로) 알아차렸다. 그날 밤 그는 유아적 관음증을 투사한 내용 속에 그것들을 크고, 검고, 짙은 색의 눈으로 꿈을 꾸었다. 이 사례에서 새 안경은 처음부터 그 당시 환자 안에 이미 있었던 퇴행적인 관음증적 내용으로 지각되었다. 낮의 잔재물이 되는 대부분의 지각은 동시에 현실적이고 (형식적으로) 퇴행적인 방식으로 감지될 가능성이 높다.

제 17 강

소원성취 (I)

전의식적 소원은 그 자체로는 꿈을 만들지 못한다. 꿈이 형성되기 위해서는 전의식적 소원이 유아적 콤플렉스와의 무의식적 관계가 활성화되어야한다. 이 같은 사실은 꿈뿐만 아니라, 무의식으로부터 발생하는 어떤 영향도 마찬가지이다. 예를 들어, 교수가 되고 싶은 소원은 프로이트의 전의식적 소원이었으나, 그 자체로는 꿈을 만들 수 없다. 그러나 그의 전의식적 소원은 꿈을 만들어 낼 수 있는 전이에 의해 끊임없이 연료가 공급되어진다. 그때까지도 프로이트는 교수가 되는 꿈을 분명하게 꾸지는 않았다.

프로이트의 초기 모델은 다음과 같다.

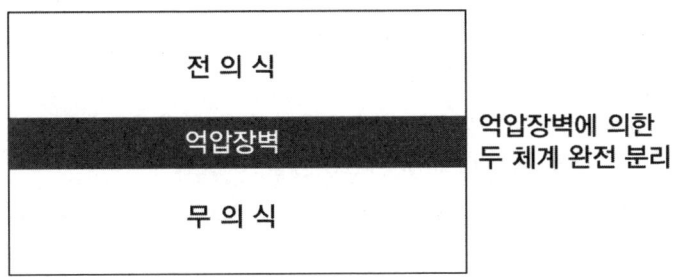

그의 후기 모델은 다음과 같이 되었다.

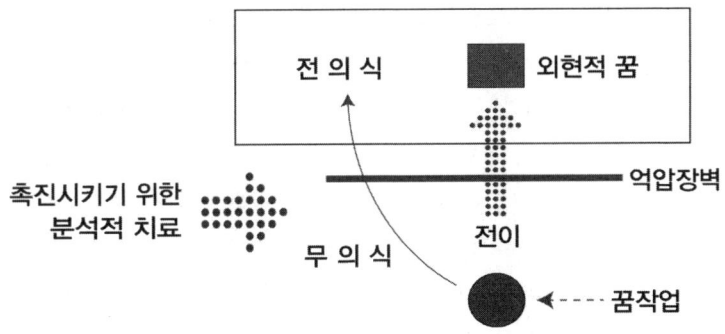

이와 같이 무의식적 내용들이 전의식으로 이동하는 것은 전이에 의해 억압장벽을 가로지르거나 통과할 뿐 아니라, 치료적으로 유도되어 축소된 방어활동의 결과로 보다 직접적으로(두 번째 모델에서 보여 지는 것처럼) 발생하기도 한다. 낮 동안 만족하지 못한 소원들과 해결되지 못한 문제들이 꿈을 일으킨다는 프로이트의

개념은 Zeigarnik(1927)에 의한 나중의 실험에 의해 간접적인 지지를 받았는데, 그는 종결되지 않은 일들은 더 오래 그리고 더 분명하게 기억된다는 사실을 발견했다.

질문 : 심한 히스테리 환자의 극적인 행동과 정신증 환자의 극적인 행동을 어떻게 구별할 수 있는가?

대답 : 히스테리 환자는 대상과의 관계들을 다루는 환상들의 기억을 행동으로 표출한다. 정신분열증 환자는 내부의 대상없는 자기애적인 경험들을 행동으로 표출한다. 정신분석 이론은 현실감 "단절"의 이 두 가지 유형을 구별하는데 도움이 된다. 신경증적인 단절은 좌절시키는 현재의 대상관계로부터 어린 시절의 리비도 (근친상간) 대상으로의 퇴행이다. 정신증 환자는 더 뒤로 퇴행하여 유아적 대상들과 단절하고, 잃어버린 유아적 대상들에 대한 자기애적 대체물로 되돌아간다. 신경증 환자에게 현실과의 단절은 현재의 대상들과의 단절이다. 그러나 정신증 환자들에게 있어서 현실과의 단절은 더욱 심각하다. 원래의 유아적 대상과의 단절은 나중에 나타나는 모든 대상관계를 위한 기초의 제공을 구속한다.

제 18 강
소원성취 (II)

꿈은 공개된 소원성취와 검열에 의해 위장된 소원성취로 나누어진다. 꿈속에 있는 소원은 무의식에서 비롯된다. 꿈은 낮의 잔재물에 의해 유발되나, 낮 동안에 감지할 수 없는 전의식적 소원이 무의식적인 소원과 결합할 때에만 성공적으로 꿈을 만들 수 있다. 프로이트는 낮의 잔재물들이 무의식의 "에너지"에 부착되고, 전의식에 전이될 때 꿈이 생성된다고 이론화하였다. 정신분석은 무의식의 깊은 곳을 표면으로부터 한 번에 한층 더 밑으로 접근한다.

무의식적 활동의 형태적인 측면(즉, 그것이 취하는 형태)과 관련하여, 꿈에서 특이하게 감각적으로 강렬한 부분은 꿈속에서 소원성취의 직접적인 지점이다. 전의식적 소원들은 무의식적 소원들과 같은 형태나 "색깔", 또는 특징들을 갖고 있지 않다. 전의식적 소원들은 자아에게 이국적이거나 이질적으로 보이지 않는다. 무의식적 소원들은 이질적이고 더 구체적인 특징을 갖고 있으며, 양적으로 더 강력하다. 초자아의 무의식적인 부분에서 징벌의 형태는 역시 더 원시적이다. 예를 들어, "네가 만약 그것을 한다면, 너의 고추를 잘라버릴 거야!"

무의식과 전의식의 두 체계는 양립할 수 없다. 사람이 무의식에서 더 강렬하게 원하면 원할수록, 전의식에 등록하는 감각적 인상은 더욱 강렬해진다. 무의식은 오직 소원성취만을 추구하는 욕동으로 구성되어 있다. 꿈을 향한 전의식의 태도는 "망설이지 말고 계속해서 꿈을 꿔라. 아무튼, 그저 꿈일 뿐이야."

질문 : 우리가 심리적 표현으로 아기가 생각하기 시작할 수 있는 때는 어느 발달단계인가?
대답 : 많은 부분이 *심리적* 이라는 단어의 정의에 달려있다. 이 질문은 어린아이에게서 어떤 자기인식의 존재, 곧 자기성찰의 어떤 전조를 짐작할 수 있는 때가 어느 단계인가라고 수정하여 질문하는 것이 나을 것 같다. 이전 토론을 복습하기 위해 원시적인 자기애적 균형상태에서 방해받지 않은 만족감은 그 자체를 알 필요가 없다. 이 균형상태에 대한 최초로 심각하고 반복적인 방해의 전형은 배고픈 경험을 만드는 생물학적 불균형이다. 생물학적인 불균형은 반사적으로 울게 한다. 울음은 엄마를 부르고, 엄마가 아기에게 젖을 먹이면 배고픔은 진정된다. 생물학적이고 사회적인 언어로 만족하게 기술될 수 있는 이 일련의 사건들이 만족감을 구조적으로 이전과 다르게 했다. "기억흔적"이라는 심리학

적 개념에 부합하는 생물학적인 변화는 지금 현재상황이다. 도식적으로 살펴보면,

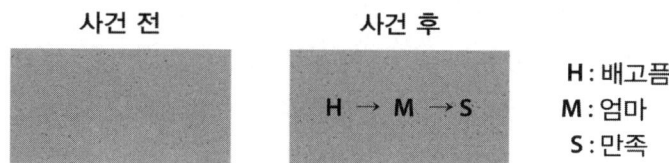

그러나 위의 그림 단계에서 사람이 눈뜨기 시작하는 자기성찰인 자기인식을 추정할 수 있는지 의심이 든다. 이때 배고픔과 관련된 생물학적 변화에 대한 두 번째 이야기가 발생한다. 아기는 (관찰자의 입장에서) 원시적인 착각이라고 부를지 모르는 일련의 배고픔 → 엄마 → 만족에 해당하는 유기조직 안에서 일어나는 구조적인 변화에 (생물학적으로)집중한다. 그렇지만 일련의 배고픔 → 엄마 → 만족에의 집중은 배고픈 긴장이 증가하는 것을 막지는 못한다. 반사적으로 다시 울고, 실제 엄마가 와서 젖을 먹이면 배고픔은 진정된다. 이제 아기가 다르게 구별하는 두 개의 유사한 경험이 생겼다.

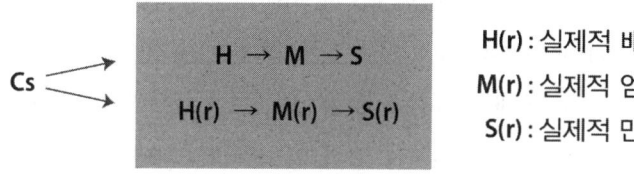

초기의 자기성찰적인 인식은 점차적으로 다음의 구별로 발달한다.

1. 이전의 실제 사건에 의해 만들어진 구조적 변화에 (정신적으로) 재 집중되는 환각적인 경험.

2. 실제적인 경험 그 자체. 이 구별의 결과로 환각은 기억이 된다. 이 단계에서 우리는 원시적인 인식을 추정해볼 수 있으며, "정신적"이라는 용어를 생각할 수 있다.

더 발달하면 보다 더 명확하게 정신적인 용어, 즉 반복되는 배고픈 경험, 반복되는 기억흔적에 대한 재 집중, 그리고 반복되는 실제로 음식을 먹는 경험으로 파악될 수 있다. 일련의 사건이 일어날 때마다 구조적 변화에 대한 재 집중은 그 자체로 목표가 되는 것은 줄어들고, 실제적인 만족에 이르는 길의 중간역이 더 많아진다. 울음은 점차 수동적인 반동경험은 줄어들고, 젖을 먹여주는 엄마에 대한 기초적인 기억이 가리키는 정신적 행동인 "요구"는 많아진다. 이후의 정신과정은 순서는 다음과 같다.

배고픔 → 기억기능까지의 지형적인 퇴행 → 행동

기억은 점점 덜 생생해진다. 그리고는 마침내 성인이 되어서 원래의 감각적인 집중의 흔적들만 남는다. 그래서 이차과정은 "적절한 좌절"의 영향 아래 일차과정에서 발달한다. 성인에게 있어서 퇴행적인 기억 집중이 그것이 갖고 있는 원래의 감각적인 생생함과 그것의 실존에 대한 확신과 함께 다시 실제적인 목표가 되는 경우(지형적인 퇴행), 우리는 그런 상태를 "환각"이라고 말한다. 꿈은 그런 퇴행의 예시이다.

제 19 강

꿈의 기능 (I)

수면상태에서 전의식은 잠자는 소원에 집중되어있다. 무의식적 소원들은 낮에 있었던 사건들에 의해 흥분되어 수면을 방해한다. 무의식적 소원들은 낮의 잔재물에 의해 자극되었을 뿐만 아니라, 낮의 잔재물로 전이되기도 한다. 제7장 4절에서 프로이트는 그 당시 발전시키고자 했던 정신기능의 모델, 즉 다양한 마음의 활동들이 어떻게 영향을 미치고, 어떻게 서로의 균형을 이루는지를 다룬다. 그는 1900년대에 다음과 같이 아주 간단한 모델을 사용했다.

전 의 식
억압장벽
무 의 식

프로이트는 전의식에 있는 잠자고 싶은 소원은 상대적이어서, 실제로 부분적인 각성이 일어난다. 자아활동에서 잠자는 능력은 생물학적으로 주어지는 것이 아니라, 학습된 자아의 활동이다(Kris[1952]의 통제된 퇴행에 대한 개념 "자아활동에서의 퇴행" 참조). 깨어 있고 좀 더 오래 놀고 싶은 아이는 잠자러 가는 것에 대하여 갈등이 있다. 그의 부모는 아이가 더 높은 기능들을 포기하고 잠자는 방법을 배울 수 있도록 도와줘야 한다.

수면 중에 자아체계에 대한 에너지 집중의 철회는 외부자극들을 배제하는 것 이상으로 큰 의미를 갖고 있다. 무의식적 욕동들과 같은 내적 자극 역시 제외될 필요가 있다. 잠드는 것은 전의식이다. 따라서 수면은 이드의 기능일 뿐 아니라, 자신의 자아체계로부터 에너지집중을 철회하는 법을 배운 사람의 내면에 있는 자아활동인 것이다. 아이는 이 과정을 배우는데 아이를 보호하기 위해 깨어있는 부모에 의해 도움을 받아, 아이는 깨어있는 것을 포기하고 깊은 잠에 빠질 만큼 충분한 안전감을 느낄 수 있다. 아이는 또한 부모들이 수면상황을 준비하고 수면상태를 초래하는 것을 동일시함으로써 이것을 배운다.

프로이트가 수면모델의 발전에 열중한 이유 중 하나는 그것이 정신분석적 치료모델을 제공하기 때문이었다. 예를 들어, 환자가 마치 잠자는 것처럼 누워서 통제된 자아의 퇴행을 경험하고 있는 동안, 분석가는 보호하며 지지하는 각성기능을 대신 수행한다. 치료적 상황과 수면 사이의 대비는 Lewin(1954)에 의해 더 연구되었다. 정신분석에서 가장 심각한 저항의 일부는 완전한 침묵인데, 비교적 약한 자아를 가지고 있는 환자에게는 어떤 퇴행을 허용하거나 통제를 포기할 수 없지만, 아무 말도 하지 않음으로써 이 두 가지 모두를 피할 수 있다.

극도의 불면증 환자들은 자아가 약하여 깨어있는 것을 포기할 수 없어서 퇴행할 수 없는 경향이 있다. 반면, 조건은 수면공포증, 즉 겨우 억제된 성적 환상이 잠자는 동안에 나타날지도 모른다는 공포이다. 잠재적으로 정신분열증 환자들에게 심각한 수면장애 요소들은 수면 중 퇴행이 무서운 자기애적 퇴행이 되는 공포가 포함되어 있다. 우울증 환자들의 불면증에서 잠자는 자아는 깜짝 놀라게 하는 구강 가학적 충동들의 출현 때문에 잠에서 깨어난다.

완전한 억압은 잠자는 동안 필요하지도 심지어 가능하지도 않다. 꿈 형성 과정은 나머지 자아가 계속 잠자고 있는 동안 무의식으로부터의 침입을 꿈으로 처리하는 것이다. 꿈꾸는 과정으로 자아는 위험한 이드의 충동들을 해롭지 않게 만드는 것이다. 그렇지만 잠자는 동안에 무의식적 소원이 행동화될 때, 그것이 전의식과정 속으로 침입해 잠자고 싶은 전의식적 소원과 갈등을 일으킨다.

잠자는 동안 전의식체계는 움츠러들고 사고방식은 퇴행하여, 기억하기보다는 경험하려는 일차과정에 더 가까워진다. 소원과 그것의 성취는 잠자는 동안 아주 가까워지고, 소원의 침입이 강한 감각적 특성을 갖는다. 그것이 자아의 어떤 부분에 침입했던지 소원은 원시적 방어 전략을 자극한다. 방어행동들은 수면방해물을 제한하고, 마치 다른 몸인 것처럼 그것을 취급하고, 관찰하는 자아를 제한한다. 이것이 나머지 자아가 계속 잠자도록 허락하는 과정이다.

질문 : 만약 무의식적 소원이 침입했을 때 전의식이 잠들지 않았다면, 꿈보다는 증상이 만들어지는가?

대답 : 그렇다. 꿈 형성과 증상형성의 역동성은 매우 유사하다. 즉 수면상태에서 발생하는 것이 꿈이고, 깨어있는 상태에서 발생하는 것이 증상이다.

질문 : 프로이트는 꿈의 기능이 수면을 보호하는 것이라고 말하면서, 또한 그 사람이 잠자기 전에 조차도 많은 꿈 작업은 진행된다고 말한다. 일관적인가?

대답 : 그렇다. 수면보호에 관한한 꿈 작업의 가장 결정적인 부분은 잠자는 동안에 발생하는데, 바로 그때가 마음의 평정이 방해받고 위장된 드러난 꿈이 만들어지기 때문이다.

질문 : 의식 자체의 집중이 변화하는 상태가 있는가?

대답 : 그렇다, 리비도집중의 증가는 주의집중, 각성상태와 같은 주의력을 낳는다. 리비도집중의 감소는 약물중독의 경우처럼, 뇌진탕 그리고 그와 같은 다른 조건들을 기록할 것이다. 그와 대조적으로, 수면 중에 리비도집중의 감소는 보통정도 된다. 잠자는 동안 의식, 전의식 그리고 무의식의 리비도집중은 소멸되지만, 그 리비도집중의 소멸은 의식과 전의식체계에 있어서 무의식체계보다 상대적으로 더 크다. 수면 중의 전의식과 무의식 사이의 리비도집중의 불균형 때문에 무의식적 침입을 무력화하고 담아내는 꿈이 형성된다. 꿈의 등록은 막 잠에 빠져들거나 잠에서 깨어날 때, 즉 의식이 부분적

으로 리비도집중이 줄어들 때에만 발생한다. 잠자는 동안 외부 또는 내부 자극들이 자아와 의식의 더 큰 활동을 요구할 경우, 의식의 긴급한 리비도 재집중은 수면 중에도 유효하다. 사람은 무언가 일상적이지 않은 일이 발생했을 때 깨어날 수 있는 자신의 능력을 믿지 않고서는 잠을 편히 잘 수 없다.

질문 : 프로이트의 관념화 과정에서 "쾌락 프리미엄"은 무슨 뜻인가?

대답 : 관념작용에 작지만 여전히 쾌락의 명확한 어조를 주는 최소한의 감각경험의 잔재 없이 사람은 생각할 수도, 사고를 소유할 수도 없는 것을 뜻한다.

제 20 강

꿈의 기능 (II)

꿈속에서의 시간 흐름 경험과 관찰자가 꿈의 결과라고 간주하는 시간의 흐름 사이에는 아무런 관련이 없다. 마치 뱀같이 흐릿하거나 신속한 움직임이 꿈속에서 무언가를 표현하는 것처럼, 시간의 흐름은 꿈의 언어부분이다. 만약 꿈속에서 시간이 느리게 지나가는 것처럼 보인다면, 그 꿈이 실제로 너무 오래 끄는 것을 의미하는 것이 아니라, 꿈속에서 어떤 내용을 표현하는 방법인 것이다. 프로이트는 전의식이 꿈을 만들 때 사용될 수 있는 거대한 기억 저장고를 가지고 있기 때문에, 우리의 마음은 그렇게 할 수 있다고 설명한다. 예를 들어, 우리가 읽어왔던 모든 책들은 기억 저장고에 저장되어 있어서, 주어진 꿈속에 포함되어 있는 어떤 갈등이나 방어들이든지 표현하는데 사용되어질 수 있다. 꿈-작업에서 그런 이야기를 불러내는 실제적인 과정은 버튼을 빠르게 눌러 3번을 호출하는 것처럼 매우 빠르다(프로이트 이후, 인지과학 마음의 "컴퓨터 모델" 참조).

> **질문** : 꿈속에서 오랜 시간 흐름을 느끼게 하는 꿈-작업의 메커니즘은 무엇인가?
> **대답** : 기억 저장고는 시간이 천천히 흐른 많은 기억들을 갖고 있다. 그런 종류의 기억들은 꿈속에서 느린 시간 흐름을 표현할 때 사용된다.

> **질문** : "외상적 기억들"은 꿈 작업에서 유용하게 사용되는가?
> **대답** : 아니다. 외상은 유아적 충동들에 대하여 갑자기 벽으로 둘러싸게 된다. 그런 외상적 기억들은 기억되도록 허용된 상태에 있지 않기 때문에 직접적으로 기억될 수 없다. 그것들은 오직 전의식으로의 전이의 형태로만 나올 수 있다.

> **질문** : 분석에 의해 드러나는 외상적 사건들에 의해 벽을 쌓는 과정이 마치 정상적인 발달의 과정처럼 들린다.
> **대답** : 그렇다. 정신분석 과정은 발달과정 중에 놓친 단계를 다시 체험할 수 있게 한다. 그래서 분석에서 가장 많은 시간이 소요되는 부분이 외상을 벽으로 둘러싸기 위해 발달되었던 많은 껍질과 관련된 작업이다. 이 연장되고 고통스러운 치료 작업이 끝날 때쯤에야 사람들은 원래 벽으로 둘러싸였던 일종의 충동들과 방어들의 재현을 보게 된다.

질문 : 수면 중에 전의식은 활동하지 않고 있는가? 아니면 문제를 해결하기 위해 적극적으로 노력하고 있는가?
대답 : 일정량의 문제해결 활동이 진행되지만, 감소된 속도로 진행된다. 대부분의 문제들은 수면 중에나 꿈으로 해결되지 않는다.

질문 : 프로이트가 전의식 속으로 침입하는 무의식적 사고를 말할 때, 그가 말하는 "충동" 또는 "사고"는 무슨 뜻인가?
대답 : 엄밀히 말하자면, 충동이란 실제로 그것의 집중이다. 그것은 오직 무의식적 충동이 전의식적 사고로 전이되었을 때뿐인데, 그 이유는 이제 행동이 가능한 전 의식 영역 안에 있기 때문에 자아가 불안에 대하여 "초기의 신경증적 발작"으로 반응하고, 침입을 위협으로 여기기 때문이다(전의식의 영역). 충동이 억압장벽 뒤편의 무의식에 있는 한, 그것은 위협이 아니다.

비슷한 맥락에서, 사람들이 무의식적 감정을 말하지 않는데, 그 이유는 프로이트의 초기 모델에서 감정은 욕동을 가진 무의식적 충동의 침입에 대한 전의식적 방출반응이기 때문이다. 그렇지만 자아의 상당부분이 무의식적이라는 프로이트의 나중 모델을 사용하면서, 사람들은 무의식적 감정을 말하는데, 그것은 그런 맥락에서 감정이 자아의 무의식적 부분을 나타내기 때문이다. 진짜 문제는 충동과 충동이 아닌 것 사이에 있는 것이 아니라, 충동과 나중에 사고와 행동의 전의식적인 이차과정의 형태를 갖는 수정된 욕동

사이에 있다. 그래서 문제는 유아시절의 높은 성적(그리고 공격적인) 욕동들과 이차과정의 "더 순화된" 행동들 사이에 있는 것이다. 그렇지만, 좀 더 "순화된" 행동들에서조차도, 예를 들어 우리가 무엇인가에 흥미를 느낄 때처럼 여전히 약간의 리비도가 남아있다.

리비도가 불안으로 전환되는 것을 보여주는 프로이트의 7장 4절에 제시된 꿈이 "최초의 장면"에 대한 개념을 논의한 첫 번째라는 것에 주목할 만한 가치가 있다.

제 21 강

일차과정과 이차과정

프로이트는 왜 수면 중에 발생하는 신체의 외부 감각지각들(교회 종소리의 울림, 종기의 아픔 등)과 꿈-형성에 공헌하는 낮의 잔재물들을 동등하게 다룸으로써 이 강의를 시작할까? 그것들은 모두 전의식상태에 있다. 낮의 잔재물들은 계속 전의식에 머물러 있다. 똑같이 외부의 종소리나 종기의 아픔은 감각기관-의식을 통해 전의식으로 들어와서는 무의식으로부터 전이되는 것에 그들 자신을 빌려준다. 신체적 통증이나 외부지각은 낮의 잔재물처럼 수면을 방해할 수도, 방해하지 않을 수도 있다. 만약 감각자극이 매우 중요하다면, 예를 들어 누군가가 "불이야!"라고 고함치면 자는 사람을 깨울 것이다. 그렇지만 자극의 감정적인 강도가 낮다면, 그것은 무의식으로부터 전이되는 전의식적 운반자로 사용 가능하게 될 것이다. 그래서 프로이트가 수면동안의 감각인상과 낮의 잔재물들을 동등하게 다루는 것은 마음구조 안에서 위치의 유사성과 그들의 낮의 잔재물로서의 잠재적 기능에 기반을 두었다.

질문 : 낮의 잔재물이 그것이 활성화하는 무의식적 소원과 어떤 동조를 가져야만 하며, 또 무엇 때문에 전의식적 운반자가 되는가?

대답 : "동조"의 의미에 달려있다. 프로이트는 낮의 잔재물은 무의식적 소원으로부터 오는 전이에 "자신을 빌려줘야만 한다"고 말한다. 그러나 낮의 잔재물은 또한 최근의, 사소하고 모호한 내용이어야 한다. 그런 전이대상들은 원래 그들의 내용이 무의식적 소원의 내용과 비슷하기 때문에 선택되는 것이 아니라, 주로 그것들이 최근의 사소하고 모호하기 때문이다(참조 : Fisher[1954], Fisher & Paul[1959]의 꿈속의 순간노출적 형상들에 대한 조사. 반면, 일부 연구자들은 낮의 잔재물들 자체가 모호한 것이 아니라, 낮의 잔재물들에게 전이가 이루어졌을 때 전이를 인식하는 그 사람의 방식이 모호한 것이 특징이라고 보고한다).

꿈 사고는 낮 동안에 형성될 수 있으며, 실제로 그날 밤에 꿈꾸기 전에 발달될 수 있다. 구조적으로, 이것은 꿈꾸기 전 낮 동안에 발생했던 어떤 전의식적 사고와 기억들이 이미 그 당시 활성화되는 특정 무의식적 콤플렉스와 관련을 맺기 시작한다. 그날 밤 무의식적 콤플렉스의 전의식으로의 침입이 발생하면, 이 경우에 낮 동안에 형성되고 조직된 전의식적 사고가 무의식으로부터의 전이의 운반자로 사용될 수 있다.

　꿈은 무의식과 전의식의 평형상태가 깨어져 무의식이 전의식보다 "강할 때" 꾸게 된다. 깊은 잠을 잘 때(그리고 주 외상이 뒤따르는 무의식 상태에서)에는 무의식 역시 잠을 잔다. 전의식으로의 침입은 그런 조건하에서는 일어나지 않는다. 꿈은 전의식이 무의식보다 비교적 약할 때 꾼다. 예를 들어 막 잠들 때나 혹은 깨어날 때 발생한다. 잠들 때 전의식은 무의식보다 더 빨리 잠들기 시작해서 상대적으로 무의식을 더 강하게 만든다. 이때 무의식으로부터 침입이 일어날 가능성이 가장 높다.

　이런 관계에서 의식의 역할은 다른 요소이나, 그것에 관한 것들은 연구하기에 참으로 어려워 잘 알려지지 않았다. 이와 관련하여 기여한 요소는 어느 의식체계까지 리비도가 집중되느냐 또는 철회되느냐의 범위이다.

　꿈 사고는 하루 종일 내내 계속된다. 그러나 그 꿈 사고들이 (1) 무의식적 소원이 활성화되지 않는다면, (2) 무의식적 소원이 억압 장벽을 넘어 전 의식적인 낮의 잔재물에 전이되는 기회(전의식이 무의식보다 상대적으로 약할 때)를 잡지 못한다면, (3) 전의식적 전달자에게 전이되는 무의식적 소원이 그때 의식에 의해 관찰되지 않는다면, 꿈을 발생시킬 필요가 없다.

　의식체계가 비록 드러난 꿈을 향하여 활발하게 나아갈지라도(예, 정신분석 동안), 의식은 꿈 사고의 수동적 동반자(마주보고 있는 사람)이다. 가끔 주목할 만한 심상을 가진 꿈 작업은 의식과 관계없이 독립적으로 진행되며, 이런 낯선 꿈 활동의 결과로 단지 "바라보고", 종종 놀라기도 한다. 단순히 무의식적 소원이 전의식의 낮의 잔재물로 전이되었다고 의식 안으로 "입장할 권리"가 보장된 것은 아니다. 그런 꿈 사고들은 다시 억압됨으로써 프로이트(1915b)가 "무의식 속으로 끌려가거나 빠져버린"이라고 말했듯이, 의식되지 않을지도 모른다. 그러나 그의 나중 논문(1926a)『억압, 증상 그리고 불안』을 살펴보면, 그는 "무의식에 의한 흡인吸引"의 초기 이론을 버렸다. 유사하게 꿈을 기억하는 것에 대한 저항이 있는 것처럼, 낮의 잔재물을 기억하는 것에 대한 저항 역시 있다.

본격적인 꿈 작업은 낮의 잔재물이 무의식적인 소원과 연결될 때 시작한다. 그런 식으로 형성된 정신적 구조는 정신신경증의 구조와 아주 흡사하다. 꿈과 증상형성 모두에서 어느 정도까지 병리학적 증상 없이 "드러난 퇴행"이 발생할 수 있다. 유사하게 낮의 잔재물들이 아직 꿈으로 이끌지 않고 전의식적 사고와 기억들 속으로 부과되어질 수 있다. 그러나 만약 "드러난 퇴행"이 최근의 대상으로부터 어린 시절의 대상들에 대한 리비도가 역행하는 "본 퇴행"의 단계까지 계속된다면, 병리적인 증상형성이 시작된다. 마찬가지로 꿈이 형성되는 동안 낮의 잔재물들이 무의식적 소원과 연결될 때, 전의식 체계에게 낯선 방식으로 자신을 정교하게 만들어내는 정신구조가 형성된다.

제 22 강

무의식과 의식, 그리고 현실

질문 : 쾌락원칙은 첫 번째 체계에만 적용되는가, 아니면 첫 번째와 두 번째 체계 둘 모두에 적용되는가?

대답 : 우리가 지형적으로 억압장벽에 의해 분리된 전의식과 무의식을 말할 때, 우리는 쾌락원칙이 무의식의 기능에 적용되는 반면에, 현실원칙은 전의식에 적용된다고 말할 수 있다. 그렇지만 우리는 그런 지형학은 길고 점진적인 발달과정의 결과라는 사실을 기억해야 하며, 후자의 관점으로 볼 때 현실원칙은 쾌락원칙에서 시작되었다고 간주될 수 있다 (프로이트[1911b] 논문 『정신기능의 두 가지 원칙』을 보라). 현실원칙은 여전히 쾌락원칙의 핵심적인 특징, 즉 최대의 쾌와 필연적인 불쾌를 최소화하려는 특징을 계속 유지하고 있다.

현실원칙은 단지 쾌락원칙을 성취하는 우회로일 뿐이다. 우회로가 너무 길면, 지연 자체를 다양한 심리기제에 의해 리비도화 된다. 최고도로 승화되었다 할지라도, 목적이 억압된 행동들은 여전히 어느 정도의 감각적 쾌락을 유지하고 있다. 억압의 본질은 당연히 불쾌를 쾌로 전환시키려는 것이다. 이드의 일부 쾌락을 추구하는 어떤 충동들은 불안의 형태로 불쾌를 만들어내고, 불안을 피하기 위해 억압된다.

미래의 불쾌를 예상할 수 있는 능력은 현실 적응력을 향상시키는데 있어서 매우 중요하고 유용하나, 그것의 궁극적인 목표는 여전히 고통을 피하고 쾌락을 유지하는 것이다. 그래서 쾌락원칙과 현실원칙의 관계는 연속체처럼 생각된다. 연속체의 한 쪽 끝에 매우 가깝게 있는 소원과 그것의 만족은 이상적으로 소원이 일어나자마자 즉각적인 만족을 얻고, 연속체의 다른 끝에 멀리 떨어져있는 소원과 그것의 만족은 많이 지연된다. 이 두 양끝 사이에 소원과 만족사이의 모든 연기의 점진적 이행 단계들이 존재한다.

이 관점을 종합해보면, 지형적으로 나뉜 정신기구의 도식에서 우리는 쾌락원칙과 현실원칙을 기능상 다른 방법으로 생각한다. 그렇지만 발달적 관점에서 우리는 쾌락원칙과 현실원칙을 하나의 연속체로 이해할 수 있어야 한다.

질문 : "정화된 쾌락 자아"란 무엇인가?
대답 : 그것은 만족스러운 자기애적 상태에서 방해물들로부터 자신을 보호하기 위해 발달하는 정신기구가 채용하는 장치 또는 "비결" 중 하나이다. 불쾌한 것들은 외

부로 돌리고, 쾌락의 모든 것들은 자신에게로 돌린다. 이 방법을 사용하기 위해서 정신기구는 자기와 자기가 아닌 것을 구별해야만 한다. 자아는 쾌락의 모든 것들을 자기의 일부로 주장하려 시도하고 불쾌한 것을 자기가 아닌 것이나 밖의 것으로 구별하려고 시도 한다. 통제하는 것과 소유하는 것은 아직 존재하는 것과 구별되지 않는다. 나중에 자기애적 상태가 여전히 방해받을 때, 부모는 전능성의 특징으로 부여되어진다. 그리고 후에 부모에게 투사된 자기애 중 일부는 자아이상이라 불리는 초자아 부분을 형성하도록 아이에 의해 재 내사될 것이다.

질문 : 그러나 억압의 "본질"은 리비도 반대집중이 아닌가?
대답 : 아니다. 억압의 본질은 리비도 철회이다. 리비도 반대집중은 주벽을 보강하고 지지하기 위한 고딕 양식의 대성당에 있는 "벽 받이"처럼 나중에 오고, 억압의 본질은 리비도 철회이다. 억압은 다양한 다른 방어들 모두의 기초가 된다.

질문 : 억압과 부정의 차이는 무엇인가?
대답 : 부정은 외부감각으로부터 "외면"하는 것이다. 억압은 내부에서 방해하는 충동들과 소원들의 내부감각으로부터 내적으로 "외면"하는 것이다. 그렇지만 부정이 내부에서 방해하는 내적 충동들이나 소원들을 일으키는 외부지각을 피하기 위해 사용되므로, 우리는 부정과 억압의 혼합물이 일반적이라는 것을 기억해야 한다.

질문 : 그런 점에서, 자아의 에너지 모두는 리비도 반대집중 에너지가 아닌가?
대답 : 그 질문은 우리가 구조적 관점에 가서 자아에 대하여 상세하게 다룰 것이다.

제7장 5절 : 무의식, 의식, 그리고 현실

프로이트는 의식을 눈, 혹은 망원경의 접안렌즈에 위치해 있는 사진 감광판과 비교했다. 망원경 속의 "허상"은 등록되어진다. 우리가 의식의 기관을 통해 보는 것은 정신과정 자체에서 실제로 일어나는 것과 똑같은 것이 아니라, 의식에 의해 관찰되는 작용을 통해 변화된다.

무의식은 진정한 정신적 실재이다. 무의식적 실재의 본질적 특성은 외부현실의 본질적 특성과 마찬가지로 알 수 없다. 외부현실은 단지 우리가 우리의 감각기관으로 지각하는 정도까지만 알려질 수 있으며, 무의식의 내적 실재는 우리가 의식을 통해 그것을 지각할 수 있는 한에서만 알려질 수 있다.

눈에는 기억이 없는 것처럼. 의식 역시 기억이 없다. 의식 속에는 기억흔적들이 없다. 우리가 지적인 활동과 예술적인 창조성 속에서 의식의 역할을 과대평가하는 경향이 있다. 이런 정신적 기능의 높은 형태에서 조차도, 중요한 정신적 활동의 대부분은 전의식적으로 진행된다.

질문 : 바라보거나 사고하는 의식의 두 방법이 있다는 것은 무엇을 의미하는가?

대답 : 한마디로, 의식은 "정신적 특징"을 관찰하기 위한 지각 기관이다. 그 개념을 도식화해 보면 다음과 같다.

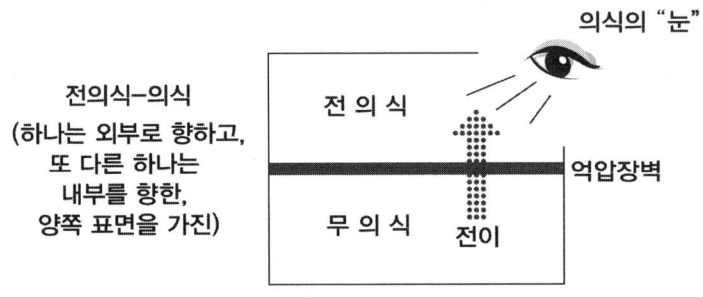

전의식의 내용들은 의식화 과정에 의해 변화된다. 그래서 아직 의식되지 않은 전 의식과정과 의식적 전의식과정을 구별하기 위해서는 다른 모델이 필요하다.

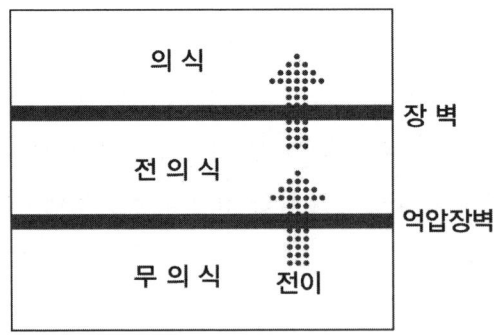

정신분석적 치료는 무의식의 영역을 넘어선 특정 영역에서 전의식의 영역을 확장시킨다. 의식은 항상 학습에 최전선에 있으며, 학습을 위해서 순간적인 주의의 과잉집중을 일으킨다. 분석의 본질은 무엇을 의식하는 것이 아니라, 무의식을 희생하여 전의식의 영역을 확장하는 데 있다. 전의식의 확장 속에서 감정적 저항과 대립되는 분석과정은 불안의 형태로 겪는 어떤 비용을 치르고서야 발생한다. 유사하게 주의의 과잉집중에 의하여 의식적으로 무엇인가를 학습하는 과정 역시 어떤 "고통"을 수반한다. 예를 들면, 학습해야 할 것들에 초점을 맞춘 집중은 오직 잠재적으로 더 즐거운 일들이 무시되고 지연될 경우에만 유지될 수 있다.

이것으로 『꿈의 해석』 7장과 정신분석학 이론의 발달과정의 첫 번째 단계에 대한 우리의 복습을 마친다.

제 23 강

정신분석 이론의 발달 2단계

정신분석 이론의 발달에서 첫 번째 시기는 지형학적 관점이 특징이었다. 두 번째 단계는 이드와 자아, 그리고 초자아로 마음의 구조적 분화를 강조했다. 안나 프로이트의 『*자아와 방어기제*』(1936)와 하인즈 하르트만의 『*자아심리학과 적응의 문제*』(1939)가 출간된 1937년경에 시작된 세 번째 단계는 자아의 자율성과 지배를 강조하였다.

이론의 두 번째 시기가 필요했던 것은, 어떤 임상적 관찰은 초기의 간단한 이론적 모델을 근거로 설명할 수가 없었기 때문인데, 이 사실은 프로이트가 그의 주요 논문인 『나르시시즘에 관하여』(1914c)와 편집증과 우울정신병에 대한 논문인 『편집증환자 슈레버』(1911a), 『슬픔과 우울증』(1917c)을 쓰게 했다.

그것은 특히 "전이신경증"이라는 초기의 간단한 모델에 맞출 수 없는 자기애와 정신증의 현상들이었다. 슈레버의 사례에서 프로이트는 병리의 본질이 대상과의 관계 혹은 리비도 집중을 포기하고 자기애적 상태로 퇴행하는 것이라는 사실을 알았다. 그는 그런 병리와 관련된 어떤 기제들, 즉 자기애에 대한 방어적 퇴행과 대상과의 관계를 회복하려는 시도에 대해 기술했다. 편집증에서 동성애에 관한 질문에 대하여 프로이트는 대상관계로부터의 퇴행은 동성애를 거쳐 자기애로 진행되고, 대상 리비도집중을 재정립하려는 시도가 동성애 대상과 함께 시작하면서 같은 길을 되돌아간다는 것을 이론화했다.

성숙한 대상애에서 대상이란 "다른 것"으로 완전히 구분되지만, 사랑받는다. 자기애로부터 대상애에 이르는 연속체에서 이성애적 관계와 동성애적 관계는 거의 자기애적이고 거의 대상애적인 사랑을 포함한다. 일부 동성애적 관계는 일부 이성애적 관계보다 성숙한 대상애에 가깝다. 도식적으로

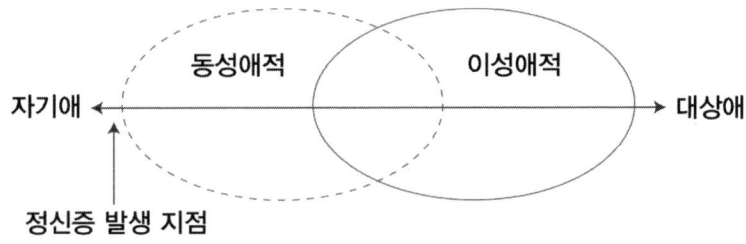

자기애로의 병리적 퇴행에서 퇴행이 동성애적 관계를 넘어 본질적으로 대상 없는 자기애적 상태로 진행되는 그 지점에서 정신증이 발생한다. 대상과의 관계를 되찾기 위한 회복적 시도에서, 그

들이 관계를 확립하기가 쉬워서 동성애 대상들에게 먼저 리비도가 재 집중된다. 그들이 자기 자신과 더 비슷하고, 그래서 자기애에 더 가깝다.

그의 논문 『무의식에 관하여』(1915)에서 프로이트는 신조어의 정신구조에 관한 중요한 이론을 제시했다. 현실과의 정신병적인 단절은 무의식의 깊은 곳에서 발생한다고 주장했다. 무의식의 "굳어진 것들", 즉 무의식 깊은 곳에 있는 실제적인 대상관계의 기억들은 리비도가 소멸되었다. 근본적인 대상을 상실한 후에 외관상 유사한 대상과의 관계를 회복하려고 시도할 때, 정신병 환자의 정신은 이차과정에 리비도를 과잉집중 한다. 정신분열증환자는 대상들에 대한 단어상징을 마치 그들이 실제 대상들인 것처럼 취급한다. 정신분열증 환자는 단어를 가지고 놀고, 신조어를 만들기 위해 그것들을 조합하지만, 상징된 것(대상)은 그에게 더 이상 의미가 없기 때문에, 상징적인 기능을 무시한다.

제 24 강

우 울 증

복습 : 우리는 최초 이드 중심적인 시기 이후 구조적 관점 이전까지 정신분석 이론의 발달과정을 추적해 왔다. 정신분석 발달의 첫 번째 시기는 "전이신경증", 즉 전환 히스테리, 공포증, 그리고 강박신경증에 대한 연구에 전념했다. 전이현상인 꿈 역시 정신분석학 초기동안 연구되었다. 구조적 관점의 출현 이전에 과도기적 기간이 발생하여 자기애와 정신증에 관한 새로운 발견들이 있었다. 프로이트는 전이의 측면에서 설명되지 않는 임상현상들에 관심을 갖게 되었다. 이것은 이런 상황에서 전이가 아무 역할을 하지 않는다는 말이 아니라, 단지 전이가 자기애적 병리의 증상을 만드는 중심에 있지 않다는 말이다.

우울증의 경우, 프로이트는 고착점이 대상없는 자기애적인 노력과 대상에게 흥미를 갖는 사이 중간에 위치한다고 이론화하였다. 우울증 환자의 분노는 완전히 선명하지 않아 모호하고 불분명하게 정의된 대상(예를 들어, 젖가슴)을 향한 것이며, 이는 여전히 자신과 혼동된다. 그래서 우울증에서 대상상실이라는 프로이트의 개념은 특히 자기애적 대상 선택인 동일시를 근거로 선택된 사랑대상의 상실이다. 우울증 환자가 상실한 것들은 자신에 매우 가까운 것들이다. 이런 개념은 그런 환자들의 "자신을 삼켜버리는" 분노의 성질에 대한 설명을 도와준다. 즉, 분노가 향하고 있는 대상이 자신과 완전히 구분되지 않았기 때문에, 분노는 밖으로 향한 대상 분노라기보다는 오히려 내부로 향한 자기 자신에 대한 분노이다.

질문 : "분노 반작용"과 "심기증 환자의 반작용"의 임상증후군들은 여기서 정신신경증의 "불안신경증의 핵", 그리고 정신증의 "핵심 심기증"이라 기술된 것과 동의어인가?

대답 : 아니다. 신경증과 정신증의 "실제적 신경증의 핵"—정신신경증의 경우에서 "불안신경증의 핵"과 정신증의 경우에서 "심기증의 핵"—은 이론적 구성개념이다. 불안 또는 심기증의 임상적 증상들은 신경증적 또는 정신증적 구조 중 하나에서 발생할 수 있다.

질문 : 보다 깊은 연구에 따르면, 강박신경증이 때로는 근본적인 정신분열증적 핵심을 지니고 있다고 판명되는 관찰은 어떻게 설명될 수 있는가?

대답 : 비록 그것이 현상학적으로 사실이라 할지라도, 구조적 구분이 이루어져야 한다. 우리는 마법을 통한 숙달

이 충분히 발달되지 않은 원시적 형태, 즉 자아 발달의 초기단계 기능방식과 마법을 통한 이러한 형태의 숙달이 간직되어 있는 전체구조를 구별해야 한다. 원시적 자아는 예를 들어, 격리, 취소, 의식과 같은 마법적인 방법으로 위험들을 피하려고 한다. 그 같은 마법적인 방법들이 정신병리학에서 사용되는 메커니즘과 부합하는 종교적 의식행위를 통하여 애니미즘(영혼신앙)적으로 해석된 외부환경에 영향을 미치는데 사용될 수 있다 (프로이트[1913b], <토템과 타부>와 Ferenczi[1913], 『현실감각의 발달단계』를 참조하라). 원시적 자아는 신경증과 정신증 모두에서 내부의 위협에 대항하여 싸울 때, 그런 마법적인 기제들을 사용한다.

정신병리가 신경증인지 또는 정신증인지의 여부를 결정하는 것은 증상자체들이 무엇이냐에 달려있는 것이 아니라, 증상들이 무엇을 보호하느냐에 달려 있다. 만약 강박적인 증상이 리비도와 공격성의 대상추구(보통 퇴행적인 항문기 가학성)를 보호한다면, 그것은 신경증적 증상이다. 그러나 강박증상이 위협적인 대상 없는 상태로 퇴행하는 위험을 보호한다면, 그때는 정신증적 증상이다. 다시 말해, 이런 구별은 유용한 임상적인 함의를 가지고 있다. 그것은 마법적인 술책이 막으려 하는 내부 위험에 대한 임상가의 이해를 용이하게 해주고, 또 그것은 치료적인 처리에 실마리를 제공한다.

제 25 강

구조적 모델과 중화

복습 : 프로이트의 정신병리에 대한 연구는 히스테리와 같은 "성숙한" 형태로 시작되어, 강박신경증과 마침내 자기애적 장애와 같은 심각한 장애로 점차 깊어졌다.

질문 : 정신분열증 환자에게 불안은 완전히 자기애적으로 퇴행된 상태에 대한 낯설음 때문인가? 또는 대상관계의 상실로 인한 불안인가?

대답 : 둘 다 관련이 있다. 그것은 근본적으로 리비도와 공격성의 긴장을 방출할 수 없는 공포다. 즉, 방출로 긴장을 줄이는 배출구가 불충분해서 그런 긴장이 쌓이는 것에 대한 두려움이다.

우울증의 경우, 프로이트는 엄마와의 최초 관계가 그 대상이 자신과 잘 구별이 안 되는 관계 형태에 고착시키면서 방해받았다라고 이론화했다. 논문 『억압, 증상 그리고 불안』에서 프로이트(1926a)는 정상적인 엄마가 아이들이 점진적으로 엄마로부터 분리하는 고통과 좌절을 견디고 극복하는 것을 배우도록 어떻게 도와주는지 기술하고 있다. 그런 "적절한 좌절"이 제공되지 않고, 대신에 외상적인 분리가 그런 점진적인 좌절의 극복을 방해한다면, 그때 아이는 일차적 안전조치로, 동일시 형태의 대상선택에 고착될 것이다. 이런 형태의 대상선택은 우울적 병리에 걸리기 쉽다.

이것은 우리에게 "중화"의 개념을 가져다준다. 프로이트는 우울증의 특징을 (1) 자기애, 즉 자기와 대상이 융합되어있는 자기애적인 대상선택으로의 퇴행, (2) 공격성, 특히 자기를 삼켜버리는 분노, (3) 구강기 고착, 즉, "대상관계"의 자기애와 그리고 특히 분노의 구강-가학적 특성과 아주 밀접하게 관련된 구강기 고착이라고 제시했다. 게다가 우리는 우울증의 구강-가학적 충동을 원시적인 "중화되지 않은" 욕동으로 정의할 수 있다.

정신분석 이론의 발달에서 이 시기의 "주요 제목"은 자기애, 공격성, 중화, 구조 및 초자아이다. 초기의 지형학적 모델에서,

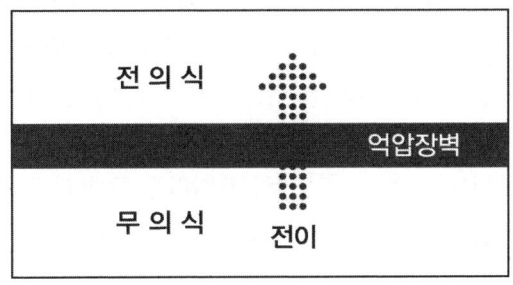

새로운 "구조적" 모델로의 변화에서,

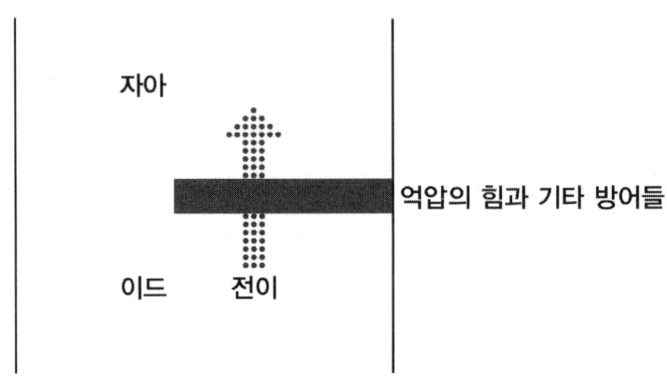

프로이트는 리비도와 공격성의 욕동과 대항하여 억압하는 자아의 힘은 그들 자체가 완전 무의식적이어서 분석작업 없이는 의식할 수 없다는 것을 인정했다. 그 개념은 (이전보다 더 명시적으로) 먼저 이성적이고 협력적인 전의식적 자아의 주의를 무의식적 방어 활동에 주의를 환기시키면서, 해석은 먼저 무의식적 방어를 겨냥해야한다는 결론으로 이끌었다.

질문 : 프로이트는 이제 왜 방어활동을 무의식 상태로 언급하는가? 왜 그것들을 전의식 상태로 생각하지 않는가?

대답 : 방어활동들은 단지 주의집중으로는 의식될 수 없어 지각할 수 없기 때문이다. 그러나 그것들을 의식화하는데 다양한 저항을 극복하는 분석작업이 요구된다. 프로이트는 더 이상 "전의식"이라고 말하지 않고, 한쪽 부분은 전의식이고, 다른 한 쪽 부분은 무의식인 "자

아"라고 말한다. 유아적 욕동에 대항하는 힘은 더 이상 단지 리비도집중을 철회하는 과정(억압)이라 여겨지지 않고, 그들 자신이 무의식 상태이면서 아주 정교한 부가적인 "방어"세트를 포함한다.

앞에서 말한 이론적 변화는 초기 모델에서와 같이, 유아적 일차 과정 경향이 억압장벽을 뚫고 전 의식적 "운반자"에게 전달되는 새로운 모델의 "전이측면"에 적용된다(지금은 무의식적인 억압과 자아의 다른 방어적 힘들의 장벽을 가로질러 자아의 전의식적인 부분으로 이동). 그러나 새로운 모델 역시 적절한 좌절의 경험을 통해 "중화된" 경험과 구조 및 기술들을 점진적으로 구축할 수 있다고 프로이트가 이론화한 "비 전이측면"을 포함하고 있다. 더럽히는 아이를 대하는 부모의 예를 살펴보자. 부모가 유아적 성향을 완전히 진압하기 위하여 애정 없고 화난 방법이 아니라, 더럽히고 싶은 원시적 욕동의 대용품을 제공하는 애정 어린 방법으로 반응한다면 아이는 욕동의 적절한 좌절을 경험하게 될 것이다. 결과적으로 아이는 그런 욕동들을 억압과 반동형성, 그리고 다른 방어기제들과는 완전히 다른 과정인 "중화"하는 능력과 구조를 확립할 것이다.

부모들이 이런 식으로 아이를 가르치는 것이 어떻게 가능할까? 부모들은 아이의 절박한 유아적 욕동들을 다루기 위하여 자신의 리비도와 공격적인 힘을 사용한다. 예를 들어, 만약 아이가 갑작스런 공격을 보일 때, 부모가 리비도적인 힘으로 반응한다면, 즉 부모가 아이를 사랑스럽게 달래주면, 그것은 공격성을 저지하고 중화하는데 도움이 된다. 나중에 아이는 그런 식으로 공격성을 다루는 부모를 동일시한다. 아이 스스로 화가 많이 나는 것을 느낄 때, 그의 유아적 분노에 대한 부모의 사랑스런 견고함과의 동일시가 "그렇게 화낼 필요 없어, 너는 사랑받고 있잖아"라고 일깨워준다. 아이가 리비도적 욕동이 갑자기 고조되었을 때, 부모가 적은 공격성으로 "안 돼, 안 돼", 또는 주의 신호처럼 집게손가락을 흔들며, 즉 부모의 입장에서 적고 상징적인 양의 공격성으로 반응한다면, 그것은 아이가 하고 있는 것을 멈출 수 있게 한다.

부모와의 많은 경험의 기억들은 점진적으로 욕동을 중화하는 기능을 가진 건강한 자아구조, 즉 억압과 다른 방어기제들에 의해 분리되지 않은 자아의 부분을 보상하는 구조형태의 발달에 기여한다(참조 : Hartmann, Kris, & Loewenstein, 1946).

제 26 강

공격성 (I)

질문: 중화구조의 발달에서 아이의 공격성은 부모로부터 리비도적 힘으로만 맞서는가? 아니면 때로는 역시 부모의 공격성에 의해 저지되는가?

대답: 이 문제는 무엇에 의해 저지되느냐가 아니라, 주어진 시간이 언제든 통제하거나 금지하는 힘의 강도다. 이것은 경제적 문제이다. 아이의 공격성은 부모에게 있는 리비도적 힘들의 활성화에 의해 적절하게 가장 잘 처리된다. 예를 들어, 아이의 짜증을 최상으로 다루는 것은 적대적인 공격성보다는 달래고, 애정 어린 태도로 다루어지는 것이다. 그런 많은 경험들이 내사된 결과로 나중에 그 아이가 화났을 때, 같은 방식으로 행동할 것이다. 최종적인 결과는 구조의 결핍이 아니라, 자아의 통제 하에서 성격적 견고함과 같은 태도와 행동

에 사용할 수 있는 중화구조의 발달이다.

그런 구조로 발달한 사람에게서 오래된 "살인적인" 공격성은 더 이상 식별할 수 없게 된다. 상황이 그것을 요구한다면, 건강하고 중화구조를 가진 사람은 자유롭고 효과적인 공격성의 능력이 있다. 반대로, 어린 시절의 공격성이 종종 그를 돌볼 책임이 있는 어른들의 짜증이나 심한 위협으로 가끔 대응받았던, 그래서 그런 중화 구조가 결여된 사람에게 결과적으로 완전히 금지된 공격성의 시기를 오락가락하면서, 원시적이고 중화되지 않은 공격성이 폭발할 경향이 있는 것도 무리가 아니다. 후자의 형태는 중화구조를 가진 사람에게서 발생하는 것처럼 그렇게 "자유롭지" 못하다. 분노 폭발과 억압된 공격성의 시기는 사람의 통제를 벗어나게 되고, 항상 중화되지 않은 "살인적인" 공격성의 위험이 터져 나온다. 결과적으로 그런 사람은 모든 공격성, 심지어는 필요하고 지시된 공격성조차도 똑같이 원시적이고 발달되지 않은 대항력으로 강렬한 억압을 유지할 필요가 있다.

질문 : 어린 아이 안에 세워지는 중화구조는 "융합"의 과정에 의해 발생한다고 말하는 것이 옳은가? 아니면 융합의 과정으로부터 발생한다고 말하는 것이 옳은가?

대답 : 아니다, 그 과정은 "중화"라고 부른다. 교육자의 사랑과 훈련방법이 스스로 중화되었는지, 중화되지 않았는지의 여부는 매우 큰 차이를 만들어 낸다. 아이에게 중화구조를 구축해주는데 가장 효과적인 교육방법은 그들 자신이 중화된 부모의 대항력이다. 만약 아이에 대한 부모의 행동이 원시적이고 미발달된 리비도와 공

격적인 충동을 갖고 있다면, 그 결과는 아이 안에서 부
드럽게 기능하는 중화된 구조가 아니라, 정신의 전이
측면에 있는 구조다.

우리가 초자아의 기원을 논의할 때, 외상적 좌절의 전면적인 내
사에 관하여 더 많이 말할 수 있다. 그래서 지금 이 시기 동안에 초
자아의 개념을 소개하게 한 이런 현상과 관계들을 프로이트가 발
견한 것을 특별히 언급해 보자. 중화되지 않은 초자아 구조가 발생
하는 한 가지 방법은, 아이가 행동하도록 "유혹"함으로써 아이가
행동하게 하려는 부모에 의해서이다. 이런 아이 안에서 발달하는
것은 그 안에 있는 자아가 감언이설로 꾀거나, 매수하거나 또는 어
떤 대가를 치르고, 즉 "더욱 달콤하게 함으로 성적 평화를 조정함"
으로 자기의 초자아와 화해하는 양식이다. 그런 경우에 우리는 초
자아를 "성적 특징"을 가지고 있다고 말한다.

질문 : 지금까지 우리는 프로이트가 원래의 지형적 모델을 바
꾼 두 가지 주요 이유, 즉 무의식적 자아 행동의 증거
와 욕동 에너지의 점진적인 중화를 제시하는 증거에
대해서 논의했다. 새로운 구조모델을 선택한 또 다른
이유가 있는가?
대답 : 그렇다. 그러나 처음에 그것은 프로이트의 자아기능에
대한 집착이었는데, 그것은 보다 깊은 병리의 형태들
에 대한 연구의 결과였다. 나중의 임상경험들은 새로
운 이론적 개념으로 이끌었다. 프로이트는 원래 자아
가 이드에 반대하여 발달한다고 여겼던 것처럼, 자아

의 한 부분이 가끔 자아의 다른 부분에 반대하여 어떻게 발달하는지를 관찰하였다. 프로이트는 자아내부에서 일어나는 그런 갈등을 "조직 내 갈등"이라 불렀다.

강박신경증을 연구했을 때조차, 프로이트는 자체에 대항하여 분리되는 정신현상에 직면했다. 『토템과 터부』(1913b)와 『쥐 인간』(1909b)에 대한 보고서에서 그는 자아의 어떤 오래된 부분, 예를 들어 사고의 전능감 또는 사고와 행동을 동등하다고 생각하는 것에 대하여 기술하였다. 강박신경증 환자는 그의 사고가 전능하다는 자아환상에 반대하여 자아 안에 어떤 반동형성을 발달시킨다. 반동형성은 강박신경증 환자들의 잘 알려진 "정신적이지 않은 태도", 즉 비합리적인 것을 용인하지 못하거나, 감정의 실재조차도 받아들일 수 없는 무언가들 사이에서 생성된다. 모든 것들은 전능하다고 생각되는 잠재적 사고들의 위험에서 막기 위해 합리적인 수단을 거쳐 여과되어야 한다.

이런 논의로부터 우리는 두 가지 갈등의 두 가지 중요한 유형, 즉 정신기관의 전이 측면에서 자아와 이드사이 또는 자아와 초자아 사이의 "조직 간" 갈등, 그리고 협력하고, 분석하고, 관찰하는 자아와 나머지 자아 사이의 갈등과 같은 자아 자체의 반대되는 부분 사이의 "조직 내적" 갈등이 가능하다는 것을 알 수 있다.

질문 : "본능적 공격성"을 어떻게 정의하는가?
대답 : 나중에 우리가 새로운 이중 본능이론을 논할 때 그것에 대해서 더 많이 언급될 것이다. 지금은 정신분석 이

론에서 이 개념의 발달에 관하여 역사적인 관점에서 간단하게 살펴보자. 프로이트가 처음에는 유아성욕을 주로 다뤘다. 초기 발달 단계와 관련이 있는 정신분열증의 더 많은 퇴행형태를 연구함으로써, 이런 조건에서 유아공격성이 유아성욕만큼이나 중요하다는 사실이 분명해졌다. 예를 들어, 초기에 강박신경증에 대한 연구처럼, 프로이트는 공격성의 중요성을 관찰했다.

질문 : 중화는 승화나 전치, 목적 금지와 동일한 과정인가?

대답 : 아니다. 중화는 특히 욕동의 특성과 강렬함, 즉 욕동의 한계가 그들이 원래 가지고 있는 원시성과 유아적 강렬함과는 현저하게 다르게 중화되는 욕동의 강렬함에 관련되어 있다. 욕동들을 목적에 따라 정의내리는 것은 다소 다른 문제다. 그것은 욕동 자체의 특성과 강렬함보다는 대상관계에 대한 갈등과 관계가 있다.

질문 : 조직 내 갈등과 조직 간 갈등의 구별이 치료법에 어떻게 적용되는가?

대답 : 치료 초기와 분석 내내 (자아 안에 있는) 조직 내 갈등을 주로 다룬다. 조직 간 갈등에는 가끔 자기애적 상처와 자신의 통제부분에 대한 자아의 무능함에 대한 반작용인 저항들이 포함된다.

질문 : 그렇지만, 궁극적으로 자아 안에 있는 조직 내 갈등조차 항상 얼마간의 "성숙한(또는 미발달의)" 힘들 사이에서의 충돌을 포함하지 않는가?

대답 : 그렇다. 예를 들어, 자아의 원시적인 부분과 이성적인 부분들 사이의 갈등과 같은 경우가 종종 발생한다. 그렇지만 다른 경우에는 자아의 동일한 수준에서 서로 양립할 수 없는 동기들 사이에서 갈등들이 발생한다.

제 27 강

공격성 (II)

질문 : "공격성"이란 무엇을 의미하는가?

대답 : 프로이트는 처음에 주로 성적 욕동들의 변화에 몰두했었다. 그러나 그가 정신증의 더욱 퇴행적인 형태를 조사하면서 더욱 적대적이고 파괴적인 충동들, 압박들, 욕동들을 만나게 되었다. 공격적인 충동들은 약간의 성적 욕동의 특징들, 즉 비슷한 절박함이나 강렬함, 대상을 향하는, 갈등을 만들어 내고 또 그것에 대해서 방어하는 특징들을 가지고 있다. 우리가 구조의 점진적인 구조의 습득과 욕동의 중화에 관하여 더 많은 논의를 할 때, 우리는 이 다른 종류의 욕동(공격성)의 본성과 그것의 중화의 정도가 결정적인 주제라는 것을 발견하게 된다.

질문 : 내사과정에서 내사된 것은 대상인가 아니면 경험인가?
대답 : 경험된 것으로서의 대상이다. 우리가 젖가슴을 "부분대상"으로 내사하는 아기를 얘기할 때, 아기의 기준에서 젖가슴은 "부분대상"이 아니라, 온 세상이라는 점을 기억해야 한다. 그것은 성인 관찰자인 우리에게만 "부분대상"이다. 나아가서 대상(예를 들어, 젖가슴)으로부터 만족하기를 원하는 소원이 좌절되면, 내사된 것은 전체대상(관찰자에 의해 보여지는 것처럼)이 아니라, 단지 좌절로 경험되는 엄마의 일부이다.

내사는 직접적으로 대상상실과 관련이 있다. 만약 대상상실이 적절한 좌절의 경우처럼 점진적이라면, 그 결과는 적은 내사, 즉 단지 부드럽게 좌절시키는 대상일 것이다. 반면, 외상적 좌절의 경우 그 결과는 강력하게 좌절시키는 대상경험의 크고 무거운 내사이다. 적은 대상상실(좌절)의 많은 경험들이 중화된 에너지를 통해 결과를 만들어 내는 적은 내사를 만든다. 큰 대상상실(좌절)은 중화되지 않은 에너지로 결과를 만들어내는 크고 무거운 내사를 만든다. 크고 무거운 내사들은 특별한 양상으로 되는 경향이 있다. 즉, 어린 시절 특정 기간 동안, 특별한 욕동이 특히 강할 때 그 기간 동안 경험했던 좌절들은 비교적 강하고, 그 결과로 발생하는 내사는 필연적으로 더욱 크고 무겁다.

질문 : 내사와 동일시의 차이점은 무엇인가?
대답 : 그런 개념들의 정의를 받아들이는 통일된 것은 없다. 그것들을 구분하는 하나의 방법은 내사를 과정으로,

그리고 동일시를 그 과정의 결과로 정의하는 것이다.

"어린 시절 대상"

"어린 시절 대상"의 개념은 많은 혼동을 일으킨다. 신경증적 대상 선택의 기초는 항상 어린 시절의 리비도 대상이다. 그런 구조는 억압 장벽과 방어기제들에 의해 분리되어진 정신기관 부분에서 발생한다. 그러나 구조적 갈등 밖에 있는 정신영역, 즉 갈등 없는 중화된 영역에서의 대상선택은 어떤가? 예를 들어, 만약 어떤 남성이 어린 시절의 사랑스런 엄마와 닮은 여성과 결혼한다면, 그것은 반드시 전이현상이 필요한가? 그 대답은 아니다 이다. 과거로부터 중화된 구조에 의해 결정된 대상선택이 이루어진다.

사실상, 과거로부터의 전이를 기반으로 한 신경증 환자의 대상선택의 경우, 남자는 그의 엄마와 닮지 않은 여성과 더 결혼할 가능성이 크다. 전이는 그의 엄마를 상기시키는 여성을 선택하는 것을 금지하는 경향이 있다. 그의 대상선택이 그런 전이에 의해 최소의 영향만 받고, 갈등 없는 중화된 경험에 주로 기반을 둔 사람은 자연스럽게 과거에 그가 만족스러운 경험을 한 사람과 닮은 사랑 대상을 선택하려 한다.

그의 분석가에 대한 환자들의 감정에도 동일한 구별이 적용된다. 그런 모든 감정이 필연적으로 전이감정이 되는 것은 아니다. 어떤 감정은 자아의 갈등 없는 부분에서 비롯된 것으로, 전이가 아니며, 그것이 분석가가 어쨌든 배경의 어떤 유사성을 가진 환자와 치료전문가에 의해 촉진되는 경향이 있는 이유 중 하나이다. 치료

동맹은 그 관계 안에서 전이가 일어날 수 있고, 또 분석될 수 있는 그런 갈등 없는 비전이 형태를 가질 수 있는 환자와 분석가에 크게 좌우된다. 모든 관계를 압도하는 너무 극단적인 전이나, 또는 전이의 발달을 허락하지 않을 정도로 친밀한 동맹은 분석과정을 방해할 수 있다.

질문 : 분석 중에 전이가 발달하는데 왜 그렇게 오래 걸리는가?

대답 : 그렇지 않다. 전이는 곧 발달하지만, 처음에는 가려져 (방어되어) 있어서 그것들은 분명하게 관찰될 수 없거나, 나중에 분석 중에 나올 때까지 해석적으로 같이 작업한다.

초자아

프로이트는 초자아를 대상들과의 좌절경험에 대한 전면적인 내사와 관련 있는, 자아의 없어서는 안 될 부분으로 기술하였다. 그는 왜 그것을 "자아 상위의" *초자아* 라고 불렀는가? 그 단어는 아이 위에 있는, 어린 시절 아이보다 더 큰 부모의 존재를 표현한다. 초자아는 금지하고(좌절시키는), 비난하는 부모의 내사된 이미지들을 가지고 있고, "양심의 목소리"(꿈에서처럼)는 항상 자아의 상위로부터 오는 것처럼 보인다.

초자아는 여러 중요한 구성요소들, 즉 금지와 비난, 자아이상 및 승인을 포함하고 있다. 구조적 모델에 따르면, 단지 초자아의 적은 부분이 전의식적이다(사람들이 자기의 "의식"이라 부르는 부분). 그렇지만 초자아는 다양한 발달수준으로부터 내사된 것들에 기반을 두기 때문에, 초자아는 무의식속으로 깊게 가라앉는다.

자아이상을 포함하고 있는 초자아 부분의 발달에 대하여 생각해 보자. 프로이트는 대상없는 전능한 자기애 상태에서 시작하는 유아를 상상했다. "나는 원하는 것은 무엇이든지 갖는다." 그 다음 발달 단계는 현실적인 모순들에도 불구하고 그 상태를 유지하려고 한다. "순수 쾌락자아"라 불리는 국면에서는 무엇이든지 불쾌하면 외부로 귀속시킨다. 우리 자신들에서 최고를 찾고 다른 사람들에서 최악을 찾는 어떤 경향이 있는 것처럼, 그런 종류의 자기애는 얼마간 우리들 마음속에 항상 남아있다. 이 같은 사실은 성격분석에서 어려운 치료적 문제일 수 있으며, 그러지 않은 경우 자신들의 "나쁜" 충동들과 감정들을 그들의 환자들 속에서 찾는 경향이 있을지 모르는 미래의 정신분석가들에 대한 분석에서 특히 중요하다.

다음 단계는 전능감이 부모에게 투사된, 즉 아이가 동경하는 부모의 전능성의 수령자로서 함께하고 참여하거나 공유하는 부모의 이상화 단계이다. 이 단계는 결국 현실적인 아이의 활동의 약점이 더 이상 부정될 수 없기 때문에 발생한다. 그의 상상하는 전능성의 할 수 있음을 지키기 위해 아이는 그의 부모에게 자기애를 투사하고, 신처럼 바라보며, 그의 부모와의 친밀함으로 그가 어릴 때 느꼈던 자기애적인 완벽함을 "회복"하려고 시도한다. 어떤 사람들은 그런 자기애적 단계를 극복하지 못했어도 "전능한" 부모의 모습에 가까이 남아있어야 한다. 왜냐하면 이 단계 동안 아이는 부모들이 신비한 힘을 가지고 있는 것으로 믿어서, 미소와 같은 "신비로운"

언어와 동작들을 가진 "매력적인" 신과 같은 부모에 의해 자신들이 신비로운 방법으로 다뤄질 것이라고 상상하기 때문이다(참조: Ferenczi[1913], 『현실감의 발달단계』).

이제 부모에게 투사되어 소멸되었던 자기애가 현실에 의해, 예를 들어, 그의 부모가 자신의 생각을 실제로 읽지 못해서 성공적으로 거짓말을 할 수 있다는 놀라운 발견에 의해 다시 한 번 불려온다. 전지전능한 부모를 갖고 싶은 소원이 좌절되므로, 잃어버린 완벽한 부모의 이미지들이 재 내사되어, 자아이상이라 불리는 초자아의 일부가 된다. 그때부터, 사람이 자신의 초자아 기준들(자아이상)에 맞추어 살지 않는다면, 그는 어느 정도의 자기애적 상처(열등감)를 경험하게 된다. 왜냐하면 자아이상은 원래의 자기애에서 비롯되었기 때문이다.

우리들의 긍정적인 포부와 목표들인 자아이상의 외관상 긍정적인 내용들은, 근본적이고 어느 정도 역설적으로 만족을 주는 유아의 성욕과 공격성에 대항하는 (부정적인) 금지로부터 비롯된다고 말하는 것은 중요하다. 최초의 자기애는 아이의 소원에 대한 환상적인 전능성과 관련되어 있다. 이후의 단계에서 욕동을 금지하는 부모는 전능하지 못한 것처럼 보인다. 그때 자기애적 균형은 성공적인 소원성취에 달려있는 것이 아니라, 부모의 요구들에 순응하여 욕동들을 성공적으로 구속하는 것에 달려있다. 아이가 욕동을 통제하면서 부모의 요구를 따른다면, 그는 부모의 마음에 들게 되고, 부모의 강력함에 함께하여, 긍정적인 자기애적 균형을 다시 회복한다.

도덕적으로 "완벽한" 부모의 재 내사에 이어 자아와 자아이상

사이의 관계에서도 같은 긴장이 계속된다. 만약 사람이 이상의 기준에 맞추어 살지 않는다면, 자기애적 균형은 방해받는다. 사람이 이상에 맞추어 살면, 자기애적 균형은 긍정적이며, 도덕적으로 부모만큼 크고 뛰어나다고 느낀다. 자아이상의 내용에 있어서의 변화는 부모와 부모의 모습 속에 있는 개인적이고 문화적인 차이로부터 유래한다. 그렇지만, 이상적 강력함, 그것의 도덕적 "완벽함"은 투사된 것의 표현이고, 그때 재내사된 자기애이다. 따라서 자아이상은 자신의 자기애이고, 그것의 "부모를 통한 통로"에 의한 특정한 방법으로 수정된다.

제 28 강

자아이상

복습 : 우리는 새롭게 소개된 초자아에 관련된 개념들을 논의해 왔다. 이 구조는 자아의 한 부분이지만, 상위에 있는 부분이다. 그것은 아이들보다 훨씬 크고 또 상위에 있는 꾸짖고 이상화된 부모들의 내사에 기초를 두고 있기 때문이다. 따라서 "양심의 소리"는 상위에서 나오는 것 같아, 사람들은 그들의 이상에 "맞추어" 산다. 초자아는 이상들과 책망하는 힘, 그리고 승인 모두를 포함한다.

자아이상

프로이트가 자신의 모든 이론에 적용했던 것처럼, 새로운 초자아 발달이론에 적용한 기본적인 심리학적 개념들 중 하나는, 발달이 단지 외부의 힘에 의해서 뿐 아니라, 구체적인 새로운 발달을 위한 정신기구의 특정 준비에 의해서 결정된다는 것이다. 예로 아이 안에서 증가되는 "교육 가능성" 국면에서, 특정 발달시기에 자신보다 부모에게 전능성을 돌리려는 아이의 준비성과 의지이다.

자기전능성("이상적 자아")의 초기시기와 부모에게 투사되는 전능성("이상적 부모")의 후기시기 모두에서, 아이를 위한 주된 문제는 아이의 리비도적이고 공격적인 욕동들을 어떻게 다루느냐이다. 초기시기동안 전능성은 욕동들의 즉각적이고 완벽한 만족을 목표로 삼았다가, 나중에는 욕동들의 통제에 중점을 두었는데, 이것들은 아마도 각기 다른 발달시기동안 아이들에게 생존가치 있는 것들이었다. 아이는 욕동들을 통제할 수 있는 사람인 그의 부모에게 전능성을 투사한다.

그러나 나중에 "완벽한 부모"라는 이상화된 이미지가 상실될 때, 아이는 자아이상의 형태로 이전에 투사한 전능성을 다시 재 내사하는 메커니즘으로 앞으로의 좌절에 적응한다. 강력하고 도덕적 "완벽성"의 자아이상의 특징들은 개인의 원래의 유아적 자기애의 전능적인 측면을 유지하고 반영한다.

중화된 초자아 구조의 발달은 부모를 통한 아이의 자기애 통로에 좌우된다. 만약 부모의 요구가 합리적이면, 아이의 재 내사된 자기애는 이전보다 더욱 중화되고 합리적인 형태로 돌아올 것이다. 그러나 부모의 자아이상이 대부분 중화되지 않은 구조로 구성되어 있다면, 그 부모를 통한 아이의 자기애 통로는 그만큼 중화되지 않을 것이다. 아이의 자기애는 자기가 옳다는 완벽함에 대한 성급하고 독선적인 태도로 유아적 특징을 보이면서 비교적 수정되지 않은 형태로 재 내사될 것이다.

초자아의 책망하는 부분

초자아의 책망하는 부분의 발달은 앞에서 언급한 자아이상 발달부분과 일정한 유사성을 보인다. 자아이상 발달의 세 단계는 일차적 자기애와 전능성(이상적 자아), 투사된 자기애(이상적 부모), 그리고 재 내사된 자기애(자아이상, 앞에 제시된 두 단계의 일부 특징들을 지니고 있는 구조)이다. 책망하는 초자아의 발달에서 상응하는 단계는

1. 원시적 마조히즘 : 아이의 존재가 대상에 집중되기 전인 잠재적으로 적대적이고 공격적인 충동들의 최초 성향. 아이가 욕동균형(소원성취)을 유지함에 있어 "외부"의 역할을 인식하기 시작할 때, 원시적 마조히즘은 외부로 향한 "원시적 적대감"으로 변형된다(정신기관이 불쾌한 것은 모두 다 외부세상으로 투사하려는 "순수 쾌락자아"의 단계).
2. "외부"의 역할이 뚜렷해지고, 자기애적 균형유지가 점차 전능한 부모와의 평화로운 관계에 의존하게 됨에 따라, 부모들에게 향했던 적대감은 지킬 수 없게 된다. 부모에게 투사할 때, 아이의 적대감은 그의 위법행위에 대한 두려움이 부모의 분노에 대한 지각과 경험에 대한 반응으로 강화된다.
3. 오이디푸스 시기동안 욕동과 보복의 갈등이 최고조에 있을 때, 위협적인 부모의 투사적으로 강렬해진 이미지는 재내사되고, 초자아의 책망하는 부분이 된다. 따라서 초자아의 책망하는 부분은 원시적 마조히즘의 잔재들과, 그들의 부

모에게 투사된 적대감, 그리고 아이에게 향한 부모의 실제적인 적대 행동을 포함한다.

자아이상의 경우에서처럼, 자기로 향한 초자아의 적대감은 부모를 통한 통로 안에서 투사되고, 또 재투사된 적대감의 운명에 좌우되면서 다소 중화된다. 부모 안에 숨어있는 중화되지 않은 적대감은 아이의 책망하는 초자아의 적대적인 힘을 강화시키는 것으로 나타난다. 반면, 부모에 의한 열린 적대감은 적어도 아이의 자아에 의한 반항을 허용하기 때문에, 아이의 적대적 감정 모두가 그 방향이 내부로 돌려지는 것은 아니다. 아이의 욕동들을 향한 부모의 태도 안에 있는 중화된 견고함은 중화되고 견고한 초자아의 발달로 인도한다.

초자아의 승인하는 부분

아이를 향한 부모의 승인조차도 대부분 욕동들을 억제하는 중에 발생하며, 그 자체로 좌절을 만든다. 그러나 이런 경우 "부모의 통로"로부터 재내사된 것은 부정적이고 처벌적인 구조와 대조적으로, 욕동통제를 위한 긍정적이고 승인하는 구조이다. 그러나 부모에 의한 승인 모두가 부드럽게 기능하고, 갈등이 없는, 중화된 구조는 아니다. 부모에 의한 승인은 부족하게 중화된 반응에서부터 효과적으로 중화된 반응까지 전반에 이를 수 있다. 비교적 중립화되지 않은 부모의 승인의 예는 아이에 대한 성적으로 유혹적인 태도일 수 있다.

초자아는 비록 자아의 일부분임에도 불구하고, 실제로는 그것의 원시성, 강렬함, 그리고 자기애와 전능성에 중점을 두고 이드에 더 가깝다. 마치 자아가 이드 욕동들에 대항하여 억압장벽을 세우는 것처럼 초자아의 요구에 대항하여 방어를 세운다. 예를 들어, 범죄와 나중에 "우연히" 자해하는 것과의 어떤 관계를 부인함으로써 죄책감을 느끼지 못하도록 자신을 방어하는 환자들처럼 이것이 종종 분석에서 중요한 문제가 된다.

질문 : 정신분석적 치료작업은 이런 구조들 중 어디에서 일어나는가? 그리고 초자아가 영원하고 변하지 않는다면, 치료가 어떻게 효과적일 수 있는가?

대답 : 정신분석으로 말미암는 변화들은 사소하지만 결정적일 수 있다. 자유연상이란 무엇인가. 자유연상이란 결국 억압과 다른 방어장벽이 없이 "부드럽게 기능하는 정신"의 이상형이다. 정신분석의 "훈련" 또는 "자아연습" 측면이 자아가 욕동의 요구와 초자아의 요구 모두 경험하지만, 필연적으로 욕동에 굴복하거나 또는 초자아의 요구들에게 너무 "압도당하지" 않고 경험하기 위해 더 많은 능력을 발달시키도록 돕는다.

더 깊은 초기의 초자아 구조는 정신분석에 의해 완화(또는 수정)되지 않을지도 모르지만, 표면에 더 가까운 새로운 어떤 구조는 아마 추가될 수 있다. 보다 건강한 새로운 구조는 조직 내부의 심리경제적 균형을 완화하는데 있어서 결정적일수도 있지만, 그것이 우리가 심리경제적 균형에서 그런 변화를 설명하기 위해 정신분석에서 에너지 개념이 필요한 이유 중 하나이다.

제 29 강

자 기 애

질문: 자기애란 리비도가 자신에게 향하는 것을 말한다면, 공격성에 적용되는 유사하거나 동등한 개념이 있는가?

대답: 물론이다. 마조히즘이 그것이다. 이 개념에 대한 설명은 지난 시간에 초자아의 책망하는 부분의 발달에 관하여 논의할 때 충분히 제시되었다.

질문: 일차적 자기애와 일차적 마조히즘의 개념들은 리비도와 공격성이 자신에게로 향하는 단계를 의미하는가?

대답: 아니다. 왜냐하면 "자기"의 개념은 자기와, 일차적 자기애와 일차적 마조히즘시기에 아직 발달되지 않은 다른 대상들과의 구별을 의미하기 때문이다. 실제로 이 개념들은 심리적이라기보다는 전前심리적인 개념이다. 그것들은 가설적이고 전 심리적이며, 우리가 심리적 발

달에 선행한다고 여기는 대상이 없는 단계이다. 그러나 이것들은 발달연속체의 가장 초기단계에 적용되는 유용한 이론적 개념이다.

심리학적으로 관찰 가능한 자료의 영역 안에서, 선행 개념들은 우리가 어린 시절 경험의 외부요인과 상호작용하는 것으로 추정되는 정신내부의 병인학적 차원을 제공한다. 예를 들어, 대상사랑의 방해는 강화된 자기애의 결과를 낳고, 대상지향적인 분노의 방해는 마조히즘을 증가시킨다. 임상적인(이차적) 자기애와 마조히즘의 일부분이 이전상태로 돌아온다는 가정은 그런 상태의 "내적 끌어당김"에 있어서 변화의 개념화와 그리고 더불어 좌절경험의 "외부로 밀어냄"과의 상호작용을 고려한다.

달리 말하면, 높은 일차적 자기애와 마조히즘의 기질을 가진 아이는 다른 아이들처럼 사랑과 분노의 환경과 활발하게 접촉하려하지 않는다. 그리고 그들은 작은 좌절에 임상의 자기애와 마조히즘의 극단적인 정도로 반응한다(이와 관련하여 "리비도 획득", 즉 엄마에게 흥미를 갖도록 격려함으로써 유아를 자기애 상태 밖으로 끌어내는 것이 엄마의 임무라고 말한 안나 프로이트의 금언金言을 비교하라).

질문 : 초자아 형성의 결과를 가져오는 내사와 "공격자와의 동일시"처럼 방어적인 자아 내사와의 차이는 무엇인가?

대답 : 그 차이점은 초자아 내사는 유아성욕과 공격성의 말

기에 그리고 최고의 절정에서 발생한다. 그리고 상실 (이런 경우에는 "전능한 부모")에 대하여 반응을 보이는데, 그것은 그런 상실에 대하여 적응함에 있어 전체적이고 응집적인 내부적 "인격", 즉 초자아의 확립으로 이어지는 심리 경제적으로 크고 무거운 내사이다. 반면에 자아 내사들은 크고 단단한 상실에 대한 반응이 아니라, 부모 쪽에서 좌절시키고 놀라게 하는 행동(예; 공격성)에 대한 반응들이다. 심리 경제적으로 그들은 좌절시키는 부모 인격의 특정한 면들과의 적고 부분적인 동일시이다.

질문 : 일차적 자기애와 이차적 자기애의 차이는 무엇인가?
대답 : 일차적 자기애는 대상이 없이, 자기가 대상과 구별되지 않아 심지어 리비도가 "자기"에 투자되지 않는, 전체적으로 즉각적이고 완전한 소원성취의 미분화된 상태이다. 반면에 이차적 자기애는 외부세계의 대상들이 우리를 실망시켰을 때, 대상에서 자아로 자기애적 리비도의 환류를 나타낸다.

질문 : 프로이트는 일차적 마조히즘을 주장하는 것이 왜 필요하다고 느끼는가?
대답 : 프로이트는 자기 파괴의 성향(그런 종류의 광범위한 성향)을 포함하고 있는 것으로 보이는 많은 임상 현상을 관찰했기 때문이다. 일차적 마조히즘을 주장함으로써 그는 파괴적인 감정들이 자기 파괴적으로 되돌아갈 수 있는 준비성(용이함)을 더 잘 설명할 수 있었다.

질문 : 아이의 공격성을 대항 공격성으로 반응하는 부모와, 또는 아이가 공격적일 때 아이로부터 벗어나서 피하는 부모 중에 어떤 부모가 아이들에게 더 병을 일으키기 쉬운가?

대답 : 후자이다. 만약 부모가 아이로부터 떠나 공격성을 피한다면, 아이는 그의 공격성을 "걸러주고" 중립화하는 부모의 "필터"를 갖지 못해, 자신에게 향한 파괴적인 감정에 고착된다. 아이의 공격성에 대항 공격성으로 반응하는 부모는 최소한 아이의 공격성을 밖으로 사용할 수 있도록 한다.

제 30 강

이중 본능이론

우리는 정신분석 이론의 발달에서 두 번째 시기에 대한 우리의 검토를 거의 끝냈다. 아직 논의되어야 할 부분은 이중 본능이론(『쾌락원칙을 넘어서』, 1920)과 불안에 대한 문제(『억압, 증상 그리고 불안』, 1926a)이다. 이중 본능이론은 일반적으로 프로이트 이론의 발달과 관련해서만 이해될 수 있다. 즉, 프로이트는 원래 갈등을 리비도적(종족보존의) 본능과 "자아"(자기보존의) 본능과의 갈등이라고 생각했다. 그는 인류의 계통 발생론에서, 리비도적 욕동들을 억제하는데 있어서, 그런 욕동들이 자기보다 더 크고 강한 경쟁자와 경쟁할 때 틀림없이 생존을 위한 어떤 이점들을 가지고 있을 것이라고 추측했다. 그 개념은 프로이트로 하여금 거세불안에 대하여 유전적 성향의 견해를 갖게 했다. 달리 말하면, 프로이트의 첫 번째 이론은 오이디푸스 갈등의 중심적인 논쟁에서 자아(자기보존)본능과 충돌하는 성적(종족보존)본능처럼, 본질적으로 생물학적인 이론이었다. 그러나 초기의 이 이론은 다음의 두 가지 이유 때문에 유지할 수 없었다.

1. 예를 들어, 현실을 무시하는 경향과 같이 성본능과 공통점이 있는 공격성을 설명할 필요성

2. 자기애에 대한 연구 후에 프로이트는, 자기애(자기보존)는 ("자아본능"보다는) 자기를 대상처럼 여기는 성적본능 아래 포함되어야 한다는 결론을 내렸다. 마치 다른 대상들을 향한 성적본능처럼 자기에 대한 자기애적 사랑은 현실적 자기관심으로부터 열정적으로, 강렬하게, 성애적으로 자기 자신을 사랑하기까지 넓은 범위에서 중화의 모든 단계적 변화를 겪을 수 있다.

본능에 대한 그의 이론이 진화함에 따라, 프로이트는 리비도적인 본능과 공격적인 본능 두 본능의 존재를 가정했다. 그는 이 본능들이 대상으로 향해 있지만, 실망이나 공포의 영향아래서는 대상으로부터 자기에게로 방향을 돌릴 수 있다는 것을 알았다. 도식적으로 그려보면,

리비도 → 대상(대상사랑) → 실망 → 자기(자기애)
공격성 → 대상(대상증오) → 공포 → 자기(마조히즘)

프로이트는 특질상 외부 좌절에 대한 반응으로, 본능이 대상으로부터 자기 쪽으로 선회하는 경향이 있다면, 그런 반응에 대한 준비성은 본능이 이전에 그런 식으로 조직해본 적이 있는 이전 단계를 가정한다면 더 잘 설명될 수 있으리라고 생각했다. 그는 대상사

랑이 좌절되었을 때 자기사랑으로 향하고, 대상을 향하던 적개심이 막혔을 때 마조히즘으로 향하는 마음의 성향을 설명하는데 그 개념이 도움이 된다고 느꼈다. 그래서 프로이트는 리비도와 공격성이 아직 외부로 향하지 않은 국면, 즉 일차적 자기애와 일차적 마조히즘의 가설적인 단계가 원래부터 있을 것이라고 결론지었다.

우리는 일차적 자기애와 일차적 마조히즘의 증거들을 아이들이 환경을 경험하면서 보이는 다양한 반응들에서 발견할 수 있다. 만약 일차적 자기애와 일차적 마조히즘이 외부세계를 향해 접촉하려는 것에 대한 저항과 원래 상태에 다양한 강도의 집착으로 생각된다면, 사람들은 그런 선입관적인 선호가 준비성에, 그리고 환경적 외상에 대한 반응으로 아이가 후퇴하는 이차적 자기애와 이차적 마조히즘의 범위에 어떻게 영향을 미치는지 감지할 수 있다.

프로이트는 더 나아가 그의 정신이론을 더 광범위한 틀, 즉 생물학적 및 물리적 체계의 일반적인 특징에까지 확장하려 시도했다. 그는 그의 이론보다, 모든 체계들은 가장 단순하고 가장 임의적인 분포형태로 향하는 경향(열역학 제2의 법칙)이 있다는 "안정성의 원칙"과 같이 그렇게 광범위하고 일반적인 개념에 종속시켰다. 그 개념에 따르면, 유기물 세계는 일반적인 무기물 세계 안에서 크게 구별된 체계이다. 그것은 불안정함으로 더 안정된 무기물 상태 쪽으로 향한다. 프로이트는 더 단순한 무기물 상태로 돌아가려는 유기물질의 경향을 "죽음본능"이라고 불렀다(엔트로피 참조).

프로이트는 정신적인 것을 유기체 영역 안에서 아주 분화된 분야로 생각했다. 유기체 영역과는 대조적으로, "죽음원칙"이 우세인 곳에서 "쾌락원칙"은 하위의 정신적 영역에 적용된다. 따라서 죽음원칙은 보다 광범위한 개념이며, 「쾌락원칙을 넘어서(1920)」에 있다. 이 도식에 따르면 쾌락원칙은 죽음본능에 도움이 된다. 예를 들어, 쾌락원칙은 돌발적인 죽음으로부터 유기체를 보호함으로써 기능할 수도 있지만, 죽음원칙은 자연스러운 과정으로 진행될 수 있고, 자신의 시간과 방법으로 죽음에 이르게 할 수 있다.

이것은 정신적 개념이 아니다. 프로이트는 죽음본능을 결코 죽음 "소원"으로 말하지 않았다. 예를 들어, 자살하고 싶은 소원은 쾌락원칙의 영역 안에서 설명할 수 있다. 유사하게 마조히즘의 현상은 항상 쾌락원칙의 영역 안에서 설명할 수 있다.

이중 본능이론에 대한 논의를 종합해 보면, 쾌락원칙(그리고 그것의 변형인 현실원칙)은 불균형(긴장) 속에서 긴장의 부재로 특징지어진 이전의 평형상태로 돌아가려고 노력하는 마음의 경향성을 나타낸다. 현재의 불균형의 상태와 이전의 평형상태 사이의 차이에 대한 정신적 경험을 "소원"이라 부르고, 원래의 상태로 돌아오는 과정이나 행동을 소원성취라고 부른다. 이전의 평형상태로 돌아가려는 일반적인 경향은 "반복강박"이라 부른다. 죽음본능과 마찬가지로 쾌-현실원칙은 반복강박, 즉 이전보다 단순한 상태로 돌아가려는 경향의 예이다. 동일한 경향이 물리적 체계의 안정성의 원칙에 적용된다. 쾌락원칙은 쾌락원칙 너머에 있는, 더 광범위한 죽음원칙의 특별한 표현이다. 그 다음의 죽음원칙은 한층 더 광범위한 안정성의 원칙 안에 있는 특별한 경우이다.

도식적으로 그려보면,

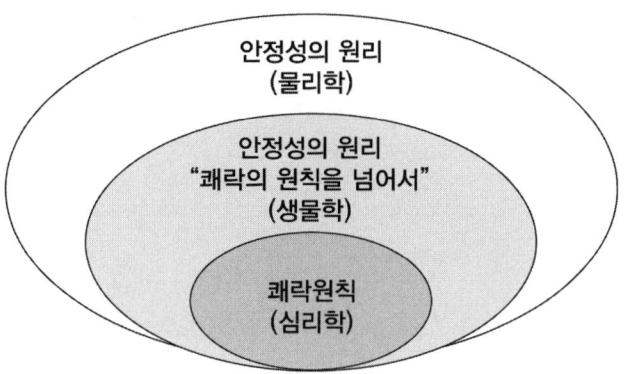

제 31 강

불안 개념의 변화

 우리가 살펴본 시기동안 프로이트 이론의 중요한 추가적 발달은 불안 개념의 변화를 다뤘다는 것이다. 몇몇 정신분석학자들은 이런 변화를 혁명적이라고 여기지만, 다른 관점으로 볼 때 비록 필요하다 할지라도 그 변화가 실제로 과감하지는 않다. 오늘의 논의는 이런 변화들을 설명하려한다.
 증상형성에 대한 그의 이론에서, 프로이트는 "실제신경증"을 정신신경증의 핵심(심리 경제적으로)으로 여겼다. 무의식 속에서 어린 시절 대상들에 대한 억압적인 재 집중에 의해 만들어지는 리비도의 불균형은 전의식 속으로의 전이침입을 일으킨다. 그 침입이 발생하는 순간, 준비가 안 된 자아는 경제적 불균형, 즉 "불안 히스테리"(실제 신경증)로 반응하게 된다. 자아는 불안의 "실제신경증의 핵"으로부터 자신에게 미치는 충격을 완화하기 위해, 예를 들어 공포와 강박과 같은 두 번째 방어를 세운다. 만약 이런 증상적인 방어들이 방해를 받는다면, 정신신경증 환자는 "실제신경증" 핵의 "이름 모를 불안"을 경험하게 될 것이다.

불안에 대한 그의 첫 번째 이론에서 프로이트는 불안은 리비도의 변형이라고 가정했었다. 그의 나중 이론에서 프로이트는 불안이 자아에 의해 만들어진다고 제안했다. 이것은 예전 이론이 완전히 포기되어야 한다는 뜻이 아니다. 혁명적인 이론 안에서의 미세한 변화는 취약하고 준비가 안 된 자아에 대한 충동요구의 갑작스런 침입과 관계있다. 첫 번째 이론에서 프로이트는 리비도의 갑작스런 침입이 불안으로 "변한다"고 말했다. 나중 이론에서 프로이트는 욕동요구의 갑작스런 침입에 자아가 불안으로 "반응한다"고 말했다. 새로운 이론에 따르면, 욕동들뿐만 아니라 초자아로부터 오는 내부 위험들에 의해 위협받을 때 자아의 불안반응을 결정하는 것은 그런 요구들에 대한 자아의 갑작스러움과 준비 안 됨과 같은 요인들이다.

다른 모든 자아 활동들이 발달 역사를 가지고 있는 것처럼, 자아기능이 되는 불안 역시 역사와 발달을 가지고 있다. 원래 불안은 널리 퍼지고, 제정신을 잃게 하는 반응이다. 그러나 자아가 발달하고 식별능력이 커짐에 따라, 불안반응은 점점 "길들여져서" 마침내 위험이 위협적일 때마다 단지 불안의 "신호"로 진화하게 된다.

불안에 대한 초기이론에서 후기이론으로의 변화는 자아에게 정신적인 삶의 경제와 기능에서 중심적 위치가 주어졌기 때문에 발생했다. 정신분석에서 감정이론의 전체적인 주제는 초기의 점진적인 "길들임", 나중으로 점점 더 확산하는 정동, 더욱 식별된 "신호"

정동의 불안이론과 같이 동일선상을 따라 발달하는 경향이 있다. 이 길들이는 과정이 어떻게 일어나느냐는 단순화된 문장으로 정리될 수 있는 것이 아니다. 그것은 자아의 성장과 발달, 그리고 자아의 다양한 활동에 포함된 모든 요소들의 산물이다.

질문 : 이런 개념들이 정신분석적 치료이론에 어떻게 적용되는가? 정신분석이 잘못된 자아의 발달을 수정해서, 예를 들어 완전한 황폐함이라기보다는 환자의 자아가 더욱 "길들여진" 외로움을 경험하는 법을 배울 수 있는가?

대답 : 이 개념에 비추어 볼 때, 모든 정신분석은 "자아연습"이다. 환자가 불쾌한 감정을 느끼기 시작하면, 즉시 그것으로부터 도망치고 그것으로부터 자신을 방어한다. 분석가는 환자가 그 감정을 경험하도록 격려한다. 환자는 자신이 그것을 견뎌낼 수 없다는 것을 두려워한다. 분석상황은 환자 자신이 그 정동을 경험하고 점차 그들에게 "길들도록" 돕는 어떤 안전을 제공한다.

많은 임상적 현상들은 자신을 위험에 빠뜨리는 위협에 대한 자아의 반응이라는 불안에 대한 새로운 개념으로 설명될 수 있다. 예를 들어, 몇몇 환자들은 음악이나 영화의 향유에 관련된 비교적 작은 양의 퇴행조차도 참지 못한다. 왜냐하면 자아가 너무 많은 불안으로 그 퇴행에 반응하기 때문이다(Kohut and Levarie, 1950).

프로이트는 일차적 자기애적 균형으로부터 자아가 비교적 보호가 없을 때 외부유혹에 노출됨으로 발생하는 불균형에 이르기까지, 출생의 갑작스런 변화가 자아가 유혹으로부터 비교적 보호받지 못할 때 중요한 초기불안의 외상경험, 어떤 측면에서는 원형, 아니면 적어도 강렬하게 널리 퍼져있는 불안의 중요한 최초의 사례가 된다고 생각했다.

프로이트는 모든 종류의 경험들이 자아 안에, 예를 들어 불안, 부끄러움, 슬픔과 같은 특정한 형태의 정동으로 활동하도록 예정되어있다고 제시했다. 프로이트는 그런 경향을 설명하기 위하여 획득된 특징들의 유전에 관한 라마르크의 진화론개념들을 사용했다. 인류 역사의 무궁한 시간을 지나 감정적인 반응은 어떻게든지 생식세포 원형질에 영향을 미쳐 결과적으로 자손에게 물려지게 된다. 다윈의 학설에 따르면 어떤 감정적인 경향을 갖게 된 아이들과 성인들이 생존하는 경향이 있다고 언급했는데, 왜냐하면 그런 종류의 (불안, 슬픔, 부끄러움, 기타) 감정적인 반응들이 생존을 촉진시킨 것으로 나타나기 때문이다.

프로이트(1926a)는 (『억압, 증상 그리고 불안』에서) 비록 모든 종류의 경험들이 어떤 형태의 정동으로 반응되기로 예정되어있다 하더라도, 다양한 감정적 반응들 역시 단일적인 초기의 원시적 감정에서 나중에 파생된 것을 나타내는 것으로 보인다.

질문 : 그런 것이 무의식적 감정으로 있는가?
대답 : 우리가 앞에서 살펴본 것처럼, 감정은 (전의식적인) 자아의 반응으로 여겨지기 때문에 무의식에서의 감정을 이야기하는 것은 모순이 된다. 다른 한편으로는, 전의식 상태에서 알지 못하는 정동을 개념화하는 것은 전

적으로 가능하다. 그래서 우리는 무의식적 정동이라 말하지 않고 전의식적이라 말한다.

질문 : 불안은 항상 리비도 요구들에 대한 반응인가, 아니면 아직 이전 이론이 여전히 적용되는, 불안으로 변형되고 방출되는 리비도의 어떤 예가 있는가?

대답 : 정신신경증의 핵(심리 경제적으로)으로서 "실제(불안)신경증"의 개념은 여전히 적용 가능하다. 무의식으로부터 전의식으로 리비도의 전이침입은 경제적 불균형을 초래하며, 그 불균형이 불안의 "실제신경증의 핵"을 일으킨다. 불안은 불안으로의 리비도 변형이 아니라, 리비도의 침입에 대한 자아의 반응이다.

질문 : 프로이트의 후기 (구조적) 모델에서 자아는 이제 더 이상 완전히 폐쇄된 체계가 아니라, 부분적으로는 독립적(자율적)이고 부분적으로는 독립적이 아니라고 말하는 것은 옳은가?

대답 : 그렇다. 자아의 한 부분은 이드와 끊기지 않고 연결된 연속체를 형성하며, 다른 한 부분은 방어의 벽으로 이드와의 경계가 뚜렷하게 분리되어 있다. 다른 한 부분은 욕동들과 방어들로부터 다소 자율적이며 다소 독립적으로 기능하는 것으로 보인다.

사람들은 정신건강 또는 심리적인 정상상태를 앞서 말한 세 가지 영역이 방해받지 않고 개별적으로 기능하는 것이라는 단순화된 용어로 정의하고 싶은 유혹을 받는다. 사람들은 오직 자율적인 자아기능의 관점에서만 정신건강을 고려할 수 있는데, 예를 들어 정상적이거나 건강한 성품은 원활하게 작동하고 문제를 해결하는 기계장치로 보인다. 다른 두 영역으로부터의 강력한 욕동의 침입은 마음의 불안으로 간주된다. 그런 방식으로 정신건강을 정의하는 것은 사람들이 자아의 어느 한 쪽 행동에 중점을 둘 때 정당성을 갖는다. 예를 들어, 열렬한 관심이 세부항목들에 대한 냉정한 평가의 필요성을 방해하고, 그리고 전이침범이 성적으로 이끌어 이차적으로 자율적인 기능들을 억압하게 한다.

특정한 기능들은 이러한 방식으로 평가받을 수는 있겠지만, 전체적인 인격은 그런 식으로 평가받을 수 없다. 정신건강, 정상상태, 맡은 일과 특히 인간 환경과의 성공적인 관계는 인지적 기능뿐 아니라, 정신의 모든 영역과 측면에 대한 접근도 필요하다. 예를 들어, 우리가 이드의 힘에 접근할 필요가 있을 때가 있고, 생존과 성공이 냉정한 인지적 기능의 개선에 의지하는 것보다 열정적으로 반응하는 우리의 능력에 더 의지할 때가 있다. 자아가 적응할 수 있는 행동을 위한 격려 또는 인간 환경에 있는 비이성적인 동기부여에 대한 반응 또는 호소가 요구되는 상황 속에서 대인관계 의사소통의 도구로서 전이침범을 이용해야할 때조차도 있다.

다른 말로 바꿔 말하면, 건강한 인격은 구조적 내용물들 사이에 있는 방벽의 견고함이나 손상되지 않은 완전함에 의해, 또는 정신 체계의 어느 하나의 방해받지 않는 내부기능이라는 식으로 간단하게 정의될 수 없다. 정신건강이나 정상상태의 다양한 형태가 있으며, 일부는 한 영역의 기능에 좌우되고, 일부는 다른 영역의 기능에 달려있다. 다양한 구조들을 활용하는 능력은 적응할 수 있는 큰 가치가 있고, 성공적인 적응은 다른 체계보다 어느 한 체계의 기능에 더 관계되는 어떤 성격유형에 적용된다.

제 32 강

억압, 증상, 그리고 불안 : 제 1, 2 장

논문 『억압, 증상 그리고 불안』(926a)의 제1장에서 프로이트는 억압과 증상을 구별하였다. **억압**은 예방이든지 또는 에너지 고갈 때문이든지, 단순한 기능의 제한이나 구속을 뜻한다. 반면 **증상**은 더 광범위하고 심각한 기능의 손상을 뜻한다. 프로이트는 이전에 비구조적인 용어들로 기술했던 것을 여기서 구조적인 용어로 기술했다. 예를 들어, 그는 글쓰기를 자율적인 자아기능으로 논의했다. 글쓰기의 억압은 본질적으로 이 자아기능에 대한 부정이다. 반면 증상은 간단한 자아기능으로 설명될 수 없다. 증상은 다른 더 복잡한 과정과 구조들, 특히 전이를 수반한다.

   설명 : 초기의 "글쓰기"가 존재하는데(예: 손으로 더럽히기), 이후 글쓰기는 그 자체가 분리되어, 이차적으로 자율적이 된다(Hartmann, 1939). 이전의 "글쓰기"는 특정 환경에서 유아성욕과 유아공격성으로 나중에 다시 한 번 본능화되는 자율적인 자아

기능으로 전이되는데, 이로써 자아기능의 증상적 억압을 위한 조건이 형성된다.

제2장은 더욱 복잡한 증상구조를 다룬다. 증상은 본능적 욕동이 자아를 방해하여, 불쾌하게 하는 원인이 되기 때문에 초자아의 명령에 따라 자아에 의해 억압되어 배출되지 않고 만족되지 않은 본능적 충동들을 나타내거나, 그것들로 구성되어 있다. 자아에 의해 고통의 불안신호가 활성화된다. 다른 감정들처럼, 불안은 원초적인 외상경험들의 침전물, 즉 외상적인 상태가 반복될지 모른다는 위험에 대한 경고, 신호로 사용되게 되는 "기억 상징"이다. 증상은 본능적 충동의 억압이 실패했을 때 발달하는데, 그것은 억압된 것이 위장되고, 왜곡되고, 대체된 형태로 "복귀"하게 한다.

질문 : 프로이트는 "순차적인" 억압과 대조적으로 "원초적" 억압은 무엇을 뜻하는가? 원초적 억압은 단순히 첫째로 의식되지 않은 억압을 언급하는 것이 아닌가?

대답 : 우리의 명명법은 그런 점에서 혼동된다. 억압의 가장 단순한 형태는 단지 위험을 인식하지 못하는 것이다. 원초적 억압은 "인식거절"의 원시적 기제로 심리 경제적 불균형, 즉 외상상태, 말하자면 "완패"에 대한 초기 "담쌓기"를 말한다. 이 같은 원래의 원초적 억압은 초자아의 확립에 앞서 특히 유아성욕과 유아공격성을 (확실하게) 담으로 막는 것이다. 초자아가 확립된 이후의 모든 억압들은 "이차적" 또는 "순차적인" 억압이다("본래적 의미의 억압" 또는 "후 압박"이라 불리기도 한다).

제 33 강

억압, 증상, 그리고 불안 : 제 3, 4 장

논문 『억압, 증상 그리고 불안』의 제3장에서 프로이트(1926a)는 자아의 취약성이 이드와 자아, 그리고 초자아 사이에 분열을 낳는다는 점을 지적했다. 보다 안정된 자아의 상태에서는, 정신기구의 다양한 부분들이 연속적이고 분리될 수 없다. 이런 점은 우리가 정신기구의 구조적인 그림을 생각해 보면 더 분명해진다.

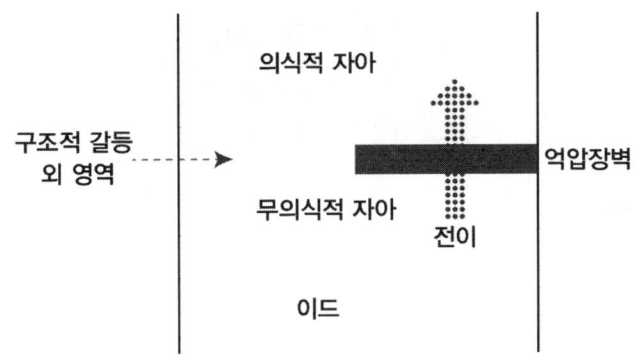

자아의 "능력"은 원초적으로 원활하게 기능하는 조직과 함께 갈등 없는 부분을 나타낸다. 자아의 취약성은 주로 억압 장벽에 의해 분리된 자아의 영역과 관련되어 있다.

제3장은 자아가 증상에 반응하는 방법을 과제로 삼고 있다. 때로는 자아가 증상을 단지 이물질의 일종처럼 "관찰"하기만 한다.

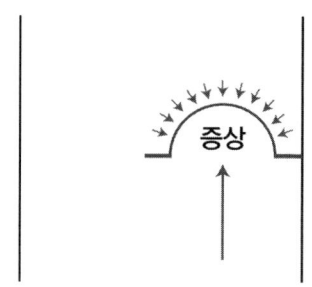

다른 때는 자아가 증상을 자신의 조직의 일부에 포함, 즉 증상을 합병하고 또 그것을 이용하려 시도하기도 한다.

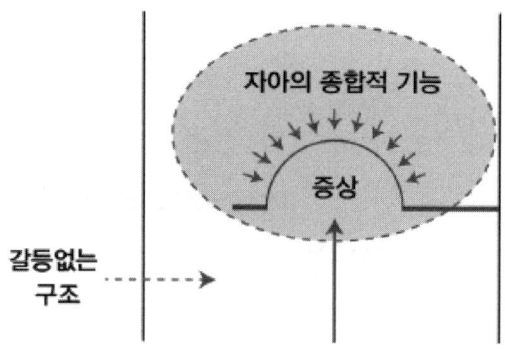

프로이트는 자아가 중화되고 탈성화(그리고 탈공격성)된 에너지로 기능한다고 강조하였다. 즉, 자아는 자아의 역할을 위해 이용할 수 있는 중화된 에너지를 지속적으로 공급하는 중화구조를 담고 있다. 프로이트는 자체조직으로 침투한 증상들을 포함하고 있는 자아의 모든 부분들을 통합하려는 경향조차도, 말하자면 자아의 종합기능조차도 자신과 대상을 더욱 가깝게 불러 모으려고 노력하는 원시적이고 미숙한 성적 욕동들의 흔적을 보여준다.

질문 : 후자의 개념은 "자극결핍"의 개념과 관계가 있는가?
대답 : "자극결핍"은 "대상추구"의 구성요소 또는 욕동의 양
상이라 생각된다.

"이차적 이득"이란 자아가 증상을 자신의 조직 속으로 엮으려는, 그리고 그 자신의 목적달성을 위해 그것을 사용하려는 시도에 대한 가장 단순한 예이다. 프로이트는 사람들이 이차적 이득의 역할을 과대평가해서는 안 된다고 경고하고 있다. 프로이트는 몇몇 치료자들이 이차적 이득으로 증상형성의 전체적인 기초를 설명하려 시도했기 때문에 경고가 필요하다고 생각했다. 프로이트는 이차적 이득은 증상형성의 중요한 근거가 아니라, 단지 자아에 의한 증상의 이차적인 착취에 불과하다는 것을 강조하였다. 자아는, 예를 들어 자신의 청결함에 자부심을 갖는 강박환자처럼, 심지어 증상에조차 자기애적으로 투자한다.

제4장에서 프로이트는 증상의 정신구조에 관한 그의 개념의 임상사례를 제시하며, 사례는 주로 꼬마 한스와 늑대인간으로부터

얻었다. 프로이트는 특히 이 시점에서 신경증은 구조적 갈등으로 구성되어 있다고 강조했다. 예를 들어, 만일 하인이 그 집 여주인과 사랑에 빠졌다면, 그는 곤란한 처지에 있겠지만, 그러나 꼭 신경증에 걸리지는 않는다. 비록 불합리한 두려움들조차 공포증, 곧 신경증이 아니다. 오직 구조화가 일어난 후에만 신경증이 존재한다. 즉, 충동이 억압되고, 충동이 전의식적 운반자에게로 전이되어 억압이 실패한 후에만 우리는 신경증이라고 말할 수 있다.

이것에 대하여 충동이 억압될 때, 별개의 더 원시적인 특성을 취한다는 것을 깨닫는 것은 중요하다. 억압이 실패해서 억압된 충동이 돌아올 때, 그들의 형태는 그것들이 억압되기 전보다 더 원시적이다. 충동이 억압되었을 때 그것의 변화는 무의식의 더 원시적이고 유아충동과 결합하기 쉬운 관계 때문이다.

증상이라 불리는 심리내적구조를 형성하는 능력은 정상적인 마음장치 부분이며, 이런 능력의 부재는 증상형성 자체보다 더 병리적이다. 꼬마 한스(1909a)와 늑대인간(1918)의 경우 증상형성을 비교해 보면, 둘 다 아버지에 관한 구조화된 갈등을 가지고 있다. 꼬마 한스의 경우, 그의 아버지를 향한 억압된 오이디푸스적 경쟁 충동은 무의식 안에 복잡한 감정을 구성하여, 그것들이 "되돌아온" 이후에 변형되고, 더 원시적인 형태, 예를 들면 그 자신의 일부가 말에 의해 물릴지도 모른다는 환상과 공포로 발달했다. 늑대인간의 경우 무의식에 퇴행하는 환상의 덫에 아버지조차 더 원시적이 되어서, 그들이 억압에서 "돌아왔을 때" 그의 (전 의식적)환상은 늑대에 의해 통째로 삼켜지는 형태를 취했다(어린이 이야기 속의 아랍추장에 의해 먹힌 "생강빵 맨"을 동일시했던 어린 아이의 다른 환자에 대한 프로이트의 보고서[1926a]참조). 늑대인간은 증상형성의 신경증과 정신병적(편집증의) 형태 사이의 경계선 상에서 꼬마 한스보다 더 심각하게 아픈 것이 틀림없다.

제 34 강

억압, 증상, 그리고 불안 : 제 5 장

사람들이 논문『억압, 증상 그리고 불안』(1926a)을 처음 읽었을 때, 겉보기에는 관계없는 다양한 개념들과 사고들을 헤매는 것으로 알았다. 그러나 반복해서 읽고 면밀하게 연구하면서 사람들은 그 논문 안에 주목할 만한 내부 일관성을 발견하게 되었다. 이 논문에서 프로이트는 불안이 리비도의 변형이라는 이전의 더 기계적인 개념으로부터 벗어나기 위한 중요한 걸음을 내딛었다. 제4장의 말미에서 비록 그 문제를 해결하기 위해서는 더 많은 연구가 필요하다는 것을 인정하면서도 그는 새로운 방식으로 불안의 문제를 제기할 수 있었다.

제5장에서 강박신경증의 특징들을 복습한다. 히스테리에 있어서 중요한 방어기제가 억압이지만, 강박신경증에서는 주요 방어기제는 퇴행, 억압, 그리고 반동형성(순서대로)이다. 이 질병의 초

기에 고행과 금욕주의(리비도적 유혹에 대항하는 반동형성)가 두드러진다. 점차 시간이 지나면서 증상은 점차 리비도적 노력자체를 표현한다.

제5장 역시 강박신경증에 독특한 방어기제인 "격리"에 대해서도 논의한다. 프로이트는 격리가 집중행동과 관계있다고 결론을 내렸다. 집중 시 격리는 이성적 이해의 역할로 기능한다. 그러나 강박신경증에서 격리는 쾌락원칙으로 움직인다. 즉, 원시적 자아의 영향아래서 그것은 사고와 감정을 따로 분리함으로 이해를 막는다(한편으로 이성적인 행동을 주장하고, 다른 한편으로는 신경증적 방어로 행동하는 정신기능의 예).

질문 : 격리와 취소, 그리고 반동형성이 어떻게 관련되어 있는가? 반동형성과 취소는 유사하지 않은가?
대답 : 세 가지 모두 충동들에 대한 방어로 사용되는 점에서 유사하지만, 기제라는 관점에서 볼 때 서로 다르다. 반동형성은 금지된 충동들을 행동으로 허용하지 않지만, 취소는 허용한다. 나아가서 반동형성은 단일행동 속에 반대로 행동하는 것을 포함하는 반면, 실행과 취소는 이상성二相性의 행위이다.

이것으로 우리의 정신분석이론의 두 번째 발달시기에 대한 복습을 마쳤다. 1937년부터 현재까지의 세 번째 시기는 주로 프로이트 이후의 고심작들과 자아 심리학의 한층 더한 우세와 관련되어 있는데, 그 주제들은 다른 과정에서 다룬다. 자아심리학을 연구하면서 그것의 기원을 마음에 새겨라. 프로이트의 임상관찰과 이론화에서 꾸준한 전진은 정신기능에서 자아의 중요성, 심지어 지배력에 관한 그의 결론을 이끌어 냈다.

당신들의 연구에 행운이 있기를!

제 2 장

코헛의 정신분석학의 개념과 이론

(1963)

HEINZ KOHUT AND PHILIP F. D. SEITZ

서 론

이 글은 원래 "Concepts of Personality"(Wepman and Heine, 1963, pp.113-141)에 하나의 장章으로 출간되었었다. 그러다 "The Search for the Self: Selected Writings of Heinz Kohut: 1950-1978. Vol.1"(Ornstein, 1978a, pp.337-374)안에 실렸다.

이 글은 코헛(1958-1960)이 그 동안 시카고 정신분석연구소에서 강의한 "정신분석적 심리학 강의"에 기초하고 있는데, 이는 내가 코헛과 공동으로 준비한 강좌의 개론 속에 요약되어 있다. 내가 이 글의 초안을 작성한 후, 코헛에 의해 수정되고 확장되었다. 이 작업의 중요부분이라 생각되는 도식들은 코헛에 의해 설계되어졌고, 나의 연구진들이 재현했다.

코헛이 두 번째 작업을 마친 후, 본문의 완벽한 마지막 교정을 위해 우리는 정기적으로 만났다. 후반 작업은 우리가 예상했던 것보다 훨씬 오래 걸렸다. 코헛의 "정밀함"에 대한 선호는(Orn-stein, 1978c, p.3) 우리가 작성한 모든 문장과 단어 하나하나를 장기간에 걸쳐 검토하게 했다. 이 토론에서의 난제는 실질적인 내용보다는 최종 문구의 문제였다. 우리는 우리가 말하고자 하는 것을 알았고 서로 동의했지만, 종종 그것을 어떻게 말로 표현할 것인지 달랐다. 코헛의 완고함은 보통 인정되었고, 이 글의 내용뿐만 아니라 스타일도 뚜렷하게 코헛의 어조를 띄게 되었다. 코헛을 아는 사람들은 그들이 이 글의 마지막 교정본을 읽을 때, 자신을 표현하는 코헛의 방식을 알아차리는데 어려움이 없을 것이다.

정신분석학의 개념과 이론
Heinz Kohut and Philip F. D. Seitz

1. 치료방법과 이론의 관계

정신분석은 그 유명한 안나 O의 사례로부터 시작되었는데, 그녀는 자기의 의사이자 비엔나의 내과전문의였던 브로이어가 자신의 말을 들어줄 것을 고집했었다. 프로이트는 치료의 기발한 접근법에 대한 잠재적 성과를 확인하고, 그의 치료방법을 안나 O의 발명품인 "굴뚝청소"(의사 브로이어와 나눈 대화를 그녀는 그렇게 불렀다)에 기반을 두었다.

따라서 정신분석은 치료적 환경에서 시작되었다. 그것은 처음부터 인간행동을 관찰하는 특별한 방법으로(예를 들어, 의사들은 환자의 사고의 흐름에 대한 음성적 표현을 듣고, 환자가 그의 심리상태에 대해 나누고자 원하는 것들을 공감적으로 이해하려는 시도), 그리고 이론형성의 특별한 형태로(예를 들어, 의사는 그가 취득한 환자의 내적 삶에 관한 정보를 정립하려는 시도) 특징지어졌다. 정신분석 과학은 치료적 환경의 한계를 뛰어넘어 발전해 왔다. 여전히 주요한 관찰방법은 치료적 관계 안에서 발견되었고, 또 그것이 치료적 환경 안에서 여전히 지배적으로 유용하게 남아있다는 사실은 정신분석적 치료방법과 이론의 약간의 특징적인 어려움들만큼이나 특별한 자산의 일부임을 말해준다. 그러나 확실히 치료의 목표와 친밀한 관계의 영향력을 제한함에도 불구하고, 정신분석학은 정신병리학 이론보다 더 방대하게 되었다. 건강과 질병 사이에서 상정하는 연속체는 그것을 일반적 인격이론으로 만들었다.

정신분석학은 지배적으로 임상적 관찰방법에 기반을 둔 과학이다. 정신분석은 경험적 자료를 해석하므로, 그것의 출발점은 항상 행동의 관찰과, 사람의 관찰, 즉 사람들이 말하는 것들, 또 그들이 느끼고 말하는 것들과 그들이 느끼지 않는다고 말하는 것들이다. 관찰대상인 환자는 정신분석의 기본적인 규칙을 따르도록 요청 받는다. 즉, 그는 자신에게 일어났던 모든 것을 털어놓아야 하고, 그를 힘들게 하는 것들을 억누르려하거나, 부적절하다고 생각되는 것도 빠뜨리지 않도록 노력해야 한다. 한편 분석가는 환자가 말하는 모든 것을 단순히 듣기보다는 더 많은 일을 한다. 그의 관찰은 그의 마음을 관찰대상으로 방향을 맞추는 어떤 이론적 개념의 관점에서 이루어진다. 정신분석은 "순수한" 관찰방법이 아니다(과학에서는 실제로 그런 것이 존재하지 않는다). 그러나 이론에 기초한 관찰과 관찰의 초점과 방향에 영향을 미치는 이론처럼 관찰과 이론은 면밀하게 조화를 이룬다.

정신분석에서 치료방법과 이론과의 관계의 예로서, 젖먹이는 행동의 정신적 중요성에 대한 연구를 생각해 보자. "순수한" 관찰은 우리에게 유아의 정신에 대해서 아무것도 알려주지 않는다. 우리가 볼 수 있는 것들은 아기가 젖을 먹고, 그러고 나서 잠자는 것이 전부이다. 이런 일련의 일들이 수없이 많은 세대들에 의해 관찰되어왔지만, 어떤 과학적인 정신적 이해는 이루어지지 않았다. 그러나 성인들의 삶 속의 어떤 상태에 대한 이해가 증가함으로써 유아의 구강적 본능의 중요성에 대한 정신적 이해는 크게 진전되었고, 그것을 더 이른 단계에 직접적으로 적용할 수는 없었음에도 불구하고 그것은 우리에게 가치 있는 실마리를 제공해 주었다. 성인들의 우울 속에 있는 대상상실에 대한 강렬한 반응과 탐닉 안에 있는 구강 소원의 강렬함, 또는 비록 직접적인 관련이 없다 하더라도 이른 시기에 강렬한 구강좌절을 겪었던 사람들의 거부반응에 대한 예민한 민감성 등에 대한 관찰로부터 얻어낸 지식을 갖추고 있다면, 우리는 젖을 주는 장면을 재검토할 수 있고, 또 특정가설을 세울 수 있다. 우리는 이제 유아의 구강적 결핍의 강렬함을 파악할 수 있다. 즉, 유아가 좌절당했을 때 그들의 정신이 그와 관련하여 무방비상태(충격 완화구조의 부족)임을 볼 수 있다. 우리는 아기가 아직 자신과 분리된 것으로 경험하지 않은 대상의 특별한 상태를 희미하게 이해할 수 있다. 그리고 아기가 대상을 선택하거나 대체할 수 있다는 인식이 없다는 사실의 중요성을 통찰할 수 있게 되었다. 이 가설 중 일부는 따로 분리해서 생각해볼 때 아주 확고한 입장에 서있는 것처럼 보이지 않을 수도 있는 것이 사실이지만, 우리가 초기 심리상태의 불확실한 구조물을 형성할 때, 그것들이 내부의 일관성과 응집력으로 서로 뒷받침해야 한다. 그리고 그것들은 아이에 대한 직접적인 관찰과 어른들의 어린 시절의 기억으로부터 얻은 경험적 자료에 대하여 검토되어야 한다. 따라서 그것들은 증거들이 요구하는 대로 수정되거나 거부될 수 있어야 한다.

그러나 성인의 심리상태에 대해 가장 정교하고 공감적인 해석이거나, 또는 아이에 대한 가장 "순수한" 관찰도 정신분석에는 충분하지 않다. 우리가 성인들의 행동을 관찰할 때 우리는 어린 시절 경험의 잔재물들을 식별해 낸다. 그리고 우리가 어린 시절의 행동을 관찰할 때, 우리는 성인의 역할과 경험들에 대한 원인들을 알아보게 된다. 현재와 과거 그리고 직접적인 관찰과 해석사이의 상호작용은 치료방법 및 이론으로서 정신분석의 가장 독특한 특징 중 하나이다.

그러나 실제(임상) 현장에서 경험이 있는 정신분석가의 이론 지식은 이제 더 이상 이론과 관찰사이의 이분법적으로 알고 있지 않는, 그의 총체적인 관찰태도 속으로 완전히 통합되어진다. 그리고 관찰에 대한 정신분석적 방법은 이론적 개념들에 대한 배경을 포함한다 할지라도, 현장에서 분석가의 태도는 정해진 답이 없는 가능성의 특징이 있다. 지연된 판단으로 듣고, 빠른 결론에 이르려는 독촉에 저항할 수 있는 것, 다른 모든 사람들이 분명하게 이해할 수 있는 것처럼 보이는 의사전달에서 예상치 못한 메시지의 출현 가능성을 받아들이는 것, 이런 것이 정신분석가 태도의 본질이다. 분석가의 주의집중은 환자의 의사소통 내용과 형식 또는 그의 갈등 유형의 뒤늦은 출현에 향해 있을 뿐만 아니라, 환자에 대한 분석가의 반응을 인식할 때에도 열려 있다. 그러나 환자의 이야기에 대한 주의집중이나 자신의 반응에 대한 주의집중도 처음에는 예리하게 초점이 맞춰지지 않는다. 완벽하게 논리적인 역동적인 형태로 관찰 자료를 정리하려는 이른 시도들은 분석적 관찰을 방해한다. 심리적 자료의 고립된 영역에 대한 정밀조사(예를 들어, 단일 꿈의 해석)는 정신분석 작업의 특별한 예가 아니다. 그러나 정신분석적인 역동적 정신과 의사에게는 가끔 정신병리학적 증상들이나 또는 제한된 자료로부터 특정 문자패턴의 역동적인 체계화를 추론할 것으로 예상된다. 그가 역동적인 정신과 의사의 역할을 할 때, 환경들은 분석가로 하여금 비교적 둔하고 고립된 정보출처(예를 들어 제한된 면담을 통한 정보)에 근거한 심리적인 힘들의 배열에 관하여 추론하도록 만든다. 그의 전공분야에서 분석가의 강점은 종결을 연기하고, 종결이 그에게 강요되어질 때까지 연장된 기간 동안 피분석자의 사고와 감정의 살아있는 밀물과 썰물의 흐름을 관찰하는 능력에 있다.

분석가는 그의 개념들과 공식들 및 이론들을 다양한 임상경험에 적용함으로써 확인한다. 말하자면 그는 그것들이 이해되는지 아닌지 여러 번 반복해서 시험함으로써 그것들을 많은 사람들의 임상관찰과 맞춰본다. 만약 이론이나 공식 및 개념이 비슷한 유형의 많은 임상관찰을 이해하는데 도움이 된다면, 그것보다는 알기 쉽게 변화되어 관련된 예에 적용될 수 있다면, 정당성에 대한 분석가의 인상은 커진다. 이것이 그의 전제이다. 다시 말해서, 이해할 수 있게 하는 각각의 부가적인 관찰과 함께 이론의 신뢰성은 증가한다.

따라서 정신분석가의 이론들은 환자들에게서 관찰된 거의 끝없이 다양한 현상을 정리하려는 시도로 간주되어져야 한다. 암시적이거나 명시적인 이론형성이 없는, 그리고 자료의 상대적인 중요성의 계층구조가 없는 관찰은 상상할 수 없다. 분석가가 자신의 자료들을 그가 주의를 집중하는 것에 어떻게 배열하는가, 그리고 환자의 의사전달을 이해하기위해 어떻게 노력하는가의 문제가 우리를 정신분석의 방법과 이론 모두를 기초하는 근본적인 개념들로 이끈다.

2. 무의식의 개념

정신활동의 본질적인 무의식주의는 정신분석이론의 초석이다. 그것은 정신분석가의 관찰태도에 결정적인 영향을 미친다. 무의식적 마음의 존재에 관하여 막연하게 형성된 사고가 폭넓게 수용되고, 얄팍하게 인기를 얻었다 해도, 프로이트의 혁명적인 이론 혁신은 쉽게 이해되지 않았다.

프로이트는 의식이 정신활동의 필수적인 자세가 아니라는 점을 인정했다. 그는 의식이 마음의 감각기관으로 정의되어야 한다고 주장했다. 그래서 프로이트에 따르면 의식은 정신적 내용물과 특징들을 지각하는 감각기관이다. 외부세계의 대상들과 사건들을 보는 것이 눈의 기능인 것과 마찬가지로, 심리내적 과정을 지각하는 것이 의식의 기능이라고 말한다.[1]

---

1) 의식과 마음속에 있는 내용물들과 그 특징들 사이의 관계에 대한 프로이트의 개념은 유비법을 사용함으로써 보다 분명해진다. 심리적 내용물들은 어둠에 놓여있는 풍경 속에 등장하는 대상들과 행동들과 비교된다. 의식은 풍경을 조명할 수 있는 탐조등을 사용하는 관찰자와 비유함으로써 알 수 있다. 탐조등의 초점과 그 빛의 다양한 집중은 "주의집중"으로 불리는 것과 비슷하

프로이트는 의식을 단순한 감각기관이라고 정의하기 위하여, 그리고 정신과정이 의식의 외부에서 발생할 뿐만 아니라, 언제라도 의식이 정신활동의 본질적인 특질이 아니라는 것을 인정하기 위하여 마음에 관한 뿌리 깊은 편견을 극복해야 했다. 심리내적 활동에 대한 관심은 그것들을 의식하게 한다. 그러나 "의식의 눈"으로 관찰되든지 안 되든지 어쨌든 그것들은 그 과정을 밟는다. 이 개념의 관련성 및 타당성에 대한 임상자료는 압도적이다. 실험적 자료는 Charles Fisher(1954)에 의해 제공되었는데, 그는 순간적으로 투사된 그림의 무의식적 인식은 순간적인 노출에 이어 꾸는 꿈의 검사를 통해 증명될 수 있다는 Poetzl(1917)의 발견을 확인했다.

의식의 영역이 제한되어 있으며, 정신과정이 본질적으로 의식 밖에서 일상적으로 진행된다는 정신분석적 발견은 무의식적 정신활동의 동기부여적인 응집성을 인정하게 했다. 이 개념은 심리현상의 관찰에 광범위한 영향을 미쳤다. 무의식적 정신결정론 개념을 수용하고 활용함으로써 겉보기에는 우연적이고 무의미한 심리적 사건들이 잠재적으로 의미 있는 자료로 바뀌었고, 따라서 이전에 오로지 예술가의 직관적인 파악에만 열려있던 영역이 이제는 과학자의 조사에 접근하기 쉬워졌다. 프로이트는 인류의 의식을 과대평가하고, 무의식을 부인하는 경향의 동기에 관하여 곰곰이 생

다. 뒤이은 조명은 심리적 내용들이 의식되는 과정과 비슷하다. 그것들에 주의를 집중함으로써 심리적 내용물들을 알게 되는 것은 그렇게 적극적인 과정이다. 유비는 계속 이어지는 관련된 세부적인 내용들도 통합하게 한다. 즉, 그 풍경 안에서 광범한 행동들이 홀로 탐조등의 초점 속으로 들어가서는 관찰자에 의해 발견된다. 그리고 이미 관찰 하에 있는 과정들은 관찰자 안에서 특별한 기대를 일으키고, 또 관찰자가 탐조도구를 움직이게 하는 방향을 결정한다.

각했다.[2] 프로이트는 그것이 우리가 우리의 마음 가운데 자리하고 있는 것들의 당연한 주인이 아닐지도 모른다는 가능성을 깨닫기를 거절하는 우리들의 우쭐한 자존심이라는 결론에 도달했다. 코페르니쿠스가 인간이 우주의 중심이 아니라는 발견으로 사람들의 자존심에 상처를 주고, 다윈이 인간이 구별되게 또는 유일무이하게 창조되었다고 자랑할 수 없다는 발견으로 우리의 자존심에 상처를 준 것처럼, 프로이트는 사람의 의식이 오직 정신활동의 좁고 제한된 부분만을 조명한다는 발견으로 인류의 자존심에 또 다른 타격을 주었다.

정신적 삶속에서 모든 것을 포함한 통치권의 지위를 의식으로 돌리는 편견을 털어버리고, 의식을 내적 관찰기관의 지위로 낮추기 위해서 우리는 의식의 중요성을 너무 과소평가해서는 안 된다. 의식은 우리가 그랬으면 좋겠다는 그런 것이 아니다. 즉, 많은 정신과정이 우리가 관찰하지 못하거나, 또는 직접 관찰할 수 없는 우리의 마음 안에서 일어난다. 그러나 의식은 사람의 내적 삶속에 침투하는 유일한 빛이다. 의식은 심도 있는 몇 가지 중요한 활동들에 대한 설득력 있는 추론이 가능할 만큼 충분히 정신적 현상의 표면을 조명한다. 정신적 감각기관으로서 의식은 시야가 제한적이나, 우리가 가지고 있는 전부이다. 의식은 정신분석 이론에서 고정된 평가기준이다. 우리가 알지 못하는 정신영역의 탐험을 확장할 때, 우리가 탐험을 시작해야하는 것에서부터 우리가 돌아와야 하는 것

---

2) 의식, 전의식, 그리고 무의식이 정신기능의 다양한 지형적 영역을 의미하는 명사로 사용될 때, 전통적으로 대문자를 사용한다.

까지 그것이 확고한 근거이다. "지탱할 수 있는 단단한 받침점을 주시오. 그러면 내가 지구를 움직이겠소." 이 말은 아르키메데스가 지렛대의 작용에 고유한 잠재력을 설명하기 위해 한 말이라고 전해진다. 정신분석이 정신적 우주를 움직일 수 있는 희망은 아직 없다. 어떤 진전을 이룰 수 있는지는 의식에 접근할 수 있는 정신현상에 관한 정보를 아주 정밀하게 조사해 봄으로써 추론하거나 추정할 수 있을 것이다. 그리고 의식적 경험은 새로운 이론적 구조의 타당성을 위한 시험장으로 남을 것이다. 정신적 삶의 본질은 역동적이다. 그러나 정신적 힘들의 상호작용에 대한 조사는 그들이 정신적 징후를 의식의 감각기관으로 지각해야 한다고 프로이트는 말했다.

3. 심리 내적 개념에 대한 타고난 성향

분석가가 심리적 관찰 자료들을 정리하는 방식에 영향을 미치는 또 다른 중요한 가설은 사람이 심리내적 갈등의 발달을 위한 본래 타고난 성향을 가지고 있다는 프로이트의 가정이다. 정신기구는 서로 상반되고 균형을 유지하는 힘들의 유기조직을 향한 타고난 경향을 가진 역동체계라고 생각된다. 심리내적 갈등의 중심적 입장은 하나의 특성이나, 그것은 결코 정신분석적 심리학의 특유한 특징은 아니다. 그러나 정신분석을 다른 갈등심리학과 구분하는 것은 잠재적으로 서로 상충되는 힘들의 집단들이 규칙적이고 안정되게 정돈된 이론이라는 것이다. 이와 같은 다소 응집력이 강한 집단이 마음의 영역에 자리한 것으로 종종 언급되며, 이런 소재에 대한 도식적 표현들은 마음에 대한 정신분석적 모델이다. 정신적인 힘들을 정리한 첫 번째 도식은 세기가 바뀔 즈음에 그의 가장 창조적인 시기에 프로이트에 의해 제시되었는데, 그것은 일반적으로 마음의 "지형학적 모델"이라는 이름으로 불려졌다. 정신기구의 상반된 영역(또는 체계)은 무의식과 전의식이라 불려졌다. 이 정신 안에서 활동하는 힘들의 기능형태는 일차과정과 이차과정이라 불린다. 일차과정은 무의식의 특징이고, 이차과정은 전의식에 속한다. 의식의 감각기관은 전의식 속에서 다르게 무의식적으로 진행하는 활동들을 조명하고, 그들을 의식하게 한다.[3] 무의식에서 일어나는 과정들이 정상적인 환경에서는 직접적으로 의식에 도달할 수 없다.

우리가 아마 순수한 일차과정을 직접 경험하거나 논증할 수는 없지만, 특히 꿈과 특정 신경증의 연구를 통해 우리는 그것의 가장 중요한 특징과 특성의 일부를 잘 알게 된다. 일차과정의 활동은 유아적이고 비논리적이며 제한이 없다. 논리적으로 양립할 수 없는 사고가 연합하고(압축), 그들이 논리적으로 속하지 않은 대상들에 힘이 집중되고(전위), 일차과정은 긴장제거의 지연을 참을 수 없다(자유롭고 묶이지 않은 에너지로 작용한다). 성숙한 정신의 주된 활동은 이차과정의 법칙을 따른다. 그것은 성숙하고 논리적이고 지연을 견딜 수 있다. 그것의 에너지는 자유롭게 이동하지 않지만, 잘 제한된 대상들과 내용들에 집중적으로 초점을 맞추고 있다(집중되고 묶인 에너지로 작용한다).

---

3) 심리적 감각기관의 작용(주의집중)을 통하여 의식하게 되는 전의식과정 전체인 의식은 때로는 분리된 체계, 즉 기관으로의 의식을 말한다.

4. 전이의 개념

오직 이차과정만이 직접 관찰될 수 있다. 일차과정의 속성들은 일차과정의 영향아래 있을 때, 이차과정이 수행하는 특징적인 방해와 왜곡에 대한 연구로부터 추론되어야 한다. 일차과정의 이차과정에 대한 영향(전의식적 사고, 감정, 또는 소원들 속으로 침투하는 무의식적 내용들과 힘)은 원래 프로이트에 의해 "전이"라고 불렸다(1900). 용어 본래의 의미로 전이는 본질적으로 대인관계의 과정이 아니라, 심리내적인 과정을 언급한다는 점을 명시하는 것은 중요하다. 예를 들어, 강박적 사고는 전이현상이다. 사고의 내용("내가 주방의 가스 불을 잠갔나?")이 이차과정에 따른다. 그러나 그것이 강요하는 고집스런 주장은 이성적 사고에 전적으로 속하지는 않지만, 마음의 깊은 층을 부분적으로 제어하는 사실과 그것을 유지하는 힘들이 길들여지지 않은 욕동의 특성을 갖고 있다는 사실을 드러낸다.

주로 프로이트 후기에 초심리학적으로 덜 정확한 사용에서 비롯된 최근의 실험에서, 전이라는 용어는 관습적으로 정신분석치료 중에 분석가와의 관계 속에서 환자의 어린 시절 감정과 태도의 재생을 가리킨다. 그러나 현재의 논문에서 전이는 프로이트의 원래의 정의에 따라 지형학적 관점의 틀 안에서 초심리학적 개념을 지칭한다. 나중에 임상적으로 전이의 용어를 사용(환자의 어린 시절로부터 중요한 인물과 관련된 감정과 태도의 침입 때문에 분석가에 대한 환자의 오해)하는 것은 현재의 학자들이 지지하는 원래의 초심리학적인 정의를 강조함으로써 대체된다. 분석가를 향한 전이는 좀 더 일반적인 정신기제[4]에 대한 하나의 구체적인 표현일 뿐이다.

사실상 프로이트에 의한 분석가를 향한 전이의 발견은 꿈과 말하기 실수, 그리고 정신신경증의 증상들이 전이현상이라는 것을 알고 난 후 비교적 늦게 이루어졌다. 즉, 그것들은 무의식 내용물들이 전의식으로 침입한 결과로 생성되는 일차과정과 이차과정의 융합인 것이다. 예를 들어, 글쓰기는 자아[5]의 활동이다. 만약 어린 시절로부터 억압된 자위충동이 재활성화된다면, 그것들이 (전이에 의해) 글 쓰는 행동에 부착되어서 결과적으로 죄의식이 일어나고 금지된다. 증상(예를 들어, 작가의 근육경련신경증)은 일차과정과 이차과정의 융합(자위-글쓰기)을 담고 있으며, 전이신경증의 증상이라 불린다.

꿈에 있어서 무의식으로부터 의식으로의 전이는 "낮의 잔재물", 즉 실제적인 중요성이 덜하던지 무의미하던지 전날의 인상에 부착된다. 예를 들어 Fisher의 실험에서 환자들은 그들의 꿈을 위한 낮의 잔재물로 그들에게 비춰지는 순간노출기 그림을 이용하는 경향이 있다. 왜일까? 그것은 순간노출기의 이미지들이 환자의 일상경험들과 분리되어있어서 그들에게 실제적으로 중요하지 않기

---

4) 전이에 대한 프로이트의 원래의 분명한 초심리학적 정의를 지지함으로써 정신분석 이론에 생기는 이점에 대한 보다 폭넓은 연구를 하려면 Kohut(1959, pp.471-471)을 참조하라.
5) 자아는 전의식이라는 말과 같지 않다. 자아라는 단어가 사용된 마음의 영역(일련의 기능)은 전의식은 물론 의식으로 접근할 수 없는 깊은 층까지도 포함한다. 자아의 무의식 층의 기능가운데 맨 먼저 주요한 것은 무의식적 방어이다. 앞에서 말한 것과 마찬가지로 이드가 무의식과 같지 않다. 무의식은 이드와 자아의 무의식 층으로 구성되어있다(이 차이점들은 이 글의 마지막 부분 "마음의 구조적 모델"에서 더 논의된다).

때문이다. 그들의 분리(즉, 다른 전의식의 인상들과의 의미 있는 연결부족)는 그들을 무의식으로부터 영향을 받기 쉽고, 전이가 용이해진다. 같은 이유로 정신분석가는 쉽게 전이대상이 된다. 분석가는 환자에게 실제적인 만족의 근원으로 비교적 별 의미가 없다. 반대로 만약 분석가가 환자의 지지자나 돕는 자, 또는 친구가 된다면, 전이대상으로의 이용 가능성은 줄어든다.

앞서 언급한 연구는 정신분석의 임상방법과 관련이 있으며, 기술적 배경의 여러 특징들을 설명해준다. 분석가는 항상 환자의 시야에서 벗어나 있다. 환자의 인격에 대해서는 비밀을 지키고, 일반적으로 환자에게 말하는 것을 자제하며, 그는 치료에서 활동적이 되어 환자의 소원들을 현실적으로 만족시켜주지 않는다("절제의 법칙"). 그래서 정신분석적 환경은 처음부터 분석가의 "낮의 잔재물 기능"이라 불리는 것이 용이하도록 고안되었다. 그것은 환자의 무의식(일반적으로 환자의 유아 초기의 중요한 인물과 미해결 갈등에 딸려있는)으로부터 분석가에 대한 환자의 전의식 이미지로의 전이 형성을 촉진시킨다. 분석가는 차례차례 환자를 관찰하면서, 환자의 생각과 감정 및 행동들이 환자 자신이 모르는 다른 심리체계의 활동에 의한 전이기제를 통해 영향 받을 수 있음을 명심해야 한다.

다음의 도식은 심리적 체계에 대한 전이의 관계를 보여 주고 있다.

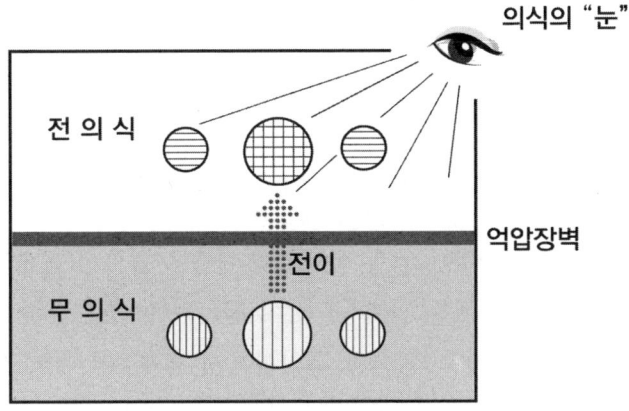

정상적인 환경에서, 억압장벽은 무의식에 억압된 내용물들을 효과적으로 전의식과 분리하여, 전의식에서의 활동은 무의식 상태에 있는 것들에 영향을 받지 않는다. 그러나 어떤 특정 조건하에서 억압장벽은 약화되고(예: 수면동안), 무의식적 충동들의 일부가 전의식 속으로 침입하는 것을 허용하여, 그곳에서 적절한 전의식 내용물들과 합병, 곧 전이의 형성이 발생한다. 만약 이런 침입이 과도하지 않다면, 그것들은 전의식에 의해 용인된다. 그러나 만약 그것들이 너무 강력하다면 전의식은 그 힘을 동원하고, 원래의 불침투성 장벽을 다시 수립한다. 이 순서(적절한 침입, 전이의 형성, 돌파의 강화, 그리고 굳건한 억압의 재확립)는 꿈 전이 속에 있는 무의식적 구성요소들이 꿈꾸는 사람이 불안을 느껴 잠에서 깨어날 때까지 격렬해지고, 꿈을 방해하여 완전한 억압을 재확립 할 때 관찰될 수 있다. 정신기구의 억압된 부분을 다른 정신활동과 연결하는 것을 막는 장벽의 기원과 작동방식은 나중에 논의될 것이다(유아욕동의 심리적 외상과 억압, 마음의 구조적 모델에서 방어기제에 대한 고찰 참조).

5. 환각적 소원성취

앞에서 설명한 바와 같이, 분석가의 마음은 일차적 체계인 무의식에서 이차적 체계인 전의식으로의 전이의 발견에 감수성이 예민하다. 정신분석적 개념화와 무의식적 정신과정에 대한 기술은 대부분 이차과정에서 변화하는 의식적으로 관찰된 전이로부터 추정한 결과이다. 또한 의사소통과 이해를 돕기 위해, 익숙하지 않은 무의식의 정신과정의 특징들에 관한 정신분석적 진술은 익숙한 의식의 기준 틀에서 서술적 용어와 개념들을 활용해야만 한다(앞에서 언급한 정신분석 이론형성에서 의식적 경험의 역할에 관한 페이지 참조).

정신분석가는 무의식이 의식적으로 경험된 정신적 내용들과 어떻게 다른지, 또는 어떻게 유사한지 지적함으로써 의식에 접근할 수 있는 정신과정과 관련된 특징측면에서 무의식과정의 특성을 설명한다. 일차과정의 어떤 특성(예를 들어, 그 형태, 강렬함, 그리고 속도)은 그것들이 이차과정의 특징과 어떻게 다른지를 지적해 줌으로써 개념화되고 설명되기 시작했다. 반면에 무의식적 충동의 특유한 소원성취 본질은 주로 소원성취의 백일몽과 같은 의식적으로 관찰 가능한 현상과 유사하다고 인정하는 결과로 설명되게 되었다. 그러므로 우리는 무의식적 정신활동은 욕망의 소원이 성취된 이미지를 만들기 위해 노력하는 점에서 의식적인 백일몽과 유사하다고 추정할 수 있다(예: 야간 꿈과 정신신경증 증상의 관찰로부터). 그러나 실제적인 방법으로 환경을 지배하려는 시도를 통해 실제적인 욕망의 외부대상을 찾는 우리들의 일상적인 이차과정 기능과 달리, 무의식적 충동들은 환각적인 이미지의 창조에 제한되어 있거나(마치 어떤 정신이상자의 소원성취 환각에서처럼), 또는 소원성취의 상징적인 법규에 제한되어 있다(마치 히스테리 발작처럼).

무의식적 정신과정, 기제들 및 정신내용물들의 본질에 관한 정신분석적 개념화는 주로 무의식적 정신활동과 전의식적 정신활동 사이의 유사점과 차이점을 연구하고 기술한 것으로부터 비롯되었다. 소아들과 정신이상 환자들의 정신기능에 대한 보다 직접적인 관찰은 이론을 뒷받침하고, 세련되게 하며, 그리고 무의식적(일차) 정신과정의 간접적인 재구성을 수정하는 중요한 추가적 자료를 제공했다.

이드(욕동들)에서의 역동적인 과정의 특징이 (유아)성욕과 공격성이라는 정신분석적 개념은 무의식적 정신활동과 전의식적 정신활동 사이의 유사점과 차이점들을 연구한 결과로 공식화되었다. 그러나 정신분석가가 유아의 성욕과 공격성으로 이해한 것은 성인의 성욕과 공격성과는 정확히 동일하지 않다. 유아욕동들은 강렬함과 절박함, 그리고 만족스러운 특징을 가지고 있는데, 그것은 그들의 지배적인 이차과정이 조정되지 않은 욕동들의 충격에 대하여 항상 그를 보호하고, 완충물 또는 보호물로서 기능하는 어른들에게는 사실상 알려지지 않았다. 오직 성적 오르가즘의 절정만이(아마, 특별한 환경, 극대의 격노 아래서) 이차과정에 의해 최소한

의 완충으로 경험된다고 말할 수 있다. 성숙한 정신은 이렇게 강렬한 성적, 그리고 공격적인 경험을 할 수 있다. 그러나 이런 능력은 최고로 발달된 기능들을 일시적으로 지연하는 성숙한 정신의 능력을 기반으로 한 것으로 보인다. 그래서 극치의 오르가즘의 경험과 강렬한 격노경험은 이차과정의 가장 중요한 도구인 언어를 사용하여 표현될 수 없고, 그럴 때 의식 자체조차도 바뀌는 것처럼 보이는 것은 중요하다.

프로이트는 무의식(유아의 정신)과정과 성인의 성적경험 사이의 의미 있는 동등성을 인정했으며, 그 용어로 "a potiori"를 선택했기 때문에, 그는 유아의 욕동과 경험들의 특성을 기술하기 위해 "성"이라는 용어를 바꾸고 싶지 않다고 말했다. 즉, 그는 비슷한 종류의 다양한 경험 중에서 가장 잘 알려진 것을 언급한 용어를 사용했다. 프로이트는 그 동기부여의 강렬함과 그 경험의 특징에 관련하여 모든 활동은 원래 성적이라는 사실에 대한 많은 증거를 발견했다. 아기가 젖을 빨 때, 쾌락의 강렬함은 성인들의 성적인 느낌과 비슷하다. 그리고 걷기, 보기, 말하기, 쓰기 이런 것들은 적어도 부분적으로 성적 활동으로 시작된다. 생물학적 관점에서 볼 때, 진화론과 조화를 이룬다면, 우리 역시 유아의 욕동과 행동들에 관련된 강렬한 성적 쾌락의 큰 생존가치를 강조할 것이다. 이 행동들이 더 강렬하고 다급하게 만족스러울수록(예: 아기의 빨기), 유아는 더 많이 생존을 촉진시키는 기능을 수행하는데 동기가 된다.

내생적인 성숙경향의 결과로(그러나 결정적으로 주위환경에 영향을 받는다) 무의식의 한 부분이 전의식 속으로 전이된다(전에 지적한대로, 이드와 자아라는 용어는 이 발달 중에 양극단을 구성하는 정신기능들에 사용된다). 전의식의 차별화를 더욱 촉진시키는 환경적 상황들은 적절한 좌절, 즉 만족을 추구하는 유아적 충동들의 즉각적인 만족을 방해하지만, 그 격렬함이 발달을 방해하지 않는 좌절이라 기술될 수 있다(이 주제는 다음 장에서 더 검토될 것이다).

　그런데 유아적 욕동으로부터 발달된 모든 성숙한 행동은 어떤 특정상황에서, 도착처럼 공공연하게 또는 정신신경증처럼 은밀하게 원초적인 형태로 돌아갈 수 있다. 예를 들어, 강박신경증에서 원래 크게 만족했던 성적, 공격적 행동이었던 사고 그 자체가 다시 유아의 성욕과 공격성의 특징과 목표가 될 수 있다. 그 억압의 결과로 사고는 위험해지고, 강박신경증으로 방어된다(예: 마술적 반복이나, 기타 다른 방법으로). 그러나 (전의식적) 자아가 제대로 작동하고 있을 때, 유아의 성욕과 공격성의 중화는 일어나고(즉, 일차과정에서 이차과정 기능으로 진행), 그 경험에 대한 유아의 성적이고 공격적인 특성은 사라진다.

6. 적절한 좌절과 이차과정의 확립

성숙한 정신기능을 사용할 수 있는 능력이 인간의 정신기구의 타고난 잠재력의 한 부분으로 간주된다 할지라도, 그것은 오로지 정신기능의 초기형태(일차과정)가 점진적으로 성인의 사고형태(이차과정)로 변화되는 환경과의 연속적인 오랜 상호작용을 통해서만 가능하다. 기억들이 이차과정의 기본단위를 구성하기 때문에, 그것은 기억기능의 정신적인 전조를 조사하고, 기억흔적의 발달을 촉진시키는 환경을 연구하는데 유익하다. 지금까지 우리는 유아의 가장 초기의 정신구조 확립에 대한 프로이트의 가설에 의지했다.

우리가 유아의 배고픔에 대한 최초의 경험을 심리학적 용어로 정의한다는 것은 불가능하다. 우리는 단지 생리학적 과정(나중에 배고픔으로 경험되는)이 반사적으로 유아가 일련의 행동으로 반응하는 긴장을 유발한다고 할 수 있다. 유아의 반사적인 반응 가운데 가장 중요한 울음은 엄마에게 경고한다. 아기는 젖을 먹고 생리적 긴장상태는 가라앉는다. 그러나 이 같은 일련의 일(배고픈 긴장 - 울음 - 엄마 - 수유 - 포만)이 일어난 뒤에 유아의 정신은 변화를 겪는다. 배고픔에서 포만까지의 일련의 심상들이 쌓이게 된다. 그리고 긴장이 다시 일어나서 어느 정도 강렬함에 도달했을 때 아기의 배고픔에 대한 욕동소원은 만족경험의 반복을 달성하기 위해 이전에 만족했던 심상을 향하게 된다. 우리가 만족하기 위한 이 첫 번째 시도를 환각이라 불러야 하는지의 여부는 논의의 여지가 있다. 여하튼 이전에 만족했던 심상을 향하는 것이 배고픔을 줄이는 일은 없다. 긴장은 고조되고, 반사적인 울음이 터지고, 실제적인 수유가 다시 만족을 얻게 한다. 아기는 이제 이전에 (실제) 만족했던 환각의 경험을 현실에서 (실제) 만족경험과 구분할 수 있는 첫 번째 기회를 갖게 되었다. 이 일련의 사건들이 수없이 반복되면서 심상으로 향하는 정신의 강렬함을 조금씩 줄여 나간다. 유아는 심상 자체로부터 만족을 기대하는 대신, 심상을 만족으로 가는 길에 있는 중간 역으로 여기는 것을 배운다. 심상에 대한 지나친 관심이 감소함에 따라 덜 생생하게 경험된다. 그것은 실제경험과 전혀 다른 특징을 갖는다. 이렇게 심리적 현실과 외부적 현실의 차이는 획득된다. 즉, 환각이 기억이 된다.

환각으로부터 기억기능으로의 발달은 적절한 좌절의 경험에 의해 강화된다. 지나친 방임은 수유가 너무 빨라서 환상 이미지로 향하는 것과 하나로 합쳐지기 때문에 환상과 현실의 구분을 배우는 동기를 줄이는 결과를 낳는다. 반면에 심각한 좌절(또는 엄마 반응의 불일치)은 환상 이미지보다 거의 만족을 제공하지 않는 현실을 만든다. 그것은 다시 환상과 현실의 차이를 확고히 할 수 있는 기회와 동기가 줄어든다. 그와 대조적으로, 적절한 좌절은 환상을 통해 소원을 성취하려는 시도에 대한 실망과 긴장을 증가시키기에 충분한 지연을 포함한다. 그러나 현실적 만족은 절망과 환멸을 느끼며 현실을 외면하는 것을 막기에 충분할 만큼 빨리 일어난다.

7. 심리적 외상과 유아욕동의 억압

유아의 성욕과 공격성의 일정 부분은 성인의 성 또는 공격성으로 발달되지도 않고, 욕동과 거리가 먼 전의식적 이차과정으로 변형되지도 않지만, 변화되지 않은 채 무의식에 (억압되어) 남아있다. 무의식으로부터의 전의식적 전이침입에 대한 연구는 억압된 욕동들이 원래의 원시성과 강렬함을 유지하고 있음을 보여준다. 적절한 좌절경험의 영향 하에 어떻게 일차과정이 이차과정으로 변형되는지 앞에서 설명했으므로, 우리는 이제 일차과정의 어느 한 부분이 이런 발달에 참여하지 않는다는 사실을 설명해야한다.

앞장에서 지적한대로, 환각과 현실을 구별하는 (그래서 환각을 기억으로 변형시키는 것) 유아 정신의 능력은 유아를 지나치게 응석받이로 키우거나, 치명적인 강렬함의 좌절에 노출된 경우에 방해받는다. 유아의 요구에 대한 외상적인 좌절은 기다리는 시간이 유아가 견딜 수 있는 시간을 초과할 때, 또는 환경에 의해 제공된 만족을 예측할 수 없을 때, 예를 들어, 젖 수유가 불규칙하게 이루어질 때 발생한다. 두 경우 모두에서 유아의 정신은 현실에서 벗어나 환상을 통해 스스로 진정시키는 만족감을 계속 유지한다. 진짜 과잉보호는 정신발달의 초기단계 동안 발생할 것 같지는 않지만, 그러나 만약 그런 경우를 만난다면 현실을 파악하는 학습에 대한 동기 부족으로 발육을 방해할지도(고착) 모른다. 그러나 더욱 중요한 것은 지나친 과잉보호는 환경에 의해 영원히 유지되지 않는다는 것과 과잉보호로부터 좌절로의 갑작스런 엄마의 태도전환이 아직 준비되지 않은 아기의 정신에 외상으로 경험된다는 사실이다.

적절한 좌절의 경험과 마찬가지로 외상경험은 기억흔적들을 규정한다. 그러나 치명적인 외상적 좌절의 경우에는 일차적인 절망과 분노의 영향 아래 유아욕동과 연합된 외상 기억들은 분리(일차적 억압)된다. 정신은 억압된 소원들의 더 이상의 파생을 희생하여 전에 있었던 절망과 분노의 상태가 재현되는 것을 막으려 하면서, 억압은 영원히 유지된다. 욕동의 외상적인 좌절은 일차과정 기능의 심리적 영역과 직접적인(예를 들어, 환각으로) 소원성취에 대한 정신적 고착을 만든다. 전의식적 자아로부터 봉쇄된 무의식적인 내용들은 새로운 경험의 영향에 노출되지 않아서 변화(학습)될 수가 없다. 대신에 일차과정과 쾌락원칙의 법칙들을 따라 환각이나 다른 유사한 방법을 통해 즉각적인 만족을 성취하려는 시도들이 끝없이 반복된다. 상징적으로 유아경험의 소원성취 형태는 동일하게 되풀이하여 발생하는 신경증 증상에 의해 평생에 걸쳐 계속해서 재현된다. 그러나 원래의 유아적 충동들과 그것들이 발생한 정황이 무의식에 남아있기 때문에, 소원은 현실적으로 만족될 수도 없고 포기될 수도 없다.

　어린 시절의 외상을 구성하는 것은 객관적으로 정의되기 힘들다. 어린 아이의 정신이 요구의 강렬함이나 정신조직의 미성숙함, 또는 과제가 부과될 때 정신의 일시적인 민감성 때문에, 또는 이런 요소들의 어떤 조합으로 인해 더욱 구별된 전의식 체계로 통합할 수 없다는 것이 심리적 과제이다. 그래서 외상은 정신분석학 안에서 주로 경험의 내용이 아니라, 그 강렬함에 관련된 경제적 개념이다. 외상은 지나치게 만족시키거나 지나치게 좌절시키는 경험에서 오는 과도한 자극이다. 그것은 외부적으로 무엇이 발생하는가가 아니라, 외부적인 사건과 내적 정신조직과의 연계를 포함한다. 비록 어린 시절에 정신이 특히 외상적 충격에 취약한 어떤 기간(급성장 후에 아직 불안정하게 확립된 새로운 정신적인 힘의 균형과 가장 자주 부합하는)이 있더라도, 우리는 어린 아이가 항상 외상성 장애에 노출된다고 확실하게 말할 수 있다.

　외상의 경제적 개념에 있어서 시간적 요소는 특별히 중요하지만 자주 간과되는 고려사항이다. 아이의 연령과 발달단계가 심리적 과제의 심각성을 결정하는데 있어서 중요할 뿐만 아니라, 아이가 일차과정에서 이차과정으로의 갑작스런 대변화의 업적을 수행할 것으로 기대되는지, 또는 그가 장기간에 걸쳐 분류된 방법으로 새로운 기능을 획득할 수 있을 것인지의 여부도 똑같이 결정적일 것이다.

어린 시절 동안 전의식으로 통합되지 않은 경험들은 정신분석적 치료동안 다시 활성화된다. 그러나 그것들이 치료 상 재활성화되는 지금, 환자는 점차적으로 동화될 충분한 시간을 갖는다. 외상기억들이 다시 떠오르고 유아적 소원들이 재 경험되면서 천천히 포기되는 순차적인 과정을 "훈습working-through"이라 부른다. 이 과정은 환자가 수정되지 않은 유아적 소원들을 성취하고자 하는 희망을 포기해야 함을 배웠으며, 사별한 사람들은 현재의 사랑대상을 포기해야만 하고, 또 과거의 대상들을 포기해야만 한다는 것을 제외하고는 애도에서 정신이 수행하는 일과 비교되었다.

이론과 임상사이의 상호관계, 특히 앞서 말한 심리경제적 고려가 정신분석의 치료과정에 미치는 영향은 자유연상의 방법에 초점을 맞춤으로써 더 조명될 수 있다. 자유연상은 일반적으로 통제의 포기, 자기비판의 무시 등 부정적인 용어로 기술되었다. 그러나 자유연상은 긴장완화 그 이상의 의미를 갖는다. 그것은 결정적인 시점에 불쾌한 정신적 내용물들의 의식으로의 입장을 견디고, 지각하고, 그리고 경험할 수 있는 능력을 요구한다. 따라서 자유연상은 이차과정의 영역을 점진적으로 확장하기 위해 노력과 인내가 필요하다. 그러나 무의식이 완전히 접근 가능하고, 변형되어지는 이상적으로 완벽한 심리적 조직을 달성하는 것이 정신분석의 목적이 아니다. 프로이트가 여러 차례 암시적으로 언급한 인간의 정신기구 안에 있는 결함은 억압장벽 또는 방어기제의 존재가 아니라, 그것들의 상대적인 부적절함이다. 그래서 분석은 방어들이 효과적이지 않다고 증명된 정신의 부분들 속에서만 이차과정의 우위를 확립하고자 노력한다. 어린 시절의 기억을 돕는 자료나 꿈에서 얻은 증거가 사회적으로 받아들여지고, 만족할만한 방어적 행동들에 의해 효과적으로 포함되는 억압된 자료를 향할 때, 어떤 시도도 분석 중에 잠재하는 갈등을 자극하지는 않는다. 예를 들어, 만약 아버지의 형상에 대한 난폭하게 적대적인 태도가 고령자를 위한 사회정의 증진사업에 헌신함으로 대체되었다면, 심리적 조정의 이 부분을 방해하는 신경증 증상(원래 있던 적대감의 위협적인 돌파 때문에)이 없는 한, 자아 동조적 가치체계를 손상시키려는 어떤 징후도 없다. 방어기제가 안전하게 부착되어 담으로 막혀있는 내용은 손닿지 않은 채 남아있다. 억압된 것들을 털어놓는 것은 잘해야 아마 추어라는 표시이다. 최악의 경우, 그것은 자신으로부터 어떤 비밀을 숨기고 다른 이들로부터 비밀을 영원히 왜곡해야만 하는 광신자를 배반하는 것이다.

8. 정신분석적 관찰의 관점

정신분석적 개념들과 원칙들의 복잡한 체계(가끔은 초심리학이라고도 함)는 분석가가 심리적 자료를 분류하기 위하여 따르는 다양한 상호 관련된 접근을 분리시킨다면, 훨씬 이해하기가 쉬워진다. 정신분석가의 이러한 기본적인 관찰입장은 역동적, 경제적, 지형학적, 그리고 구조적, 발생학적 관점이라고 알려져 있다.

　분석가가 소원들, 충동들, 그리고 욕동들을 심리적인 힘의 표현으로 이해하고, 심리적 갈등을 이런 힘들 사이의 충돌로 보는 사실은, 정신 역동적 관점을 의미한다. 게다가, 분석가는 심리적 힘이 어떤 강력함을 가지고 있다는 것을 안다. 예를 들면, 미적지근한 소원들도 있고, 불타는 욕망도 있다. 분석가가 관찰하기에 심리적 힘의 상대적 강도에 주의를 기울인다는 사실은 심리경제적 관점이라 불려진다.

심리적 힘들의 다소 안정적인 분류에 대한 인식은 마음영역에 대한 개념과 또 그들의 마음에 대한 정신분석적 모델의 도식적 표현으로 이어졌다. 프로이트의 초기 도식은 정신이 무의식과 전의식의 두 영역으로 나눈 지형학적 모델이었다. 지형학적 도식에 근거한 관찰 자료에 대한 접근의 개념적 방법을 지형학적 관점이라 불렀다. 그러나 점점 증가하는 관찰들은 고전적인 지형학적 모델에 적합하지 않았다. 정신기능에 관하여 새롭게 얻어진 통찰들과 일관성을 유지하기 위해서 수정되어야만 했고, 정신에서 새롭게 발견된 영역들을 수용하기 위해서 확장되어야 했다. 수정되고 확장된 정신분석적 도식이 구조적 모델이다. 그리고 그것에 기초한 접근형태가 구조적 관점이다. 지형학적 관점은 이미 충분히 살펴보았다. 구조적 관점의 일부는 나중에 다시 검토될 것이다.

다음에서 우리는 발생학적 관점을 간략하게 논의할 것이다. 이 용어는 분석가가 어린 시절의 특정한 때나 특정한 시기 동안에 발생해서, 처음으로 일어났던 특별한 증상, 성격특성, 또는 행동경향이 뒤따르는 특별한 경험들을 발견할지도 모른다는 기대와 함께 자신이 연구하고 있는 개인의 어린 시절에 초점을 맞추는 사실을 뜻한다. 물론 치료의 정신분석에서 발생학적 설명은 성인 정신병리학의 기원에 가장 빈번하게 적용되고, 심리적 힘의 비(非)병리적 배치가 새로운 병리적 배치에 의해 영구적으로 대체된 외상적 어린 시절의 상황들에 적용된다. 무의식적인 심리내적 자료의 탐색을 통한 어린 시절의 병인성 경험들의 잠재적인 발견은 구체적이고도 특징적인 정신분석의 목표이다. 정신분석학의 현대적 분파들(다양하고 대중적인 역동적 정신의학 학파들처럼)은 심리내적 자료에 대한 연구를 마치 특별한 가족별자리, 부모의 인격, 부모 또는 형제의 죽음처럼 어린 시절부터 알려진 역사적인 자료와 상호 관련 있는 반복적인 역동적인 패턴의 이해로 제한한다. 그들의 검토는 정신분석학의 궁극적인 목표인 치료적 회복과 정신적 외상경험에 대한 무의식적인 기억들의 회복에 미치지 못한다.

간략하게 적은 임상의 짤막한 글은 역동적 패턴들에 대한 이해와 발생학적인 자료의 통찰 사이의 차이점을 분명하게 해준다.

한 남자가 이전에는 만족했었던 그의 일이 젊은 동료가 온 후에 악화된 최근의 직장상황을 설명했다. 분석작업 과정에서 새로운 동료에 대한 자신의 질투에 대해서 죄책감을 느꼈다는 것과, 그가 일에서 활기가 떨어진 것은 경쟁으로부터 벗어나고 싶은 소원이 동기가 되었다는 사실을 알게 되었다. 동일한 역동적 패턴은 이전의 근무상황과 관련하여 자리 잡을 수 있었다. 어린 시절에 반 친구들, 특히 그의 형제들과 비슷한 갈등이 있었다. 그 패턴이 분석에서 반복되었다. 처음에 그는 꾸준한 자유연상의 흐름을 잘 수행했으나 곧 퇴보하고 저항했다. 어느 날 그의 연상은 머뭇거리며 그가 대기실에서 보았던 다른 환자에 대해 넌지시 말했다. 동일한 역동형성이 이전처럼 해석되었고, 분석작업은 다시 진행되었다. 나중에 다른 환자가 아플지도 모른다는 환상을 마지못해 털어놓으면서 강렬한 저항이 시작되었다. 그때 한 형제 가운데 질병의 기억들이 등장했다. 강렬한 저항의 여러 단계 후에, 마침내 꿈 재료는 환자의 어린 시절 초기의 강렬한 적대적인 시기심의 시기에 어린 형제가 사망했을 당시를 재현(나중에 관련 기억들에 의해 뒷받침 됨) 가능하게 했다. 이제 이 패턴의 발생학적 설명이 가능해졌다. 그는 운명적인 사건(형제의 죽음)에 앞서 경쟁자에 대한 적대감을 정상적으로 경험했을 뿐만 아니라, 분노의 사고와 소원들(심리적 현실)과, 한편으로 분노하고 상처가 있는 행동들(외부적 현실)의 분명한 차이점이 있음을 인정하는 것을 점차 배워간다. 형제의 죽음은 자아가 겨우 획득한 충동, 환상, 그리고 행위의 차이점을 산산 조각낸다(보조 요소의 도움으로, 외상기간동안 환자로부터 부모의 철수처럼). 분노소원과 환상들은 퇴행적으로 마술적인 힘으로 경험되었고, 약한 자아는 외상적으로 분노에 잠기고, 위험한 충동들로부터 억압으로 자신을 방어한다. 그런 후에 적대적이고 시기하며 경쟁적인 노력들은 나중의 구분과 통합을 막고, 마지막으로 그것들에 대한 의식적인 통제의 획득을 방해하면서 자아의 영역으로부터 배제된다.

9. 마음의 구조적 모델

앞에서 지적한대로, 새로운 관찰 자료와 새로운 통찰은 전통적인 지형학적 모델을 불충분하게 만들었고, (1920년대에) 심리적 힘들의 상호관련성과 조정에 관한 새로운 도식, 즉 마음의 구조적 모델을 만들어야 할 필요가 있게 했다. 새로운 모델은 일련의 큰 수정과 확장을 포함한다. 혁신 가운데 가장 잘 알려진 것은 의심할 여지없이 새로운 명명법, 즉 지형학적 모델의 단순한 상호관계보다는 임상적 관찰자료에 더 정확하게 일치하는 정신기능의 새로운 구분에 상응하는 용어인 이드, 자아, 초자아의 도입이다. 프로이트는 항상 이미 확립된 용어들을 대체하기를 꺼려하기 때문에, 프로이트가 구조적 모델을 위해 새로운 전문용어를 소개했다는 바로 그 사실은 개념적 변화의 중요성을 보여준다.

나중에 우리는 심리적 현상의 완전히 새로운 범위를 정신분석이론 틀 속으로 포함시키는 구조적 관점에 대한 개념적 영역의 괄목할만한 확장에 대해 논할 것이다. 그러나 우리는 먼저 지형학적 모델에서 구조적 모델로 전환한 두드러진 주요 조정 및 수정사항 중 무의식적 방어기제의 발견, 공격성의 기능에 대한 인식, 그리고 심리내적 도덕의 다양한 구성요소의 발생학적이고 구조적인 응집력에 대한 이해를 살펴보아야 한다.

정신병리, 특히 망상과 강박의 새로운 영역에 대한 연구는 억압이(예를 들어, 외상의 충격에 의한 특정 유아적 소원에 더 이상 관여하지 않는 연약한 정신의 철수) 미성숙한 심리적 기구가 스트레스 상황에서 그 조직체를 유지할 수 있는 유일한 기제가 아니라는 것을 발견하게 했다. 프로이트는 정신도 위험한 초기의 욕동을 저지하는 다른 중요한 방법들을 사용하고 있음을 인정했다. 즉, 장기간에 걸쳐 형성된 기질에 관한 태도들(소위 반동형성)은 이전에 확립된 억압을 유지하고 강화하는 역할을 한다. 사고와 행동의 마술적인 방식(취소 방어기제)은 약해지는 억압에 대한 위험을 막는데 사용된다. 그리고 사고와 정동은 억압을 뚫을지도 모르는 충동들을 무해하게 만들기 위해 미신에 사로잡혀 두려워하는 정신에 의해 분리(분리 방어기제)된다.

정신에 다양한 방어기제들이 존재한다는 발견은 임상적 이해의 깊이와 미묘함에 기여했다. 그러나 임상적으로나 이론적으로나 훨씬 더 중요한 것은 이런 다양한 방어기제들이 그들 스스로 미성숙할(일차과정 부분) 뿐만 아니라, 의식에 접근할 수도 없는(무의식에 속한) 초기의 유아적 소원들과 충동들에 대항한다는 것을 인식하는 것이다. 이 새로운 발견들을 고려한 정신적 힘들의 상호관계성에 대한 수정된 개념화는 본질적인 저항이 조절되지 않은 유아적 노력의 영역(억압된 이드)과 성숙한 전의식 기능(자아)으로 두드러지게 만들어진 체계 사이에 존재한다는 것을 인정한다. 그러나 자아는 원시적인 방법들(무의식적 방어)을 합리성의 영토를 보존하는데 사용한다. 이 특별한 구조적 관계는 아이들에 대한 미신적인 믿음을 형성하도록 부모와 교육자 및 종교적 권위가 욕동통제 및 기타 합리적인 목적들을 위해 많은 세월동안 사용하는 매혹적인 위협과 유사하다.

다음의 도식은 자아와 이드 그리고 전의식과 무의식 사이의 관계에 대한 새로운 개념화를 제시한다.

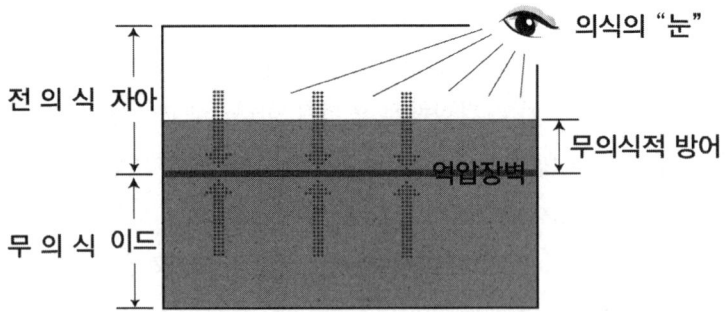

억압장벽 아래 영역이 이드이고, 위의 영역이 자아이다. 빗금 친 영역은 무의식이고, 점선으로 표시된 영역이 전의식이다. 마주 보는 화살표는 억압된 유아욕동들과 방어 사이의 구조적 갈등을 나타낸다. 방어의 주요부분이 무의식이라는 것에 유의하라.

정신분석 이론에서 공격성이 차지하기 시작했던 더욱 더 중요한 입장에 관하여 간략한 언급이 필요해졌다. 물론 공격성의 임상적 중요성은 시작부터 분명했다. 예를 들면, 1900년 초반에 발표된, 정신분석의 가장 중요한 임상발견인 오이디푸스 콤플렉스는 리비도뿐만 아니라, 동등하게 중요한 공격적인 구성요소도 포함한다(비교: 자기 아버지의 죽음을 바라는 어린 아이의 소원). 그러나 강박신경증과 우울증에 대한 후기의 연구와 달리, 초기의 히스테리 연구는 공격욕동의 변화가 리비도의 변화와 광범위하게 서로 평행하다는 인식에 동등한 명확성을 부여하지 못했다. 리비도처럼 공격성은 억압되고 조정되지 않은 유아적인 형태로 존재한다. 그것의 돌파는 두려워 방어된다. 그것은 전이 속으로 들어온다. 그리고 그것은 정신의 더 높은 기능으로의 유용한 통합과 성숙하게 하는 영향에 도움이 된다. 이 새로운 관찰을 기반으로 하여 이중 욕동이론이 구조적 모델로 통합된 것이다. 이드는 유아성욕뿐만 아니라, 배출하려 노력하는 유아공격적 긴장까지도 보유하고 있는 것으로 이해되어 억압이 유지된다.

우리는 이제 심리내면의 도덕적인 힘의 새로운 개념화인 초자아의 개념을 살펴보자. 심리내면의 도덕적인 힘들의 존재는 정신분석학 초기부터 알려져 왔고, 그것은 결정적으로 억압의 동기와 유지에 기여했다. 그러나 임상관찰의 범위가 확대되면서 단계적으로 도덕적인 힘들은 다양한 관련기능을 완수할 뿐만 아니라, 정신의 별개 구조로서 개념화가 요구되는 응집력 있는 발생학적이고 기능적 단위, 즉 초자아를 구성한다는 사실을 발견하게 된다. 히스테리에 대한 연구를 통해서 이미 도덕적인 영향이 욕동처럼 무의식일 수 있다는 가설을 세웠었다. 프로이트는 무의식적 죄의식이 사람들로 하여금 처벌을 유발시키기 위하여 범죄를 하도록 유도할 수 있다는 것을 발견했을 때, 이 가설은 거의 확실해졌다. 그러나 어떤 우울한 상태에서 도덕적인 힘들(비록 퇴행의 위험한 상태라 할지라도)이 인격의 나머지 부분에 대해 전제군주적인 힘을 지닌 경계가 포위된 위치를 얻어, 복종시키고 파괴하는 과정 속에 있다는 발견이 결정적인 연구들을 부추겼다. 프로이트는 심리내적인 도덕성(검열하고 처벌하는 힘들, 자아이상의 기준들, 만족하고 사랑하는 힘들)의 다양한 구성물들에 대한 자신의 연구를 확장시키고 깊이를 더해갔다. 그래서 궁극적으로 이런 변화가 많은 기능들의 본질적인 응집력은 그들이 한 때 인격의 범위를 넘어서 부모의 권위 속으로 통합되어졌다는 사실로부터 기인한다는 결론에 도달했다. 부모의 권위는 자녀들이 두려워하는 검열관과 처벌자의 화신化身이며, 자녀들로 하여금 작고 열등하다고 느끼게 만드는 동경하는 이상과 전형이고, 명령에 순종했을 때 사랑과 승인의 원천이자, 아이가 부모의 모범에 맞는 생활을 할 때 부모와 함께 나누는 긍지와 기쁨의 저장고이다. 프로이트가 내면의 도덕적인 힘들의 다양한 측면의 기능적이고 발생학적인 응집력을 알았기 때문에, 그는 그것들이 독특한 정신적 구조라고 확신했다. '초자아'라고 그가 선택한 이름조차도 승인과 불승인, 그리고 기준과 이상들이 마치 자아 위에 위치한 것처럼, 즉 아이가 어려서 승인 또는 불승인하는 우러러보는 사람들을 존경할 때의 잔재물처럼, 경험된다는 사실이 반영된다.

　구조적 관점이 정신분석이론에 많은 중요한 변화를 가져왔을 뿐 아니라(억압이론의 수정, 욕동이론과 심리내적 도덕성 이론의 수정), 정신분석학의 개념적 범위의 의미 있는 확장을 만들어냈다. 또한 구조적 관점은 꿈과 정신병리에 대한 연구로부터 비롯된 본질적이고 전통적인 발견들과 정신분석학의 원칙들로 비(非)병리적인 기능의 다양성에 대한 역동적-경제적-발생학적인 이해를 통합하게 했다.

　이런 정신분석이론의 시야확장은 특히 정신의 구조적 모델에서 방어장벽이 성숙한 정신기능의 영역으로부터 단지 깊은 유아심리의 적은 부분만을 분리한다는 사실에서 도식적인 표현을 구체적으로 발견한다. 반면 그림에서 나머지 부분의 깊고 무의식적인 활동들은 표면의 전의식 층과 가로막히지 않고 광범위한 접촉을 하고 있다. 코헛은 정신의 둘로 나뉜 부분을 전이영역, 그리고 가로막히지 않은 부분을 점진적 중화영역이라 불렀다.

　다음 그림은 정신의 두 부분을 도식적인 방법으로 나타낸다. 만약 정신의 방어장벽이 정신의 나누어지지 않은 부분으로 차츰 변화된다면, 실제적인 관계는 보다 더 정확하게 이루어질 것이다. 그림에서 방어장벽이 점진적으로 정신의 중화하는 기반 속으로 통합되는 것을 암시하지만, 완전히 이루어지는 것은 아니다. 그림의 오른쪽은 전이영역을 나타낸다. 여기에서는 외상적인 강렬함이 있는 좌절을 만난 유아적 충동들이 그들의 전이 영향력을 발휘하여 방어장벽을 가로질러, 자아의 전의식적 내용들로 타협을 형성(일차과정과 이차과정 사이)한다. 그림의 왼쪽은 점진적인 중화영역을 나타내는데, 여기에서는 적절한 좌절을 만난 유아적 충동들이 점진적으로 중화된 정신활동으로 변형된다.

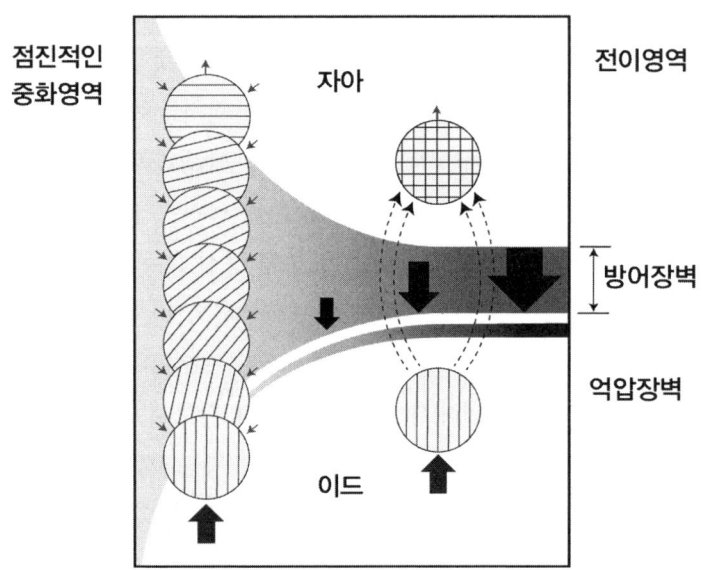

전이영역이 구조적 그림에서 비록 적은 부분을 차지하고 있지만, 그 전이영역의 중요성은 사라지지 않은 채 남아있다. 왜냐하면 우리가 구조적 갈등과 전이의 결과, 즉 프로이트가 『일상생활의 정신병리학』에서 언급한 꿈의 형성, 실수, 실언과 같은 전이신경증의 증상들, 그리고 특히 정신분석적 치료과정에서 분석가에게로의 전이의 현상과 활동을 거기에서 발견하기 때문이다.

우리가 이제껏 살펴보았듯이, 마음의 구조모델은 정신 조직체의 대부분을 깊은 층에서 표면으로 이어지는 연속체로 묘사한다. 정신이 둘로 나누어지지 않은 부분(점진적인 중화영역)으로 구성되어있는 중화하는 정신구조는 무수한 적절한 좌절경험의 내면화에 의해 형성된다. 반면에 유아적 충동들의 조정되지 않은 잔재물을 벽으로 분할한 방어장벽은 외상적인 강렬함의 금지와 좌절경험의 내면화 결과이다.

어린 시절 외상적인 좌절경험과 적절한 좌절경험 사이의 차이는 정도의 차이이다. 그것은 거칠게 "안 돼!!" 하는 어머니와 친절하게 "안 돼요"하는 어머니의 차이이다. 놀라게 하는 금지와 다른 한편으로 교육적인 경험사이의 차이이다. 아이의 짜증을 똑같이 적대적인 짜증으로 다루는 아버지와 아이를 들어 올려 단호하지만 공격적이지 않게, 그리고 사랑스럽지만 유혹적이지 않게 달래는 아버지 사이에는 차이가 있다. 단지 해서는 안 되고, 할 수 없는 것만을 강조하는 비타협적인 금지와 금지된 대상이나 행동 대신 허용되는 것들을 알려주는 금지와는 차이가 있다.

외상적 좌절경험들과 적절한 좌절경험들(동일시)의 복제는 내사의 기제를 통해 마음속에 설치된다. 아이는 그의 소원들과 요구들, 그리고 욕구들과 충동들을 억제하는 어린 시절에 만난 대상들의 행동과 참는 태도들을 그의 정신조직체 속으로 영구히 편입한다. 아이의 욕동은 처음부터 부모의 금지에 의해 반대된다. 만약 이런 금지들이 외상적이지 않은 강렬함이라면, 아이는 부모의 욕동을 절제하는 태도를 수없이 많은 인자한 기억흔적들의 형태로 편입한다. 이런 식으로 정신구조에서 둘로 나누어지지 않은 부분의 기반이 만들어지는데, 그것은 원시적이고 유아적인 욕동들을 의도가 억제된 활동으로 변형시킨다. 그의 유아 욕동들은 부모의 공격적인 태도보다, 차분하고 어루만지고 사랑하는 태도로 다루어져, 그 안에 내사된 적절한 좌절을 많이 경험한 결과로 나중에 아이 스스로 내면에서 일어나는 욕동의 요구들을 향해 같은 방식으로 행동한다. 따라서 적절하게 좌절하는 경험들은 욕동이 절제된(중화된) 구조를 형성하게 하는데, 그 구조는 그 자체가 중화된 심리내적인 힘들의 도움을 빌려 중화된 기억흔적들과 기억장치들로 구성된다. 예를 들어, 내면화된 욕동을 절제하는 태도, 즉 그들 스스로 그들의 공격적인 특징 또는 성적인 특징을 상실하는 태도들을 통하여 미숙하고 유아적인 공격충동들이 비(非)적대적 목적의 활동으로 변형될 수 있다.

개개인은 의심할 여지없이 적절하게 중화하는, 욕동을 절제하는 구조의 발달에 관하여 타고난 잠재력은 다르다. 그러나 제대로 기능하는 정신구조의 가장 중요한 원천은 부모의 인격, 특히 그들의 적의 없는 견고함과 유혹하지 않는 애정을 가지고 자녀의 욕동 욕구들에 반응할 수 있는 능력이다. 정신분석 역시 아동은 정신이 외상을 입기도 하고, 또 억압과 대규모 방어들의 확립을 통해 갈등적인 욕동 욕구들을 물리치는 경향을 타고난 변화의 존재임을 고려한다. 비록 가장 성숙한 부모조차도 억압과 다른 방어들의 수립을 막을 수 없으며(필요 없으며), 결국 정신적인 성장을 향하여 보다 더 미세한 단계가 아직 일어나지 않았을 때 긴장을 처리하는 경제적인 방법들인 것이다. 만약 아이가 그의 욕구들에 대한 미성숙하고, 적대적이며, 유혹적인 부모의 반응에 만성적으로 노출되었다면, 그 결과로 나타나는 격렬한 불안 또는 과도한 자극은 성장하는 정신의 궁핍화를 초래한다. 왜냐하면 성장하는 정신의 욕동기관이 너무 많이 억압되고, 따라서 정신의 발달에 참여할 수 없기 때문이다. 게다가 조정되지 않은 유아적 욕동들의 강렬함과 방어의 취약성이 나중에 정신적인 불균형, 그리고 신경증을 일으키는 억압된 것들의 갑작스런 돌파의 전례이다.

앞선 논의는 구조적 관점에 의해 제기된 정신분석 이론에서의 두드러진 변화들 모두를 과제로 삼았던 것은 아니다. 단지 묘사될 수 있었던 가장 두드러진 부분인 재검토된 것들에 대한 논의였다. 그러나 완벽함은 가능하지도, 복합적인 분야에 대한 개략적인 연구에서조차 바람직하지도 않다. 이 강연의 목적은 정신분석의 이론적 원칙들의 의미에 대한 보다 나은 이해와 정신분석이론의 지속적인 발달 및 확장에 대한 감각, 그리고 이론적 원칙과 (임상적인) 관찰과의 상호관계성에 대한 올바른 인식을 제공하기 위한 시도이다. 구조적 관점에 대한 고찰은 초기의 이론적 원칙들이 새로운 임상자료들의 영향아래 어떻게 수정되었는가를 보여준다. 그것은 정신분석이론의 시야확장, 특히 발생학적-역동적-경제적 용어로 가장 성숙하고 고도로 발달된 정신활동들을 설명하고 정의하는 능력의 증가, 그리고 이러한 새로운 통찰력을 기존의 원칙들과 통합하는 것을 명확하게 설명한다.

구조적 관점의 원칙들은 실제로 아이를 기르는 이론적 원칙들에 상당한 영향을 끼쳤다. 구조적 관점이 정신분석적 기술이론과 치료적 정신분석의 행동을 조정했다는 것을 강조될 필요는 없다. 정신분석 동안 환자의 정신 한 부분은 관찰하고 이해하는 반면, 다른 부분에서는 퇴행과 전이를 허용한다는 사실(Sterba가 나중에 적절하게 "자아의 치료적 분열"이라고 언급한 것)은, 아마도 오랫동안 이해될 것이다. 그러나 정신의 관찰하는 부분과 분석가와의 의미 있는 관계에 대한 보다 깊은 이해(즉, 신뢰할 수 있는 관계를 형성하고 유지하는 환자의 능력, 또는 아직 전이되지 않은 어린 시절 경험을 토대로 한 협력)는 단지 구조적 관점의 원칙들과 성찰을 통해서만 얻을 수 있다.

구조적 그림에 구체적으로 표현된 이론적 이해의 향상에 대한 인식으로 그것이 향후의 탐구와 개선을 기다리는 중요한 영역을 보유하고 있다는 것을 인정할 수 있다. 예를 들어, 이드의 정신적 내용물의 본질이 무엇인가? 원초적인 소원충동들은 기억과 환상에 붙어있는가? 만약 그렇다면 방어장벽 밑에, 더 큰 이드 내용물과 더 작은 초기물 사이에 차별적으로 겹쳐져 있는가? 자아의 무의식 부분 안의 초기 정신과정과 이드 안의 초기 정신과정 사이의 형식적인 차이점이 있는가? 정신의 가장 깊은 층에 있는 초기 동일시와 나중에 표면에 더 가까이에 침전된 동일시의 차이가 무엇인가? 이런 저런 주제들은 세부적인 탐구를 기다리고 있으며, 향후 임상적 연구의 결과로 구조적 그림은 적절한 때에 더 조정될 것이라는 것은 거의 의심의 여지가 없다.

정신분석의 발달은 사실상 구조적 모델의 도입 이후에도 계속되었다. 새로운 원칙들은 자아의 기능들과 함께 분석가들의 관심이 점차 증가되는 것을 보여준다. 하르트만과 같은 분석가들은 이제 자아기능들이 환경적 영향력에 어느 정도까지는 독립적인 미리 결정된 방식으로 성장한다는 것(일차적 자율성)을 강조한다. 그리고 자아 기능들이 궁극적으로 심리내적인 갈등들과의 연계로부터 스스로 자유로울 수 있어 다시 독립적이 된다(이차적 자율성).

정신분석과 같이 발달중인 과학의 가장 최근에 공식화된 이론들에 대한 규칙적인 연구를 제시하는 것은 가능하지도, 바람직하지도 않다. 현대이론들은 주로 정신분석가들이 구조적 관점 이론을 지식의 최종 용어로 여길 수 있다는 오해를 저지하기 위해 언급되어졌다. 사실, 정신분석학은 다른 어떤 과학처럼 탄탄히 세워진 이론들을 가볍게 버리지는 않는다. 이론적, 개념적 혼동을 막기 위해 어느 정도의 보존은 필요하다. 그러나 우리가 폭 넓은 견해를 취한다면, 정신분석 이론이 분석가의 관찰유형과 그의 자료 평가에 영향을 미치는 반면, 새로운 경험의 영향에 의한 변화에 개방적인 상태로 남아있다고 말할 수 있다.

주註

1. 의식의 내용과 마음의 내용과 속성 사이의 관계에 대한 프로이트의 개념은 정신의 내용들이 어둠 속의 풍경 속에 존재하는 대상이나 활동과 비교 될 수 있는 비유를 사용함으로써 더 분명해질 수 있다. 의식은 풍경을 비출 수 있는 탐조등을 사용하는 관찰자와 유사하게 생각할 수 있다. 탐조등(그리고 그 빛의 다양한 강도)의 초점을 맞추는 것은 뒤이은 조명이 정신적 내용을 의식하게 되는 과정과 유사한 "주의집중"이라고 불리는 것과 유사하다. 그것들에 주의를 집중함으로써 정신적 내용을 알게 되는 것은 실효적인 과정

이다. 이 유추는 또한 다음과 같은 관련 세부사항들의 통합을 허용한다. 즉, 풍경 속의 광범위한 활동들이 스스로 탐조등의 초점에 들어갈 수 있고, 따라서 관찰자와 이미 관찰자 속에 특별한 기대를 불러일으키는 관찰 아래 있고, 그래서 관찰자가 탐조등의 방향을 결정할 수 있는 과정들에 의해 발견 될 수 있다.
2. 의식, 전의식, 그리고 무의식의 용어들이 정신기능의 다양한 지형영역을 나타내는 명사로 사용될 때 전통적으로 대문자로 쓴다.
3. 정신적 감각기관인 의식의 작업(주의집중)을 통해 의식되는 전의식적 과정 전체는 때로 분리체계인 의식이라 불려진다.
4. 프로이트의 독창적이고 초심리학적인 전이에 대한 정의를 고수함으로써 정신분석이론에 생기는 이점들에 대한 보다 광범위한 토론은 코헛의 논문『성찰, 공감, 그리고 정신분석』(1959, pp.471-472)을 보아라.
5. 자아는 전의식과 동의어가 아니다. 마음의 영역(또는 자아에게 적용되는 일군의 기능들)은 전의식과 더불어, 의식에 접근 할 수없는 더 깊은 계층도 포함한다. 자아의 무의식적 층의 기능 가운데 으뜸가는 것은 무의식적 방어이다. 앞의 진술에서 이드는 무의식과 동의어가 아니다. 무의식은 이드와 자아의 무의식적 층으로 구성된다(이 구별은 앞으로 이 글의 뒷장 "마음의 구조적 모델"에서 더 논의된다).
6. 코헛의 논문『무의식적 환상』(1961)을 보아라.

제 3 장

코헛의 프로이트 이론 종합 방법

PHILIP F. D. RUBOVITZ-SEITZ

코헛의 프로이트 이론 종합 방법
Philip F. D. Rubovitz-Seitz

프로이트 이론은 광범위하고, 다방면에 걸쳐 있으며, 복합적이다. 인간, 사회, 행동과학의 다른 이론체계와 마찬가지로, 그것은 연역적으로 계층적이지 않고 느슨하게 "연결" 되어있다. 방법론 학자 Abraham Kaplan(1964)은 연계된 이론은 그 안에 하나의 구성요소들이 식별 가능한 윤곽이나 방식을 형성하는 관계망을 구성한다고 설명한다. 이런 종류의 이론들은 "경향"이라는 말에 의해 특징지어지는데, 그 말은 종결을 위한 공동신청에 달려있다. 전반적인 방식 안에서 그들의 입장이 증명될 수 있을 때, 그런 이론에 의해 설명된다. "우주론의 빅뱅이론, 진화론, 그리고 신경증에 대한 정신분석 이론은 모두 이런 형식으로 간주된다."(p.298)

그들의 느슨하게 체계화된 특징 때문에, 연계된 이론들은 조직화하고 설명하기가 어렵다. 예를 들어 David Rapaport(1960)는 정신분석적 이론을 체계화하려는 그의 단호한 노력에 좌절하고 실망했다. 많은 다른 학자들이 가지각색의 성공의 정도를 가지고 그 과제를 수행했다(예: Brill, 1913; Hitschmann, 1913; Hartmann, 1927; Nunberg, 1932; Menninger, 1937; Glover, 1939; Hendrick, 1939; Sterba, 1942; Fenichel, 1945; Jones, 1948; Kubie, 1950; Waelder, 1960; Brenner, 1961; Wyss, 1966, pp45-255; Fine, 1973).

이런 논문들은 정신분석의 초창기 교과서 중 일부를 제공한다. 그들은 프로이트 이론의 발달에 역사적인 접근방법을 종종 사용하여 다양한 방법으로 자료를 체계화했다. 어떤 사람들은 정신분석이론을 지나치게 단순화된 발표로 재분류했는데, 그것은 Nunberg(1932/1955)의 "정신분석의 원칙들"에 대한 그의 서문으로 판단해보면, 프로이트 기분을 상하게 했을 것 같다.

> 이 책에서 Nunberg는 우리가 이 시점에 가지고 있는 신경증 과정에 대한 정신분석이론에 대한 가장 완벽하고 정확한 설명을 하고 있다. 그것이 다루는 문제들을 단순화하고 그럴듯하게 얼버무리기를 추구하는 사람들은 이 책에서 실망할 것이다. 그러나 과학적인 사고를 선호하는 사람들, 경험하려는 노력을 포기하지 않은 이론적 원칙들을 올바르게 인식하는 사람들, 그리고 매우 다양한 정신적 사건들을 맛볼 수 있는 사람들, 그들은 이 작업을 높이 평가하고 열심히 연구할 것이다(1955. p. xi).

정신분석이론과 방법에 관한 그의 견해에 관하여 코헛과 나누었던 수없이 많은 대화를 토대로, 나는 그가 프로이트 이론을 체계화하려고 시도하지 않았다는 인상을 받았다. 그가 정신분석적 심리학에 대한 강좌에서 그가 제시한 프로이트 이론에 대한 설명은 정신분석 이론을 이해하려는 그 자신의 노력에서 생겨난 것으로 보이고, 또 학생들이 그것을 일관되게 조직된 방식으로 이해하도록 돕는 것으로 보인다.

코헛은 가끔 그가 "조직하는 지성"이라고 부르는 지성의 한 유형을 언급했는데, 그가 말하는 것은 조직된 마음이 아니라, 그가 우연히 만나는 정보들을 지속적으로 조직하는 것을 뜻한다. 나는 코헛의 지성이 조직하는 유형이며, 그는 이론을 조직하기를 선호하고, 또 타고난 재능을 가지고 프로이트 이론의 복잡성에 접근했다고 믿는다. 예를 들어, 그가 저술한 한 저서에서 그는 다양한 현상을 종합할 수 있는 능력에 대한 평생의 찬사를 언급했다.

나의 지적 발달은 한 역사학자인 고등학교 선생님에 의해 강하게 영향을 받았는데(나는 여전히 내 앞에서 그를 볼 수 있다), 그의 사고유형은 내 안에 있는 어떤 심금을 울렸다. 그의 말을 듣고 마법에 걸린 그날부터 떨림이 멈추지 않았다. 그가 공원을 설계한 방식에 관하여 말함으로써 프랑스 후기 부르봉 왕가의 절대주의 정권을 어떻게 설명했는지 나는 생생하게 기억한다. 나는 역사 속에서 시대와 문화의 표면상 다양한 현상들의 본질적인 단일성을 논증하는 그의 능력에 감동받았다. 그는 책을 쓰지 않았고, 사람들을 등급별로 구별하지 않았다. 그는 무서운 선생님이 아니었으며, 그는 내가 만난 선생님들 가운데 가장 낮은 계급조직에 있는 사람이었다. 그러나 그는 나에게 잊혀 지지 않는 인상으로 남아있다.

이 책을 준비하면서 나는 코헛이 광범위하고 다방면에 걸친 주제들을 지나치게 단순화하지 않고 정신분석 이론의 복잡성을 어떻게 다루었는지 점점 더 관심을 갖게 되었다. 나는 그의 "정신분석 심리학 강의" 요약과 우리가 공동집필한 프로이트 이론에 관한 책을 세밀히 검토하였다. 나는 프로이트의 개념들 속에서 코헛이 강의와 논문 모두에서 강조했던 형태라고 여겨지는 것을 발견하고 놀랐다. 그는 프로이트의 저술에서 널리 알려진 어떤 특정유형의 개념, 즉 특정한 방식으로 서로 다르거나 혹은 상반된 개념적 실체들을 결합시킨 제설 통합적(또는 혼합주의적) 개념들에 자주 초점을 맞추는 것 같았다.

예를 들면, 프로이트는 "연속체 개념"이라 불리는 것을 자주 사용했는데, 그것은 예를 들어, 정상과 병리적인 심리기능 사이의 연속체처럼 분명 혼합주의적이다. 프로이트는 꿈과 농담처럼 일상생활의 정신병리 같은 정상적인 현상들이 정신신경증 증상과 동일한 기저에 있는 구조 역동적인 기제와 같다고 주장한다. 코헛은 정신분석에 관한 그의 첫 강의에서 그 프로이트의 개념을 선택적으로 강조했다. 과정의 내용들을 간추려 말하는 동안 정신건강과 질병 사이의 연속체를 보여주면서, 그는 그런 질서 있는 행동이 한편으로는 강박신경증의 증상일 수 있지만, 다른 한편으로는 일차적 또는 이차적인 자율성일 수 있어서 갈등이나 신경증에서 벗어날 수 있다고 설명하면서, 하르트만(1939)의 일차적, 이차적 자율성의 개념들을 언급하였다.

코헛은 그의 두 번째 강의에서 프로이트(1901)가 「일상생활의 정신병리학」에서 그렇게도 열심히 작업했던 이유는 정상 및 병리적인 행동 둘 다를 포괄하는 이론을 발전시키고자 했기 때문이라고 지적하면서, 다시 이 주제로 돌아왔다. 이 강좌의 첫 번째와 두 번째 강의 모두에서 프로이트의 이 연속체 개념에 대한 강조는 코헛의 호감과 프로이트의 논문 속에 있는 제설 통합적 개념들에 대한 설명적인 강조를 예시해 준다.

코헛의 강의와 논문을 다시 공부했을 때, 나는 프로이트 이론을 조직하고 상세히 설명하기 위해 그것들을 사용하면서 프로이트의 논문들 안에 있는 그런 개념들에 초점을 맞춘 예시들의 다양성과 빈도에 놀랐다. 나는 그가 의식적으로 그런 개념들을 강조하고 동일시하기 시작했으리라고 믿지 않지만, 코헛 자신이 그렇게 하는 것을 알았느냐 몰랐느냐는 논쟁의 여지가 있는 문제다. 예를 들어, 프로이트의 개념적 유형과 추론방법에 관한 많은 토론에서 코헛은 프로이트 논문들 안의 융화하는 개념들의 중요성과 빈도에 대하여 언급한 적이 없다. 그런 개념들에 대한 인식과 확장된 사용은 아마도 이해와 종합의 창조적이며 전의식적인 행동일 가능성이 높다.

코헛이 혼합주의적 개념에 대하여 강조하는 것이 그의 프로이트 이론에 대한 혼합주의가 성공했기 때문에 학생들이 잘 받아들이고 가치 있는 평가를 받는 유일한 이유라는 뜻은 아니다. 그러나 그런 유형의 개념들은 독특한 종합과 설명력을 소유하고 있기 때문에 중요한 요소가 아닌가 생각된다. 이어지는 다음의 검토는 코헛이 프로이트의 논문들에 있는 융화하는 개념들을 어떻게 자주 그리고 광범위하게 강조하였는지를 보여준다.

1. 부가적인 "연속체 개념"

6강에서 코헛은 "만약 우리가 무의식에서부터 전의식까지 연속체를 생각한다면, 우리는 일차과정에서부터 이차과정까지, 그리고 쾌락원칙에서부터 현실원칙까지의 점진적인 변화를 이해할지도 모른다."라고 말한다. 이 예에서 코헛은 일차과정과 이차과정과의 관계, 그리고 쾌락원칙과 현실원칙과의 관계, 이 두 개의 부가적인 이론적 실체를 포함하기 위해 확장했던 무의식과 전의식 사이에 있는 단일 연속체로 시작한다. 이 움직임은 여러 다른 이론들이 서로 대립하거나 분리되어 있기 보다는 함께 융화하는 효과를 가져왔다. 단일화된 개념적 실체의 설명력은 개별적인 개념들의 설명력을 크게 넘어섰다.

13강에서 코헛은 질문을 제기한다. "프로이트는 왜 전체 저서들 중(『꿈의 해석』 7장) 최대 100페이지에 걸쳐 겉보기에는 그렇게 중요하지 않은 꿈의 망각이라는 주제를 소개했을까? 그 대답은 이런 식으로 문제에 접근함으로써 그의 중요한 발견들이 괴상하게 보이지 않고 우리들의 일상적인 정신적 기능에 본래 장착된 것처럼 보인다. 그것은 수면 중에 꿈꾸는 '이상한' 행동에 작용하는 동일한 힘이 익숙하게 깨어있을 때도 역시 작용한다는 것이다." 여기서 코헛은 다시 프로이트의 의식적 정신활동과 무의식적 정신활동사이 연속체의 융화하는 개념에 초점을 맞추고 강조했다.

2. 프로이트의 관심과 연구 순서

첫 번째 강의에서 코헛은 "프로이트의 히스테리로 시작해서 강박신경증으로, 다음에는 우울증, 그리고 마지막으로는 편집증과 분열증으로 임상적 이해와 연구에서의 논리적인 순서"에 주목했다. 그는 표면에서 심층으로, 가벼운 정신병리 형태에서 심한 형태로 연구한 것으로 보인다. 연구자로서 프로이트의 선견지명에 대한 찬사와는 별도로, 이 개념은 정신병의 다양한 종류와 심한 정도가 퇴행적 깊이와 임상적 혹독함의 측면에서 연속체를 구성한다고 시사한다. 그 이상의 연결은 프로이트가 정신병의 덜 심한 형태로 출발하여 표면으로부터 깊은 곳으로 해석해 가는 기술적인 원칙과의 관계가 포함된다.

3. 프로이트의 정리원칙들

"정신적인 사건들의 풍부한 다양성"을 "단순화하고 얼버무리는" 것에 대한 프로이트의 태도는 Nunberg의 논문(1932/1955)의 서문과 관련하여 이미 앞에서 언급되었다. 코헛은 프로이트의 귀납적이고 개별주의적인 접근을 강하게 동일시했다. 그는 정신분석적 자료와 개념들의 필연적인 복잡성을 강조하였고, 또한 지나친 일반화와 지나친 단순화에 대해 경고했다.

예를 들어, 그의 두 번째 강의 끝날 때쯤에 코헛은 정신분석가가 맞닥뜨리는 "엄청난 양의 심리적 자료들"에 대하여 언급했고, 광범위한 임상자료를 분류하고 대처하기 위해 프로이트가 간단하게 정리된 "정리원칙"을 발전시켰다고 설명하였다. 정리원칙은 "심층심리학"의 개념, 즉 정신기능의 수준정도와 지형적, 역동적, 심리경제적, 발생학적 관점을 담고 있다.

이런 정리원칙을 융화하는 능력은 다르지만 그러나 관련된 부분의 임상적 현상들을 다루는 사건에 달려있다. 완벽한 일련의 관점들을 사용함으로써 보다 더 완전하고 전체론적이며, 일관된 이해의 결과를 낳았다. 코헛은 소위 초심리학적 관점들을 단순히 추상적인 이론으로 보지 않고 그것들을 "임상적 관찰의 유리한 관점"으로 간주하고 그렇게 언급했다(Kohut and Seitz, 1963, p.130). 후자는 크게 융화하는 개념이고, 임상자료들을 직접적인 관계 속으로 가져오는 정리원칙들이다.

Holt(1983)는 자신이 프로이트의 사례역사를 연구하면 할수록 "초심리학은 단지 임상이론과 서로 얽혀 있을 뿐만 아니라, 실제적으로 환자들에 대한 프로이트의 관찰로 향해진다는 것을 더 많이 깨달았다."고 말했다(p.696). Edelson(1975) 역시 초심리학적 관점을 "분석가가 찾아야 하는 것"으로 간주했다(p.51). 그래서 우리는 상대적으로 초점에 맞지 않는 관심을 가지고 환자의 말을 듣는다. 우리는 초심리학적 관점들 모두를 포함한 임상자료 안에 있는 경향, 즉 갈등의 저의, 방어의 징후, 상호작용하는 동기의 상대적 강점, 반복되는 행동패턴, 어린 시절의 기억들, 그리고 현재 일어나는 과거경험의 반복을 주의 깊게 경청한다.

뿐만 아니라, 모든 분석의 시작부터 치료자는 환자로 하여금 특정 연상들에 선택적으로 주의를 기울이도록 촉구한다. 예를 들어 환자에 대한 기본적인 지침에 관한 프로이트의 설명(1913a)을 비교해 보라.

당신이 무엇을 말할 때, 제쳐놓고 싶은 다양한 생각들이 당신에게 떠오를 것이다. 당신은 이것이나 저것은 여기와 상관이 없다거나, 별로 중요하지 않다거나, 무의미하다거나, 말할 필요가 없다고 스스로에게 말하고 싶어질 것이다. 당신은 그런 비판주의에 빠지지 말고, 그럼에도 불구하고 말을 해야만 한다. 당신이 그렇게 하는 것에 혐오를 느끼기 때문에, 정말로 분명하게 말해야 한다(p.134-135).

그래서 프로이트는 환자로 하여금 자신이 갈등을 느끼거나, 고백하기를 저항하는 것을 느끼는 연상들에 특히 주의를 집중시키도록 요구했다. 융화개념은 병인病因에 대한 초심리학적(구조 역동적) 개념과 자유연상의 치료적 방법을 함께 묶는다. 코헛이 프로이트의 혼합주의적인 정리원칙들(Kohut, 1971, p.177; 1972-1976, pp.65, 183, 207; 1977b, p.6; 1981a, p.532)을 확장하여 사용한 것은 Ornstein(1978c, p.4)의 관찰을 설명하는데 도움이 된다. 코헛의 강의는 경험적인 것으로부터 이론적인 것으로, 그리고 이론적인 것으로부터 경험적인 것으로 자연스럽고 쉽게 이동했다.

4. 심리경제적 관점

코헛은 프로이트의 사례를 따라 수많은 방식으로, 예를 들면 일차과정과 이차과정 사이, 외상적인 경험들과 "적절한 좌절" 경험 사이에 (구별과 마찬가지로) 연속체들을 설치함으로써, 비非억압적인 욕동억제의 근거로 작용하는 중화된 자아구조의 형성에 미치는 적절한 좌절의 역할을 강조함으로써, 프로이트가 신경증과 정신증 모두의 증상형성의 핵심으로 제시한 "실제신경증"과 "심리경제적인 불균형" 개념을 되살림으로써, 그리고 애도와 놀이 및 훈습과 같은 개념들을 설명함으로써, 경제적 관점을 혼합주의적으로 사용했다.

제5강~제7강에서 코헛은, 일차과정과 이차과정의 차이점은 대부분 경제적 또는 양적인 것이라고 강조했다. 그는 적절하게 좌절하는 경험과 대조적으로 외상적인 경험 사이의 연속체(와 구분)를 탁월한 심리경제적인 주제로 언급했다. 외상적인 경험들이란 점진적인 중화와 전의식적인 이차과정의 기능으로 통합을 거치기보다는 그들이 오로지 억압으로만 처리할 수 있는 그런 강렬함이다. 반면, 적절한 좌절경험은 그들이 점진적으로 일차과정에서 이차과정으로, 쾌락원칙에서 현실원칙으로 변형될 수 있을 만큼 절제하기에 충분히 낮은 강렬함이다. 후자의 변화는 중화된(그리고 기능적으로 중화하는) 자아구조의 형성뿐만 아니라, 학습으로 이어진다.

제9강에서 코헛은 "실제신경증"의 심리경제적인 관점을 강조했는데, 그것은 댐 막기와 이에 따른 욕동압력의 증가를 수반한다. 예를 들어, 퇴행은 "실제신경증" 발생을 위협하는 방출되지 못한 유아적 본능의 재활성화를 초래하는 정신신경증과 정신증의 증상형성 모두에 관련되어 있다. 프로이트는 "심리경제적 불균형"의 심리내적 상태를 정신신경증과 정신증 병리의 "실제신경증의 핵"

으로 간주했다. 앞에서 언급한 개념들 모두와 다른 개념들은 융화하는 심리경제적 관점에 의해 비환원적으로 묶여있다.

    Gediman(1989, pp.295-296, 298-300)은 코헛이 프로이트의 외상적이며 실제적인 신경증에 대한 심리경제적 개념을 모든 정신병리의 외상적인 핵으로 부활시켰다고 말한다. 그리고 심리경제학에 대한 최근 연구 가운데, Meissner(1995a,b,c)는 "정신분석은 경제원칙 없이 이루어질 수 없다."고 결론 내렸다.

5. "연결" 개념 사용

코헛 역시 프로이트가 자주 사용하는 "연결"의 개념을 채택했다. 그 예가 제5강에서 나타나는데, 거기서 코헛은 프로이트의 백일몽 개념을 일차과정-쾌락원칙 활동과 이차과정-현실원칙 사고 사이에서 교량역할을 하는 정신기능의 영역으로 인용했다. 코헛은 백일몽에서의 소원과 그것의 성취는 하나이며, 같은 것이라고 설명했다. 즉, "일차과정에서 쾌락환각은 실제로 완전하게 포기된 것이 아니라, 단지 어느 정도 이차과정 사고에 관한 전능성 환상으로 전이된 것이다."

    연결개념의 또 다른 예는 의식과 무의식과의 관계에 관한 제3강에서 나온다.

> 프로이트의 가장 위대한 천재적인 솜씨 중 하나는, 대부분 사람들이 신경학상의 활동이거나 의식적인 정신활동이라 생각하는 경향이 있는 반면, 프로이트는 정신적 삶이 외부세계가 존재하

는 것과 같은 의미로 존재하는 소원들과 환상과 꿈 등으로 구성
되어있다고 생각했다는 것이다.

코헛은 프로이트가 의식을 내부 감각기관으로 이해함으로써 의
식과 무의식사이의 다리가 놓였다고 지적한다. 그래서 심리적인
것들에 대한 의식은 심리적인 것들을 향한 주의의 연출이 되는데,
그것은 주의집중을 하든지, 그리고 의식에 지각되든지 안 되든지
계속된다.

제27강, 제28강에서 논의되었던 "부모의 통로"라는 개념은 연
결개념의 또 다른 예이다. 이상적으로 중화된 부모에 대한 아이 욕
동의 투사, 그리고 그 후에 그들의 조정된 형태로의 재내사는 아이
의 심리내부의 발달과정, 부모행동의 변화 및 아이와 부모사이의
대인적 관계를 혼합주의적으로 묶는다.

"연결" 개념의 또 다른 예는 제27강에 나타난다. 내사과정에
서 무엇이 내면화되는가? 대상인가? 경험인가? 라는 학생의 질문
에 코헛은 "경험되는 대로의 대상"이라고 간결하고 혼합주의적으
로 대답한다.

6. 유사와 대조에 근거한 융화 개념

코헛은 프로이트가 무의식의 특징들을 어떻게 추론했는지를 기술
함으로써 의식적 정신기능과 무의식적 정신기능의 관계를 설명했
다. 그는 무의식적 과정의 본질에 관한 프로이트의 개념들은 대부
분 전의식과 무의식적 정신활동의 유사점과 차이점에 대한 연구

에서 비롯되었다고 말한다(Kohut and Seitz, 1963, p.191). 즉,

무의식이 의식적으로 경험되는 정신적 내용물들과 어떻게 다르고 유사한지를 지적함으로써, 일차과정의 어떤 특징들(예를 들어 그 형태, 강렬함 및 속도)은 그것들이 이차과정의 특징들과 어떻게 다른지를 지적함으로써 개념화되고 정리된다. 반면에 무의식적 충동의 특징적 소원성취 본질은 주로 소원성취의 백일몽처럼 의식적으로 관찰 가능한 현상과의 유사성을 이해하는 결과로 설명된다.

유사에 근거한 융화하는 개념의 또 다른 예는 제21강에 나타난다. 코헛은 잠자는 동안의 감각적인 지각들과 낮의 잔재물들 사이의 두 가지 유사점에 대한 프로이트의 언급(『꿈의 해석』 제7장)을 인용하는데, 둘 다 전의식에 위치해 있으며, 꿈 형성에 기여한다.
제14강과 제19강에서 코헛은 꿈과 분석상황 사이의 중요한 유사점, 즉 적응하기 위한 자아의 퇴행에 주의를 환기시켰다.

프로이트가 수면모델을 개발하기 위해 그렇게 열심히 연구한 이유 중 하나는 그것이 정신분석적 치료를 위한 모델을 제공하기 때문이었다. 즉, 분석가는 보호하면서 협력적이고 깨어있는 기능을 맡고, 반면 환자는 마치 자는 것처럼 누워 통제된 자아가 퇴행을 겪는다. 정신분석에서 수면과 치료상황 사이의 유사점은 Lewin(1954)에 의해 한층 더 연구되었다.

대조에 근거한 융화개념의 예는 제25강에 나타난다. 거기서 코헛은 프로이트의 구조적 이론의 발달이 마음모델의 변화를 가져온

다고 지적했다. 모델의 전이영역과 대조적으로, 프로이트는 이제 외상적인 좌절보다는 적절한 경험으로부터 비롯되는 중화된 구조로 이루어지는 비非 전이영역을 대치했다.

혼합주의적 개념들의 몇몇 사례들은 유사와 대조 모두에 근거하고 있다. 예를 들어, 제27강에서 코헛은 성본능과 공격성의 차이뿐 만아니라, 그들의 유사점, 즉 그들의 절박함, 강렬함, 대상을 향함, 갈등의 발생 및 방어됨에 관한 것들을 서술했다.

유사와 대조 모두를 포함하고 있는 또 다른 예는 제9강과 제12강에서 논의되는데, 거기에서 코헛은 정신신경증과 정신증의 증상형성에 관한 프로이트의 개념을 비교했다. 정신증에서 더 깊고 대상없는 상태까지의 퇴행을 제외하고는, 신경증과 정신증의 증상형성 과정들은 유사하다. 퇴행 이외에도 이 둘의 또 다른 차이점은 "오이디푸스 공포증"(꼬마 한스의 경우처럼)이 전이신경증의 핵인 반면, "전前 오이디푸스 공포증"은 자기애적 퇴행의 핵을 구성한다는 점이다. 유사와 대조에 근거한 이런 종류의 비교는 복잡한 치료적 현상과 복잡하게 상호 연관된 이론적 주제들을 한데 묶는다는 점에서 명백하게 융화하는 효과가 있다.

7. 심리학적으로 동등한 과정이라 가정하는 혼합주의적 개념들

제4강에서(Kohut and Seiz, 1963, pp.191-192) 코헛은 무의식적 마음 과정들, 유아시절 성적 경험들, 그리고 성인의 성적 경험의 특정한 측면이 "중요한 등가성"에 의해 관련되어 있다는 프로이트의 융화 가설 뒤에 있는 이유를 설명했다.

> 우리는 유아성욕이 성인들 감각으로의 성욕과 똑같지 않다는 것을 명심해야한다. 성인들의 정신적 삶(성인의 경험)이 유아성욕의 강렬함에 가장 가까운 것은 아마도 최고조의 오르가즘 같은 것일 것이다. 그것은 분명히 다른 종류의 의식인 일차과정의 의식과 관련된다. 성인들로서 우리에게 유일하게 남아있는 예가 오르가즘일 것이다.

코헛은 프로이트는 자신이 a potiori라는 단어를 선택했기 때문에 이런 유아적인 경험들에 대한 성욕이라는 단어를 바꾸려하지 않았다고 지적했다. 즉, 그는 비슷한 종류의 다양한 경험들 중에서 가장 잘 알려진 단어를 선택했다. 예를 들어, 아기가 젖을 빨 때, 그 쾌의 강렬함은 성적 경험의 강도와 거의 비슷하다. 프로이트는 모든 행동이 원래 매우 "성적"이라고 제안했다. 이런 식으로 걷기, 바라보기, 말하기 등, 모든 것들이 "성적으로" 경험된 많은 움직임으로 시작했다.

8. 융화하는 "포괄적 개념들"

제3강과 제4강에서(Kohut and Seitz, 1963. pp.119-120) 코헛은 종종 간과되는 프로이트의 생각에 대해 아주 중요한 측면, 즉 인간은 본래부터 심리내적으로 갈등을 겪기 쉽다는 프로이트의 개념을 설명하고 강조했다.

프로이트는 마음을 서로 대항하고 균형을 이루는 힘을 가진 내부조직의 경향을 타고난 역동적 체계로 생각했다. 비록 외부의 좌절(내부 욕동의)조차도 심리기관 자체 안에 있는 대응물, 즉 욕동에 맞설 내적 준비를 갖는 것으로 보일 수 있다.

이 내적갈등을 향한 타고난 경향의 융화하는 "포괄적 개념"이 적용되어 정상적인 사람들과 정신병리 및 임상작업에서의 갈등확산에 대한 설명을 돕는다.

융화하는 포괄적인 개념의 또 다른 예는 제4강에 나타난다(Kohut and Seitz, 1963. pp.183-184). 코헛은 "이차과정에 끼치는 일차과정의 영향(무의식적 정신내용물들과 힘들의 전의식적 사고, 감정, 또는 소원들 속으로의 침투)이 원래 '전이'라는 용어로 불려진다." 그리고 "단어의 원래 의미에서 전이는 본질적으로 대인 관계적인 과정이 아니라, 심리내적인 과정을 말한다는 것에 유념하는 것은 중요하다"는 프로이트의 개념(1900)을 강조했다(Kohut and Seitz, 1963. p.183).

프로이트는 자기가 꿈, 실수, 그리고 정신신경증 증상이 심리내적인 전이의 결과라는 것을 알고 나서야 분석가에 대한 전이, 또는 소위 기술적 전이를 발견했다. 따라서 분석가에 대한 기술적 전이는 전이에 대한 프로이트의 "포괄적 개념"의 또 다른 예이다. 이것은 코헛이 초기(자기심리학 이전) 이론화 과정에서 제시한 프로이트 이론의 가장 근원적이고 융화적이며 유용한 정교함 중 하나이다.

9. 전체론적 개념과 혼합주의

제31강에서 코헛은 정신건강에 대한 아주 혼합주의적이고 전체론적인 정의를 제시했다. 그는 정신건강을 정상적인 또는 건강한 인격을 부드럽게 기능하고 문제를 해결하는 기계로 특징짓는, 자율적 자아기능이라는 관점에서 극단적으로 단순하게 정의하고 싶은 유혹을 언급했다.

> 특별한 기능들은 그런 식으로 평가될 수 있는 반면, 전체적인 인격은 그렇지 않다. 정신건강, 정상상태, 일, 특히 인간 환경과의 성공적인 관계는 인지기능뿐만 아니라, 마음의 모든 영역과 부분들에의 접근을 요구한다. 우리가 이드의 힘에 접근할 필요가 있을 때가 있다. 생존과 성공은 냉정한 인지기능의 세밀한 점보다는, 열정적으로 반응하는 우리의 능력에 달려있다. 심지어 불합리한 동기부여에 대한 반응이나 호소를 요구하는 상황 속에서, 전이침입을 대인관계의 도구나 자아가 적응할 수 있는 행동을 위한 격려로 사용해야만 할 때가 있다.

코헛의 이러한 주장은 마음의 융화하는 전체론적 개념에 기초하고 있다.

10. 요 약

코헛의 정신분석학 강의에 대한 면밀한 연구와 정신분석적 개념들에 관한 우리의 글은 프로이트 이론을 설명하는 코헛의 방법이 프로이트가 자신의 논문에서 광범위하게 사용했던 융화하는 개념들을 자주 끌어왔음을 시사한다. 그런 개념들의 사용은 인간, 사회, 행동과학에 관한 다른 이론들과 마찬가지로, 본질적으로 아주 복잡하고 계층적으로 조직된 것이 아니라, 느슨하게 연결된 프로이트 이론의 통합성과 일관성을 높였다.

코헛은 다양한 형태의 연속체를 기반으로 한 개념을 비롯하여 서열과 유추, 심리경제적인 개념들을 포함한 프로이트의 초심리학적 정리원칙이나 관점, 연결개념, 유사와 대조로부터 추출된 개념들, 심리적 등가성을 가정하는 개념들, "포괄적" 개념들, 전체적인 개념들, 그 외 기타 등등에 근거한 개념들을 포함하여 프로이트의 논문들로부터 끌어온 혼합주의적 개념들의 폭넓은 다양성을 사용했다.

프로이트 이론에 대한 코헛의 설명은 지나치게 일반화되거나 지나치게 단순화되지 않고, 개별적이고 전체론적인 접근을 일관적으로 결합시켰다. 이것은 혼합주의의 주목할 만한 또 다른 예이다(Kohut, 1978a). 그런 개념들의 사용은 프로이트 이론을 매우 효과적으로, 감소시키지 않게 종합하는데 기여했다. 그 중 많은 것들이 오늘날의 정신분석 이론과 임상, 그리고 연구에 여전히 관련되어 있다.

제 4 장

자기애와 자기심리학에 대한 코헛의 개념
: 프로이트 이론의 연속성

PHILIP F. D. RUBOVITZ-SEITZ

자기애와 자기 심리학에 대한 코헛의 개념
: 프로이트 이론의 연속성
Philip F. D. Rubovitz-Seitz

코헛은 1966년부터 1981년까지 그의 생애 중 마지막 15년 동안 정신분석 이론과 치료법 변화의 몇 가지 주요한 추가사항과 개정을 제안했는데, 그것은 바로 자기애의 주제와 자기심리학에 대한 변화였다. 몇몇 저자들은(예를 들어, Ornstein, 1978c, p.105) 코헛의 개념을 정신분석학을 위한 "새로운 패러다임"이라 언급했으나, 코헛은 패러다임이라는 용어를 썩 좋아하지 않고, 자기심리학이 "전통적인 정신분석학이론과 계속되는 연속체"를 대표한다는 입장을 취했다(1978b, p.937; Kohut 1980b, pp. 501, 505, 514-515, 520; Ferguson, 1981). 그는 1971년 논문에서 이렇게 기술하였다.

> 이 책은 1959년, 1963년(Seitz와 함께), 1966년, 1968년에 출판된 연속되는 연구의 연속이며 확장이다. 이것으로부터 이끌어

낸 결론과 사례자료, 그리고 이 논문들 속에 들어있는 개념적인 해석들은 이어지는 페이지에서 자유롭게 사용되었다. 이 논문은 이보다 앞선 논문들 속에서 시작되었던 자기애의 리비도적 관점들에 대한 연구를 풍성하게 하고 완성했다(pp.xv-xvi).

이 언급은 코헛이 탐구하고 있었던 새로운 방향이 단순히 자기가 초기에 종합했던 프로이트 이론에 부수적인 것이 아니라, 본질적인 연속성을 의미하는 것처럼 보인다. 또 이와 관련하여 그는 자신의 연구방법과 개념들을 정신분석학에 대한 Edward Glover(1939, 1947)의 공헌의 연속이라고 인용했다(Kohut, 1980a, pp.487-488).

그의 마지막 시기의 논문들에서(1977b, 1984) 코헛의 표현은 전통적인 정신분석학과 상당히 다른 것처럼 들리기 시작했다. 여기 제4부는 프로이트의 전통을 버리지 않고, 자기애와 자기심리학에 대한 그의 개념을 프로이트 이론의 연속과 추가로 간주하는 그의 후기 논문들로부터 상세한 자료를 제시한다. 예를 들어, 코헛(1984)은 자신이 이전에 여러 번 언급했듯이, 자기심리학을 "전통적인 이론에서의 일탈이 아니라, 분석적 이해의 확장"이라고 여길 뿐만 아니라, "자기심리학은 분석기술의 본질적 변화를 주장하지 않는다."라고 밝혔다(p.208).

코헛(1984, p.221)은 자신의 정신분석학적 배경과 경험들이 대부분 고전적이어서 전통적인 정신분석에 대한 철저한 지식이 없으면 그의 논문들을 충분히 이해할 수 없다는 것을 독자들에게 상기시켰다. 또한 그는 고전적인 분석, 특히 자아심리학에 대한 지속적인 존중을 피력했고, 나아가서 전통적인 접근에 대한 오랫동안에 걸친 열심을 멈추지 않겠다고 덧붙여 말했다. 유사하게 그의 마지막 연설에서 코헛(1981a)은 더 자기심리학처럼 들리게 하기 위해 프로이트의 견해를 재해석하려는 몇몇 정신분석학자들의 시도에 반대했다. 코헛은 프로이트야 말로 천재이며, 천재를 대하는데 그 외에 다른 우회로는 없다고 강력하게 주장했다. "우리에게 남겨준 것에 대하여 그는 존경받아야 한다."(p.529) 이와 관련하여 Golden(1998)이 "코헛의 논문을 항상 조명해주는 고전적인 이론의 공정하고도 균형 잡힌 제시와 심지어 그의 견해 이후조차도 그 안에 포함될 수 없는 그 이론에 대한 영속적인 관점"(p.205)을 언급한 코헛에 관한 Siegel의 책(1996)을 읽어라.

전통적인 정신분석학과 자기심리학이 차이가 없음을 말하려는 것이 아니다. 이번 장에서 기본적인 방법과 개념의 눈높이로 자기심리학과 전통적인 정신분석학의 연속성이 둘 사이의 차이점만큼 중요하다는 것을 제시하려한다. 예를 들어, 원래 코헛 추종자 중 한 사람인 Michael Basch(1984a)는 코헛의 연구가 근본적으로 프로이트 이론으로, 정신분석학을 정의하는 방법론적인 기반위에 근거한 연속체의 일부라고 지적했다. 계속해서 Basch(1984a)는 다음과 같이 덧붙였다.

코헛은 정신분석학의 주체를 떠나려 시도하거나 떠나고 싶은 적이 없었다. 그것은 그가 자신의 연구가 어디에 속해있는지 잘 알고 있었기 때문이다. 과거의 모체로부터 분리하라는 분명한 압박이 과거에 비해 꽤 많음에도, 그런 유대를 유지하기 위하여 그가 겪어야만 하는 그의 완고함과 의지에 감사하라(p.15).

또한 Basch(1989)는 후속보고서에서 "프로이트의 작품과 코헛의 작품을 근본적으로 다른 입장을 대표하는 것처럼 비교하는 것은 실수다." 왜냐하면 코헛은 "항상 자신이 프로이트의 정신분석학에 기여한 사람이라고 생각했기 때문이다."(p.20)라고 주장했다. 코헛(1980b)은 "자기심리학이 전통적인 분석에 무언가 추가했지, 그것을 대체하지 않았다."고 스스로 강조했다(p.505).

이 장은 코헛의 초기 프로이트 이론의 초기형식을 특징짓는 것처럼 보이는 동일한 혼합주의적인 경향이 전통적인 정신분석과 자기애에 대한 그의 후기 개념, 그리고 그의 자기심리학의 발달 사이에 구축한 연속성에도 역시 작용한 것으로 보인다. 시카고협회 강좌(1972-1976)에서 일어난 한 사건은 코헛이 그의 통합하는 능력을 얼마나 광범위하게 사용했고 즐겼는지를 보여준다. 그는 항상 이전에 토의했던 주제들에 대한 질문이 있는지, 또는 누군가 제기하고 싶은 다른 주제가 있는지 질문함으로써 그의 강의를 시작했다. 특별한 경우에는 여러 학생들이 그에게 질문했는데, 어떤 사람은 이론에서 기법으로 중점을 옮겨달라고 요청하기도 하고, 또 다른 사람은 종결에 관해 더 많이 듣기를 원했으며, 세 번째 사람은 시험적인 내면화과정에 대하여 질문하였다. 코헛은 대답하였다.

좋습니다. 여러분이 알다시피, 나는 몇몇 제안들을 모으고 싶습니다. 왜냐하면 그것들을 한데 묶어 그 안에 일반적인 경향이 있는지의 여부를 보기 위해서입니다. 여러분이 오늘 질문했던 것들에서 내가 발견할 수 있었던 유일한 공통분모는 기법technique, 종결termination, 그리고 시험적인 내면화trial internalization라는 모두 "t"자로 시작한다는 것입니다. 그러면 "t"에 관하여 이야기 해봅시다. 기술과 종료는 분명히 어느 정도 한 주제입니다. 그리고 나서 시험적인 내면화에 대한 문제가 있습니다. 나는 여러분들이 분석과정 속에서 이것들이 어떻게 작동하는지에 특별한 관심이 있다고 추측합니다(p.366).

코헛이 자신의 개념들과 전통적인 정신분석의 개념들 사이의 차이점들에 직면했을 때, 그는 어떤 식으로든 그것들을 묶거나, 통합하거나, 또는 종합하는 것을 선호했던 것으로 보인다. 그가 만약 서로 다른 개념들을 결합하는 어떤 방법도 찾지 못했다면, 최후의 수단으로 그는 옛 개념을 새로운 개념으로 대체하는 것을 고려했을 것이다. 그때조차 그는 이론변화의 문제보다 혼합주의적인 해결을 선호했던 것 같다. 그의 시카고협회 강좌(1972-1976, pp.389-390) 중 하나에 좋은 예가 있는데, 그는 자기에 대한 서로 다른 두 가지 심리학을 구축할 필요가 있다는 것을 인정했지만, 그의 가상적인 혼합주의적 경향은 저절로 드러난다. 즉, 그는 (그들 사이의 "상보성相補性"을 제의함으로써 두 자기심리학을 함께 묶었다(코헛의 논문 속 상보성에 대한 유익한 연구를 위하여 Sucharov[1992]를 보라).

코헛(1972-1976, pp.385-386)은 유사하게, 사람들이 다루고 있는 병리적 유형에 따라 갈등과 자기심리학 모두 효과적인 접근법이라는 것을 강조했다. 그는 우리가 두 접근법이 필요하다는 것을 반복해서 주장했다.

인간은 마치 서로서로의 갈등 속에서 힘을 가지고 있는 정신기관으로서, 여전히 자신의 운명을 펼치려고 노력하면서 어떤 행로 속에서 움직이는 독립적인 몸체가 되는 자기를 형성해 간다. 내가 보기에는, 이 둘 모두 우리가 알고 있는 심리적인 현상을 설명하는 상보성의 원칙이다. 하나가 다른 하나를 배제하지 않는다(pp.393-394).

또 다른 예로는 자기심리학에 대한 Ornstein(1978c)의 역사적인 검토에 대한 코헛(1977a, p.935)의 반응이다. 코헛은 정신분석 이론에서 자기를 크게 강조할 필요성을 인식하면서 그가 느꼈던 갈등을 기술했다. 그러나 그는 전통적인 정신분석적 개념들을 그의 자기에 대한 이론으로 대체하는 것보다, 이 둘을 결합하는 방법을 발견했다. 즉, "내가 발견한 해결책은 나의 세 가지 요구들과 조화를 이루었고, 과거와의 연속성을 보존했으며, 제한된 범위 내에서 전통적인 원리의 타당성을 인정했다. 그리고 모든 이론화의 관계성을 강조함으로써 미래 창조적 발달에 부당한 제한을 부과하지 않았다(Kohut, 1977a, p.937; 1972-1976, pp.74-75; 1977b, pp.xv, 223).

그 자신의 개념과 전통적인 정신분석의 개념들 사이에 코헛이 구축한 수많은 연속성을 논의하기 전에, 지금의 연구가 이 문제를 해결하는 관점에 대하여 언급되어야 한다. 이 연구는 코헛 개념들의 타당성이 아니라, 프로이트의 이론적 체계와 관련하여 그의 공헌을 역사적으로 그리고 인식론적으로 자리매김 하려는 시도이다. 이 연구 아래 깔려 있는 기본적인 전제는 -비록 "전통적인" 정신분석이라 할지라도- 정신분석학은 정적이거나 완전히 일관된 이론이 아니라, 처음부터 복잡하고 역동적이고 지속적으로 발달하는 일련의 생각이자, 가정이며, 관행이라는 것이다. 예를 들어, 프로이트는 그의 개념들과 이론을 끊임없이 수정했다.

행동과학 수정론자인 Abraham Kaplan(1964)은 정신분석학이 물리학의 위계적 이론과 다르다고 지적한다. 그는 정신분석학을 구성성분들이 "식별 가능한 구성이나 유형을 구성하는 관계 네트워크"(p.298)를 형성하는 우주론의 "빅뱅"이론과 진화론과 같이 느슨하게 "연결된"이론으로 분류했다. 따라서 현재의 연구는 코헛의 연구와 전통적인 정신분석학의 관계가 복잡하고 발전적인 맥락에서, 그리고 어떤 측면에서는 정신분석학이라는 학문을 구성하는 모순된 일련의 연결된 개념과 이론으로 이해되어야한다고 여겼다.

코헛의 개념들은 정신분석학의 역사 속에 점진적인 운동의 일부분인 것으로 보이는데, 처음에는 주로 욕동심리학의 신체내부 모델로 시작해서, 나중에 정신기관이 욕동과 외부세계 사이를 중재하고, 또 상당한 정도로 환경과의 상호작용에 의해 정신기관이 형성되는 자아심리학 모델로 진화하였다. 그리고 최근에는 정신기관이 주로 외부 환경의 내재화의 개념으로 개념화된 자기심리학을 포함하여 더욱 분명하게 상호작용적인 모델로 발달했다. 따라서 본 연구는 향후 코헛의 작품과 전통적인 정신분석학의 관계를 이해하는 것이 정신분석의 이 지속적이고 장기적인 역사적 추세의 맥락 안에 그의 개념들을 위치하게 하는 것을 필요하게 했다고 가정한다.

이번 연구를 뒷받침하는 또 다른 가정은 정신분석학의 코헛이 사용하는 정의가 아직은 그의 개념들과 이론들, 그리고 임상적 방법을 이해하는 또 하나의 핵심이라는 것이다. 코헛(1959)은 우리가 보는 것은 우리가 그것을 어떻게 보느냐에 따라 결정된다는 생각을 진지하게 받아들였는데, 이것은 그로 하여금 정신분석학이 분석상황에서 내성적 공감법의 체계적인 적용에 의해 조작적으로 정의된다는 결론으로 이끌었다. 그 정의의 추론은 자기성찰과 공감은 필연적으로 코헛으로 하여금 "경험하는 자신"의 개념을 발전시키고 강조하게 했던 방법론적 입장인 경험에 초점을 맞추어야만 오직 이해할 수 있다고 강조한다.

정신분석을 운영상으로 정의하는 것은 "고전적" 모델로부터 벗어나는 것이 아니라, 정신분석학을 분명하게 표현되지는 않았지만, 많은 분석가들에 의해 널리 보급된 정의인 과학으로 개념화하는 특별한 방법을 의미한다. 덧붙여 논리적으로 코헛의 운영상의 정의와 관련이 있고, 자기 심리학의 기초를 구성하고 있는 경험에 대한 강조는 많은 분석가들이 그들의 환자들을 이해하는 방법의 중심이다.

느슨하게 연결된 정신분석학 이론의 본질과, 그것들의 복잡하고 여전히 진화하는 역사에 관한 선행하는 가정들. 그리고 정신분석학적 지식이 어떻게 얻어지는지에 대한 코헛의 운영상의 정의는 코헛이 어떻게 정신분석학적 전통을 확장했는지, 그리고 동시에 자신의 개념들과 프로이트의 것들 사이에 많고 다양한 연속성을 어떻게 구축했는지를 이해하기 위해 이번 연구에 포함되었다.

이제 자기애와 자기심리학에 관한 코헛의 저서로 돌아가자. 이 주제에 대한 그의 공헌은 다음의 세 분명한 시기로 나눌 수 있다.

1. *초기* : 1966년부터 1971년까지의 저서들. "자기애의 형성과 변형(1966)"부터 "자기의 분석"(1971)까지. 이 시기 동안 코헛의 개념은 여전히 자아심리학과 욕동이론에 의해 상당한 영향을 받았다.
2. *전환기* : "자기의 분석"(1971)부터 특히, 그의 "시카고협회 강좌"(1972-1976)를 포함해서 자기의 회복(1977b)까지. 코헛은 이중 축 자기의 개념을 소개하고, "자기의 회복"(1977b)에서 그의 탁월한 자기supraordinate self개념을 분명하게 표현하기 시작했다.
3. *통합기* : 그의 저서 "자기의 회복"(1977b)부터 그의 마지막 저서인 "어떻게 분석할 것인가?"(1984)까지. 이 저서들은 그의 가장 최고조로 발전된 자기심리학의 개념들을 포함하고 있다.

이 주제들에 관한 코헛의 초기 저서(1966-1971)들에 대해서만 고려한다면, 프로이트의 전통들이 그의 임상적이고 이론적인 연구를 계속 이끌었다는 것에는 의문의 여지가 없다. 코헛과 프로이트의 관점에 대한 체계적 비교는, 과도기적이고 최종적인 코헛(1971-1977과 1977-1981)의 연구시기조차도, 프로이트의 개념과 이론에 대한 그의 초기 통합이 그의 후기연구와 개념화, 그리고 결론을 밝혀주었다는 점을 시사한다.

코헛의 개념들과 전통적인 정신분석학과의 연속성의 주요한 영역은 다음의 임상적, 이론적, 그리고 방법론적 범주로 논의될 것이다.

1. 정신분석학과 자기심리학의 정의
2. 전이와 저항의 개념 정의
3. 자기애
4. 기본 방법론적 개념들
5. 초심리학적 관점
    a. 심리역동적 : 욕동과 갈등; 적개심과 분노; 위험상황과 불안; 억압과 기타 방어들
    b. 심리경제적 : 욕동과 감정의 강도; 적절한 좌절 대 외상적 좌절과/또는 결핍
    c. 심리발생적 : 오이디푸스시기를 포함한 성숙단계와 발달단계; 선천적 요소들과 환경적 요소들 사이의 보완적인 연속개념
6. 임상방법
7. 임상적 해석과 재구성
8. 치료적 변화 과정
9. 치료의 유익들

　코헛의 후기 저서들(1966-1984)의 세 시기 모두의 자료가 가정된 연속성을 설명하기 위해 각 범주 속에 포함되었다. 그것들 모두를 상세하게 제시할 수 있는 많은 예들이 있다. 그렇지만 각 범주마다 한 두 개의 예만 상세하게 논의 될 것이며, 추가적 예제는 간략하게 또는 참고문헌 인용들로 포함된다.

1. 정신분석학과 자기 심리학의 정의 연속성

정신분석학(자아심리학 포함)의 과학적 영역을 구성하는 것에 대한 코헛의 정의는 프로이트의 견해와 아주 밀접하게 일치한다. 코헛(1980b, p.515)은 그것이 우리의 과학을 정의하는 특별한 이론이 아니라, 우리가 연구하는 연구 분야, 즉 인간의 내적 삶과 그것을 연구하는 방법이라고 언급했다.

> 그것은 기본적인 정신분석적 상황이다. 다른 말로, 누군가가 자신의 내적 삶을 말하는 상황, 그리고 다른 사람이 그것을 설명하기 위해 공감적으로 듣는 것. 그것은 특별한 이론 또는 청취자가 사용하는 정리원칙이 아니라, 분석을 정의한다(p.516; 1977b, pp.298-312).

프로이트는 여러 저서에서 유사한 견해를 표명했다. 예를 들어, "자기애에 관하여"(1914c)에서 그는 과학의 기초는 이론이 아니라, 관찰하는 방법이라고 강조했다. "사람들은 내용이 없는 이론 논쟁에 대한 관찰을 포기할 생각을 싫어한다. 왜냐하면 후자가 밑바닥이 아니라, 전체 구조의 꼭대기이기 때문이고, 또 그것을 훼손하지 않고 대체되거나 버려질 수 있기 때문이다"(p.77) 프로이트(1915a)는 『본능과 그 변화』의 첫 문장에서 이 견해를 확장했다.

> 우리는 종종 과학이 명료하면서도 분명하게 정의된 기본개념들을 바탕으로 세워져야 한다는 주장을 듣는다. 그러나 실제로 사

실상 가장 정확한 과학조차도 그런 정의를 가지고 시작하지 않는다. 사실 과학적 활동의 진정한 출발은 여러 현상들을 기술하고, 그 다음에 그 현상들을 한데 묶고 분류하여 서로 연관시키는데 있다(p.117).

프로이트와 코헛은 둘 다 정신분석과 자기심리학의 정의에서 그들 각각의 이론적인 선호가 아니라, 주제와 관찰방법의 중심적 역할을 강조했다. 자기심리학의 연구 분야는 정신분석학과 동일하게 확장되어 있고, 자기심리학의 대부분의 경우, 임상적 정신분석학의 어휘를 사용한다(Moore & Fine, 1990, p.175). 코헛(1977b)은 이와 관련하여 다음과 같이 언급했다.

내가 고전적 전문용어를 유지하는 것을 중요하게 생각하는 몇 가지 이유가 있다. 첫째, 나는 우리가 정신분석학의 연속성을 유지하기 위해 최선을 다해야하고, 비록 그 의미가 점진적으로 바뀔지라도 가능한 한 확립된 용어를 유지해야 한다. 둘째, 확립된 용어의 새로운 뜻과 기존의 뜻 사이의 직접적인 대립이 우리가 도입하고 소개해야하는 재 정의와 재 공식화에 관하여 분명해지도록 강요한다. 셋째, 기존의 용어들이 유래된 고전적 발견의 실체와 현재 다루고 있는 발견들의 실체 사이에 가장 중요하고 의미 있는 관련이 존재한다는 것이다(p.172).

2. 전이와 저항의 개념 정의

프로이트는 자신의 논문『정신분석 운동의 역사』(1914b)에서 "정신분석학이 무엇인지, 마음의 삶을 탐구하는 다른 방법과 어떻게 다른지, 그리고 무엇이 정신분석학이라 불려야 하고, 무엇이 다른 어떤 이름으로 더 잘 묘사되는지 나보다 더 잘 알 수 있는 사람은 아무도 없다."(p.7)고 주장한다. 그는 계속해서

> 정신분석 이론은 신경증 환자의 증상흔적을 그의 과거의 근원까지 거슬러 추적하려고 시도할 때마다 나타나는 두 가지의 인상적이면서도 예기치 않은 관찰 사실들, 곧 전이와 저항의 사실들을 설명하기 위한 시도이다. 이러한 두 가지 사실을 인정하고, 그것들을 연구의 출발점으로 삼는 어떤 탐구노선도, 그것이 비록 나와 다른 결과에 도달한다 할지라도, 정신분석이라 불릴 권리를 갖는다(p.16).

코헛은 프로이트의 전이와 저항 개념 모두 유지하며 확장했다. 코헛은 "자기의 회복"(1977b) 후기에 "나는 분석이 이때에 어떻게 두 가지 개념, 즉 전이와 저항을 없앴는지 상상할 수 없다."(p.308)고 적었다. 그는 고전적 신경증 환자들의 구별된 대상전이에 대한 정신분석 이론을 유지했고, 전이의 개념을 분석가를 환자 자신의 일부로 경험하는 자기애적 변화를 포함하는데 까지 확장했다. 전이신경증의 개념과 관련하여 Miller(1987)는 "자기심리학은 전이 신경증의 개념을 확장하고 풍요롭게 하며, 정신분석에 그 중요성을 재차 확인한다."(p.535)고 언급했다.

그의 *시카고협회 강좌*(1972-1976)에서 코헛은 전이와 저항 개념은 자기의 분석에도 적용된다고 지적했다.

나는 자기분석 중에 정신분석 작업의 많은 부분이 이전에는 의식되지 않았던 자기의 국면을 의식되도록 만드는 방식이다. 그리고 욕동심리학과 자아심리학의 관점에서 프로이트가 언급했던 전이와 저항의 전반적인 생각 역시 자기에도 적용된다(p.237).

그의 1971년 연구논문(pp.242-243)에서 코헛은 자신이 자기애적 전이로 개념화했던 현상들이 실제로 프로이트(1900, p.562)가 기술한 초심리학적 의미에서 전이인지 아닌지의 여부의 문제를 보다 깊게 조사했다. 이 질문에 대한 대답은 병리적 자기애 구조가 억압을 받는지, 그것들이 무의식 속에 남아있는지, 그리고 프로이트(1915b)가 신경증의 구별된 대상전이를 제안한 것처럼 나중에 전이의 형태로 억압으로부터 돌아올 수 있는지 여부에 달려있다. 코헛(1971)은 임상적 비네트[1]를 제시하여 보여줌으로써 질문에 대답했다.

무의식 상태의 자기애적 구조들의 존재. 즉 자기애적 에너지가 집중된 자기에 관하여 특별하게 억압된 생각이나 환상들이 존재한다. 그러나 무의식적 구조의 존재는 전이가 아니라, 오직 그것을 위한 전제조건이다. 또한 우리는 (활성화된 상태의) 오래된 자기표상이 현재의 실제와 관련시키고, 또 반대로 현재의 요소들에 반응도 하는 사고 내용물들에 영향력을 행사하는 것을 확인해야 한다(즉, 그것은 심리적 방아쇠로 작동하는 현재의 사건

---

1) vignette : 프랑스어 vine(덩굴)에서 유래한 말로, 책의 속표지나 장의 머리와 끝 등의 작은 장식 무늬. 문학적 멋이 있는 소품이나 미문美文. 우아한 소품문小品文

들에 반응해서 재 활성화된다). 임상사례에서 우리는 진정 치료 상으로 활성화된 과거와 현재 사이의 이 두 관계를 식별할 수 있다(p.244).

프로이트는 임상과 임상외의 자기애적 전이의 사례를 인정하고 간략하게 언급하였으나, 그는 이런 현상을 강조하거나 정교화하지 않았다(1914a; 1914c, p.88; 1923, p.50). 그는 선택하는 경향의 환자유형을 기술했다.

신경증 환자가 자기애적 유형의 대상 선택에 따라 자신이 달성할 수 없는 탁월함을 지닌 대상을 성적 이상으로 선택하는 것, 이것이 일반적으로 분석에 의한 치료를 선호하는 사랑에 의한 치료법이다. 실제로 그는 어떤 다른 치료방법을 신뢰하지 않는다. 보통 그는 이런 종류의 기대를 가지고 와서 그것들을 의사에게 쏟는다(1914c, p.101).

프로이트는 그런 환자가 종종 "그가 사랑 대상을 선택하기 위해 자기가 사랑하는 누군가와의 삶을 통해 치료가 계속되도록 남겨둔 채로 치료의 진전에서 철수하는 것"을 더욱 더 목격했다(p.101). 그는 "만약 그것이 필요에 의해 그를 도와주는 사람에게 해가 될 정도로 의존하는 모든 위험을 초래하지 않는다면 우리는 그 결과에 만족할 수 있다"(p.101).고 덧붙였다.

코헛의 전문용어에 따르면 환자의 "필요에 의해 돕는 자"는 "자기대상"이라 불린다. 코헛(1984)은 나중에 자기애적 전이를 "자기대상" 전이로 불렀는데, 그는 그런 전이에 대한 설명을 정신분석에 끼친 그의 가장 중요한 공헌이라 생각했다(p.104). 코헛(1914c, p.90)의 자기대상 개념은 자기애적 사랑이 언젠가 자신의 일부였던 누군가를 포함한다는 프로이트(1914c, p.90)의 관찰과 그리고 이상이 성취될 때 자기애적 만족을 얻는 외부의 이상으로 자기애가 옮겨지는 프로이트(1914c, pp.93-94, 101-102)의 자아이상 형성이론과 유사하다(p.100). 프로이트 역시 부모의 사랑을 잃는 공포에 대하여 언급했고, "나중에 부모는 일정하지 않은 수많은 인물로 대체된다."는 것을 관찰했다(p.102; 1914a, p.244). 이것이 바로 코헛의 용어 "자기대상"이다.

이런 관계 속에서 코헛이 유아의 자기대상 경험을 심리내적 현상이라 생각했다는 것을 언급하는 것은 중요하다(Kohut, 1972-1976, p.352; 자기심리학은 한 사람의 심리학이라는 Goldberg[1988, p.xiv; 1990, p.126; 1998, p.245]의 주장과 비교하라). 나중의 결론, 그리고 유아의 자기대상 경험의 심리내적 본질은 여전히 표상세계의 경우에 있어서 전통적인 정신분석 개념과의 유사점을 시사한다.

코헛의 가정된 융화경향의 관점으로부터 사람들은 그가 자신의 개념들 속에 자기대상과 구별된 대상 둘 다 포함할 것을 기대한다. 그(1984)는 예상대로 다음과 같이 적었다.

"너"에 대한 "나"의 경험을 두 개의 별도의 기준 틀 안에서 바라보는 것이 유익하다. 즉, (1) "너"가 자기의 응집성, 힘, 그리고 조화를 지지하는 역할, 즉 "자기대상"으로의 "너"에 대한 경험과, (2) (a) "너"가 욕망과 사랑의 대상이라는 점, (b)우리가 욕망하고 사랑하는 대상으로 가는 길이 방해받을 때, 즉 "너"에 대한 경험이 대상으로의 분노와 공격성의 표적이 된다는 점으로 바라볼 필요가 있다는 것이다(p.52).

계속해서 코헛(1984)은

프로이트(1914a, 1955, 13:241-44)의 의견에 따라 나(Kohut[1972/ Ornstein, 1978b], 2:618-24)는 비록 그것이 활발한 신체운동에 의한 것일지언정 다른 어떤 강렬한 경험과 마찬가지로 대상 사랑이 자기를 강화시킨다는 점을 강조했다. 나아가서, 강한 자기가 더 강렬하게 사랑과 욕망을 경험할 수 있게 한다는 것은 잘 알려져 있다(p.53).

*저항*에 관하여 코헛(1972-1976)은 다음과 같이 주장한다.

오직 분석상황 자체로 전이되는 환자의 내부적 방어 행동만을 말한다. 저항은 매 분석의 핵심적인 부분임에 틀림없다. 분석은 저항 또는 방어를 분석함으로써 계속하는데, 이것이 그것을 정리하는 최고의 방법이다(p.98, pp.202-203).

저항에 대한 코헛의 견해는 원시적이라면, 환경에 의해 다시 외상이 되는 것을 막기 위해 필요한 방어로서의 저항개념을 포함했다. 그러나 M. Shane(1985a, pp.77-79)은 프로이트의 방어개념과 중요한 유사성을 지적했는데, 둘 다 정신적으로 고통스러운 경험을 막기 위한 보호기능을 함축하고 있다. 전통적인 접근과 자기심리학적 접근 모두 저항의 분석을 강조하고, 둘 다 저항이 한 때 타당한지(예를 들어, 적절한 단계), 왜 필요한지를 보여주려고 시도한다는 것이다. 코헛은 다음을 인정하는 프로이트(1917a)를 신뢰했다.

> 각각의 개인은 분석과정에 대한 몇 가지 일반화된 자기애적 저항을 초래한다. 수동적이지 않고, 자신에 대한 모든 것을 폭로하지 않으며, 또 누군가가 자신을 이해하기 전에 자기가 말하는 것의 함축된 의미를 이해하는 것을 느끼지 못하게 하는 등등의 것들이다. 프로이트는 이것들을 그의 훌륭한 논문에 "정신분석 여정의 어려움"이라 기술했다(Kohut, 1972-1976, p.324).

프로이트와 마찬가지로 코헛(1970, 1977b, p.136)은 무의식 또는 자아 이질적인 요소들의 모든 해석에 대한 자기애적 저항의 편재성을 강조했다(Gediman, 1989, p.296). 코헛 역시 다른 형태의 방어와 고전적인 전이신경증에 있는 저항의 중요성을 인식했다(추후에 "기본적인 방법론적 개념들과 심리역동성: 억압과 다른 방어들"에서 논의). 저항개념에 대한 그의 계속된 언급은 그의 전통적인 연구부터 마지막 때까지 계속된다(예를 들어, Shane, 1985a,b). 시카고협회 강의(1972-1976)에서 그는 다음과 같은 점을 지적했다.

> 광범위하고 기술적인 측면에서 아주 적절하게 저항으로 언급된 자기애적 방어들은, 심지어 현상학적으로 또는 증상학적으로도, 일차적인 자기애적 장애, 곧 자기조직의 장애로서 같은 것이 아닙니다. 자기애적 상처에 자신을 드러내고 싶지 않은 소원인 회피

는 자기의 기본적인 질병에 대한 방어일지 모르지만, 꼭 그런 것
은 아니다. 구조적인 갈등을 방어할 수도 있다(p.327).

코헛(1972-1976)은 나중에 자기심리학자들이 환자들을 받아
들일 수 없는 욕동소원들에 대한 저항 보따리로 바라보는 것은 아
니지만, 한편으로 자기애적 인격장애를 가진 사람들은 "잘 조직
된 오이디푸스적 구조신경증을 가진 사람들만큼이나 분석에 대해
강하게 저항한다."(pp.370-371)는 사실을 알았다. 그는 그런 환
자들에 대한 치료는 그런 저항들의 분석을 포함한다고 강조했다.

3. 자기애

자기애의 주제는 프로이트와 코헛 모두에게 중요한 개념적 문제
이자 이론적 전환점이었다. 프로이트의 논문『자기애에 관하여』
(1914c)에 대한 편집자의 노트 속에 Strachey는 이 논문이 프로
이트의 가장 중요한 논문 가운데 하나이며, 그의 견해의 발전에
있어서 중심축이라고 지적한다(p.70; Smith, 1985; Baranger,
1991). 자기애에 대한 연구는 코헛의 공헌에도 중추적인 역할을
했으며, 그가 자신의 개념들을 개발할 때, 프로이트의 영향을 서슴
없이 인정했다. 그는 "내가 비록 어떤 영역에서 프로이트가 제시
한 경계를 넘는 결론에 도달했더라도, 나의 생각의 일반적인 유형
도 그것들을 따라 결정했다(1966, p.245)." 코헛(1966, pp.245-
247; 1971, p.106)은 프로이트(1915a, p.136)의 "순수 쾌락자
아"의 가정 단계를 설명한다. 즐거운 모든 것들을 모두 자신에게

로, 그리고 불쾌한 것들은 모두 "외부"로 돌림으로써 방해물을 처리하려고 시도하는 유아의 일차적 자기애는 자신의 "자기애적 자기(과대자기)" 개념과 대략 일치한다. 나중에 그는 유아가 완전함과 힘을 부모에게 돌리고, 이상화된 대상과 밀접한 관계를 유지함으로써 자기애적 균형을 회복하려한다는 프로이트의 이론이 자신의 "이상화된 부모원상"(Kohut, 1966, p.246) 개념과 일치한다고 말한다. 그러나 코헛은 아이의 자기애 발달에 대한 환경의 반응에 아주 크게 중점을 두었다는 점에서 프로이트와 달랐다.

자기애와 자기에 대한 코헛의 개념들은 빈에서 코헛의 개인분석가였던 August Aichorn에게서도 영향을 받았다(Corbett and Kugler, 1989, p.191). Aichorn(1936)은 젊은 비행 환자들에서 "자기애적 전이"의 발달과 유아 자기애의 자아이상으로의 전환에 대해 설명했다. 부모와 부모상의 공감적인 거울반응과 이상화 반응으로부터 자기가 발달한다는 코헛의 개념 역시, Aichorn의 영향을 받았다(Havens, 1986, pp.364-365; Kohut, 1971, pp.163-164).

Tolpin 부부[2](1996)는 코헛의 *시카고협회 강좌*(1972-1976)의 중요한 주제들은 "자기애와 자기의 정상적인 발달, 곧 유지와 회복, 그리고 구조의 해체, 위험들과 방어책들, 그리고 전이와 재개된 구조적 성장"이라고 기록했다. 자기애를 연구하고 자세히 설명하는 이 계획은 전반적인 구조와 조사의 범주에서 프로이트의 접

---

2) Paul Tolpin과 Marian Tolpin, 코헛의 "The Chicago Institute Lectures"의 편집자.

근법과 아주 비슷하다. 더 나아가서 Tolpin부부는 코헛이 이론화 (1972-1976)하는 전환기 동안에 그의 자기애 개념이 욕동이론에 대한 개념적, 용어적 교량역할을 계속 유지하고 있었다는 점을 지적했다. 나중에 그는 그런 문제들을 자기의 발달과 방해, 파편화, 그리고 자기의 재통합이라는 틀 안에서 공식화했다.

코헛(1972-1976)은 자기애를 초래한 자기성애에 무언가 추가되어야 한다는 인식, 곧 초기 경험들이 "응집적인 자기의 구성요소가 됨으로써 연합될 때"(p.74) 자기애는 발달한다는 코헛의 개념에 공헌했던 결론을 "프로이트의 천재성"(1914c, p.77)으로 돌렸다.

> 나는 내가 "자기애를 유발하기 위해 새로운 정신적 행동인 자기성애에 무엇인가 추가해야한다"는 프로이트의 애매한 언급으로부터 더욱 명백한 의미를 끌어낼 수 있다고 생각했다. 내가 믿기로는, 프로이트가 말한 이 새로운 "행동"은 오직 핵자기의 탄생을 의미한다(1975a, pp.740-741).

이 코헛의 통합능력의 특별한 예는 주목할 만하다. 왜냐하면 그 안에 그는 유사한 통합적 성향을 프로이트의 공으로 돌렸기 때문이다. 그는 자기애를 초래하기 위해서 자기성애에 무언가 추가해야한다는 프로이트의 간략한 언급은 "전의식적으로 통합된 다수의 경험적인 인상으로부터 나온다."고 논평했다(p.741).

코헛(1966, pp.247, 270; 1970)은 자기애를 단지 방어로, 또는 단순하게 대상애의 전조(조짐)로 보지 않고, 자기애 역시 발달과 변화를 갖고 있음을 제시했다. 이 코헛의 초기동안(1966) 자기애의 개념을 확장시켰으나, 그는 자기애가 최소한 부분적으로 대상애의 전조일 가능성을 배제하지 않았다. 그는 "다양한 형태의 자기애가 존재한다. 자기애는 대상애의 전조일 뿐만 아니라, 독립적인 심리적 집합체로 간주되어야 한다(1966, pp.269-270; 1971, p.106)."고 썼다. 뿐만 아니라, 그는 이상화된 부모원상을 "대상애를 향한 부분적인 움직임"으로 언급했다(1966, p.250).

반대로 프로이트는 자기애가 일반적으로 대상애 발달의 한 단계라고 이론화했지만, 그의 여러 논문(1914c; 1921, p.102)의 다양한 관점에서 볼 때, 그는 자기애와 대상애를 둘로 분리된, 그리고 때때로 맞서는 동기부여 자극으로 언급했다. 그는 예를 들어, 부모애착 유형(부모 의존형)의 대상선택과 자기애 유형의 대상선택이 "함께 동시에" 존재한다는 견해는 복합적인 경험들에 대한 연구가 대상애적 집중과 자기애적 집중 둘 다 "함께 동시에" 드러낸다는 코헛(1972-1976, p.72)의 언급에 역시 등장한다. 결국 두 가지의 대상선택이 혼합되지 않은 실체의 경험은 없다. 그는 예를 들어 자기애만의 주제 아래 이상화 대상원상을 포함하는 것은 단지 이야기의 반절만 말하는 것이라고 주장한다(1966). 왜냐하면 이상화 대상에 대한 자기애적 리비도 집중은 진정한 대상 사랑의 특징과 연합된다. "이상화 부모원상은 부분적으로 대상 리비도집중을 받는다. 그리고 이상화된 특징들은 아이가 끈질기게 붙잡고 있는 만족의 원천으로 사랑받는다(p.247; 1972, p.363; 1972-1976, pp.33-34, 72)." 따라서 코헛은 1972년에 다음과 같이 적었다.

우리는 편견 없이 오이디푸스 콤플렉스와 전 오이디푸스 콤플렉스, 대상본능과 자기애와 같은 모든 분석자료를 연구해야 하고, 또 그들의 발달적, 발생학적 중요성을 결정해야 한다. 그래서 우리는 자기애적이며 대상애적인 영역에 있는 어린아이 경험의 발생학적 중요성의 문제에 관하여 이론적으로 상반되는 사이에서 선택하는 것을 삼가는 것이 현명하다(p.367).

다음은 자기애에 대한 코헛과 프로이트의 개념 사이의 연속성이 나타나는 추가적인 예이다.

1. 자아가 자기애를 길들이고, 또 더 높은 목표로 변형시키는 것에 대한 프로이트(1914c, 1917a)와 코헛(1966, p.270; 1972-1976, p.235)의 동의.
2. 당연한 엄마의 총아였던 사람은 정복자의 느낌을 간직하고, 또 그 느낌은 가끔 실제로 성공하기도 한다는 프로이트(1900, p.398; 1917b, p.156)의 개념에 코헛(1966, p.273; 1971, p.299; 1972-1976, p.375)의 동의.
3. 다양한 자기애적 현상에 대한 발생적이고 역동적인 단일성을 가정하기 위한 전 성기기의 성에 관한 프로이트(1921, p.21)의 논쟁형식을 코헛(1971, p.25-26; 1972, p.379)도 사용. 이 예는 주목할 만하다. 왜냐하면 이것은 단지 프로이트와 코헛의 혼합주의 성향뿐만 아니라, 유사한 목적을 위해 동일한 혼합장치를 사용했기 때문이다.
4. 자기애에 대한 자존감의 의존성에 관하여 프로이트와 코헛의(1972, p.108) 동의.

5. 병으로 인해 여위고 약한 팔을 일생동안 부끄러워했던 정복자 빌헬름 2세의 반응의 발생학적 근거, 즉 불완전한 아이에 대한 그의 자기애적 어머니의 거부에 대한 프로이트(1933, p.66)의 공식화에 코헛(1972, pp.372-373) 동의.
6. 혀의 실수로 발생하는 자기애적 상처에 관하여 프로이트와 코헛(1972-1976, p.33)의 동의.
7. (건강한 자기애와 병리적인 자기애를 포함해서)정상과 병리의 차이가 양적인 것이라는 프로이트 의견에 코헛(1972-1976, p.94)의 동의.
8. 성도착의 발병과 성 발달과의 관계에 관한 프로이트(1905a, pp.231-243)의 견해에 코헛(1972-1976, pp.1-4, 284)이 동의. 그러나 성 도착과 중독으로 몰아대는 강도는 성적 즐거움과 구조적 결함을 메우는 집중으로부터 나온다고 (혼합적으로) 덧붙였다.
9. 자기애와 동성애가 아주 밀접한 관계가 있다는 프로이트의 견해에 코헛(1972-1976, p.40)이 동의. 이런 경우 편집증에서 동성애의 기능이 향후의 퇴행과 자기의 붕괴를 막으려는 시도를 포함하고 있다고 그는 덧붙였다.
10. 정신분석을 위한 확장된 이론적 틀을 제공하면서, 프로이트의 구조적 모델의 도입과 정신분석학에 그가 추가한 것들에 대한 코헛(1972-1976, pp.132, 134, 138)의 비교. 코헛은 자신의 공헌과 관련하여 이렇게 덧붙였다.

나는 이런 견해의 변화가 중요하다고 믿는 만큼, 그것들이 정신분석학적 전통 정신과 완전히 일치한다고 생각한다. 내가 옹호하는 변화는 무엇을 던져 없애버리기 보다는 무엇인가를 추가하는 것이다. 그것은 원래 비교적 단순한 이론인 고전적인 리비도이론의 중요하고도 여전히 가치 있는 설명적인 개념화를 제거하지 않는다. 그런 공식화는 새로운 과학의 위대한 첫 걸음이다. 비록 그것들이 우리가 관찰한 모든 현상을 정의할 수 없다는 것을 우리가 지금에야 깨달을지라도, 그것들은 끊임없이 발달하는 과학의 필수불가결한 기초로서 인정되어야 한다(1972-1976, p.189).

4. 기본적인 방법론적 개념들

Rapaport(1944)에 따르면 프로이트의 이론적 체계의 기본 방법론적 (핵심)개념들은 무의식적인 마음, 연속성, 결정론, 중층결정, 본능적 욕동, 갈등, 방어, 전이, 그리고 어린 시절 경험의 중요성의 개념들을 포함한다. 대안적인 해석 가설보다 하나의 가설을 산출하는 경향이 있는 특정 임상이론과 달리, 광범위하게 일반화된 배경을 가진 추정들 또는 방법론적인 과학의 핵심개념들은 해석을 선입견적인 결론으로 강요하지 않는다. 그래서 새롭고 독창적인 임상자료의 해석은 정신분석의 기본 방법론적 개념 내에서 가능하다 (De Groot, 1969, p.35, 56; Rubovits-Seitz, 1998, p.59). 다음의 논의들은 코헛이 프로이트의 이론체계의 기초가 되는 기본 방법론적 (핵심)개념 모두를 사용했음을 보여준다.

무의식적 마음의 개념 : 코헛은 이 기본 방법론적 개념을 그

가 자기애와 자기를 탐구하는 동안 내내 적용했다. 예를 들어 "나는 자기를 분석하는 많은 정신분석적 작업은 이전에 의식적이지 않았던 자기의 의식적인 측면을 다시 만드는 방식이라고 생각한다."(1972-1976, p.237) 같은 강의의 다른 곳에서 그는 다음과 같이 말했다.

> 자기는 다른 어떤 심리적인 내용과 마찬가지로 본질적으로 무의식적이다. 바꿔 말하면, 우리는 우리가 경험하면서 그것을 배우는 동안 우리가 그것을 보든지 못 보든지, 또는 우리가 그것을 알든지 모르든지 상관없이 그것의 힘과 효과를 공식화하는 다른 방법들이 있어야 한다고 말한다. 그리고 그것으로부터 나는 우리 자신에 관한 즉각적인 결론을 이끌어 낼 것이다. 즉, 다음의 의식과 무의식에 관한 프로이트의 생각에 따라, 나는 우리 자신에 대해 전혀 의식하지 않고 있을 때가 대부분이라고 말할 것이다(p.233).

앞에서 지적한대로, 코헛은 그런 무의식에 대한 이유에 관하여 프로이트와 다소 달랐다. 프로이트는 정신기관 자체를 방해하는 소원, 곧 심리내적 긴장의 회피를 강조했다. 코헛은 환경에 의해 다시 외상을 입는 것을 피하는 역동성을 강조했다. 두 견해는 공통적으로 심리적인 고통을 피하는 요소들을 가지고 있다.

연속성 : 자기의 지속적인 감각을 위해 가능한 기초를 논의하면서, 코헛(1972-1976)은 그것들이 변할 수 있다는 이유로 단순하게 자기의 다양한 내용물들에 기인할 수 없다는 결론을 내렸

다. 그러나 "특별하고, 제한된 내용들과 기능적인 중심을 넘어, 일정하게 남아있는 그들 사이에 특히 독특하고 습관적인 관계가 있다."(p.338) 후자의 개념은 연속성의 기본적인 방법론적 개념에 의거하고 그것을 예시하는 것으로 보인다. 프로이트(1915-1916)는 정신과정과 내용물들 사이의 연속성을 어디에서나 볼 수 있다고 보았다. "모든 것은 작은 것으로부터 큰 것까지 모든 것과 관련이 있다."(p.27) 코헛(1972- 1976) 역시 불안정한 자기응집력을 가진 환자들의 치료에 대한 기술과정을 설명하기 위해 연속성 원칙을 도출했다.

> 나는 숙련된 치료자가 환자의 장애발생 원인을 발견하기 위해서가 아니라, 더 이상 환자 스스로 유지할 수 없는 그의 존재의 연속성 감각을 제공하는 자기대상으로 기능하여 그를 돕기 위해, 환자의 과거와 미래에 관하여 이야기함으로써 일종의 통일된 "역사적인" 도움을 사용할 것이라고 생각한다(p.339).

정신분석에서 일반적으로 해석 작업은 임상자료와 환자들 삶과 자기(또는 정신기관)의 다양한 부분들 사이의 관계와 유형들을 강조함으로써 연속성을 제공한다.

결정주의 : 자기의 본질과 발달을 논의하면서 코헛(1972-1976)은 다음의 방법대로 결정주의의 기본적인 방법론적 개념을 사용했다.

사람들의 많은 자기애적 노력들은 이른 시기의 신체기관별 쾌락에 뿌리를 두고 있음은 의심할 여지가 없다. 그러나 인간에는 일정한 기본적인 포부들과 재능과 기술, 그리고 일정한 이상화된 목표들 사이의 특별한 장력구배張力勾配같이 우리가 자신으로서 경험하는 인격의 중심영역이 있는데, 이 인격의 중심영역은 한 번 설정되면 어느 누구에 의해서도 다시 재설정할 수 없다. 자기의 형성에는 결정론적인 배경이 있다고 말할 수 있다(p.192).

"용수철" 또는 "태엽이 감겨진 시계"처럼 운명을 따라 자신만의 양식을 표현하며 살아야하는 확고하게 형성된 자기에 대한 코헛의 개념화는 "개인적 운명"과 "운명신경증"의 전통적인 정신분석 개념과 어느 정도 유사하다. 또 그것은 "변하지 않는 시나리오에 따라 펼쳐지고, 오랜 시간적 진화를 암시하는 일련의 사건들을 구성한다."(Laplanche & Pontalis, 1973, p.161; Freud, 1916, 1920, 1924; Deutsch, 1930, 1959; Fenichel, 1945, pp.506-507; Kaplan, 1984)

전통적인 정신분석과 자기심리학 모두에서 결정론적 개념은 과거와 현재의 주어진 개인의 체질적이고 환경적인 정황으로 드러나는 것들이 과거에 했던 대로 드러나야 한다는 가정에서 출발하였다. 두 가지 접근방식에서, 분석가의 임무는 왜 그들이 행한 대로 드러나는지, 정말 그런 식으로 드러나야만 하는지를 설명하고 이해하는 것이다.

중층결정重層決定 : 그의 시카고협회 강의 중 하나에서 코헛

(1972-1976)은 중층결정 원칙을 중독과 도착의 증상에 적용했다.

중독이나 도착에 있어서 충동의 강도는 구조적 결함이나 전 성기기 고착과 퇴행 하나만으로는 설명되지 않고, 이 둘의 집중으로 설명된다. 충동으로 하여금 강렬하고 억누를 수 없게 만드는 것은 구조적 결함을 메우기 위한 필요성의 압도적인 성질이 덧붙여진 전 성기기 부분본능의 성적 쾌락획득의 집중이다(p.4).

"환자들은 무엇에 분노하는가?"의 강의에서 코헛(1972-1976)은 중층결정 원칙의 기술적인 적용을 제안했다. 즉, 환자가 그의 결점을 지적하면서 치료자를 공격할 때, 치료자는 환자가 옳다는 것을 받아들일 수 없을 만큼 빨라서는 안 된다. 코헛은 환자에게 이렇게 말할 것이다.

"당신이 알다시피, 당신은 나에 관한 어떤 것을 잘 볼지 모른다. 그러나 사실 나는 항상 같은 사람이었고, 나를 그렇게 느끼지 않을 때도 있을 것이다. 지금 추가적으로 일어나고 있는 무엇이 분명 있을 것이다. 그리고 나 역시 과거로부터 온 무언가가 거기에 있다는 것을 의심하지 않는다. 달리 말하면 당신은 모든 면에서 그것을 보여주기 시작한다(p.17).

본능적 욕동 : 코헛(1972-1976)은 자기의 형성에 대해 말할 때, 우리가 고전적 이론의 틀 안에 광범위하게 남아있다는 점을 강조했다.

자기는 리비도가 집중되어야 하고, 사람은 자신을 사랑할 수 있어야 하는데, 자신감은 자신에게 리비도를 집중하는 능력이라고 우리는 말한다. 또한 이 리비도가 집중되는 자기의 정신행위는 다른 사람에 대한 그 사람의 강렬한 사랑과 대조적이지 않고, 그것에 의해 약화되거나 소멸되지 않는다고 우리는 말한다(p.183).

같은 강의에서 코헛(1972-1976)은 "나는 결코 욕동을 해체의 산물로만 보지 않는다. 그 언급은 오직 내가 매우 특별하게 구체적으로 말한 어떤 특별한 환경에서만 그렇다."(p.260)라고 강력하게 주장했다. 그가 사망하기 전 해에 그의 저서에서 코헛(1980b)은 자신을 "자기심리학의 몇몇 비평가들보다 훨씬 많이 욕동심리학자라고 불렀다. 양자물리학이 뉴턴의 물리학을 대체하는 것이 아닌 것처럼, 자기심리학이 욕동심리학을 대체하는 것이 아니다. 우리는 다른 관점을 다루었고, 견해와 전망의 상보성에 변화를 주었다."고 말했다. 또한 그는 무엇보다 자기는 "성적본능과 공격본능으로 다른 사람들 쪽으로 나아간다."(p.501)고 덧붙였다.

그러나 코헛이 인간심리학에서 욕동의 존재와 기능을 인정했다는 사실은 그가 욕동이론 또는 욕동심리학의 옹호자라는 것을 의미하지는 않는다. 코헛은 정신을 자기로, 그리고 생리적 구조물이라기보다 경험적인 것으로 이해했다. 상정된 자기는 신체의 생리적 충동을 다루어야만 하며, 다른 세상으로부터 경험한 현상을 다루는 것과 같은 방식으로 다루어야 한다. 따라서 본능들은 자기가 경험하고 지나왔던 환경의 또 다른 부분이 된다. 코헛은 정신분석을 심리생리학이라기보다 심리학, 즉 객관적이고 생리학적인 체계보다는 경험의 깊이에 대한 설명으로 보았다.

갈등 : 코헛은 무의식적 갈등이 정신병리학의 근거로 프로이트 시대 때보다 덜 우세하지 않게 되었다는 것을 믿게 되었지만, 그는 그 개념을 완전히 버리지 않았는데, 고전적인 전이신경증과 관련해서 특히 그랬다. 사실상 그는 좁은 의미에서의 자기심리학이 어떻게 갈등심리학을 풍성하게 하는지 보여주려 시도했다. 코헛(1972-1976)은 이 "좁은 의미의 자기심리학"으로서, "갈등심리학에 관하여 우리에게 큰 도움이 되었던" 이론적 체계 안에 마음의 내용인 자기에 관한 심리학을 의미했다(p.389).

일상적인 갈등심리학에서 자기는 생각되어지지 않고 일종의 당연한 것으로 여겨진다. 우리가 욕동 대 방어에 대하여 이야기할 때, 실제로는 주도적인 자기 대 방어적인 자기에 대하여 이야기하고 있다. 이것이 좁은 의미의 자기심리학으로 그것은 전통적인 정신기관 심리학을 크게 발전시킬 수 있고, 또 풍성하게 할 수도 있다. 그리고 예컨대, 사람이 내면의 갈등에 걱정하는 한, 그것은 유용하고 중요한 심리학이다(pp.389-390).

방어 : 코헛(1972-1976)은 억압 개념을 자기심리학에 적용했다. 즉, "대상으로의 리비도 집중이 금지될 수도, 억압될 수도, 다시 의식될 수도 있다. 그리고 자기의 관점 역시 마찬가지이다(p.237)." 코헛은 자신의 1971년 논문에서 자기애적 형상과 자기에 관하여 억압의 작용을 예시하는 임상적 단문短文을 제시했다. "수직적 분열"(1972-1976)에 관한 강의에서 그는 합리화(p.50), 부정(p.51), 저항(p.53), 그리고 억압장벽 또는 수평적 분할(p.55)"과 같은 여러 가지 방어기제를 언급했다. "수직적 분열"

을 논의하면서 코헛(1972-1976)은 "이것은 내가 발전시킨 개념이 아니라, 프로이트(1927; 1940a, pp.202-204; 1940b)가 발전시켰다고 지적했다. 그는 페티시즘의 관점에서 자아의 분열에 관하여 말했다."(pp.50-51; 1971, p.79, pp.176-178)

자기애적 방어에 대한 논의에서 코헛(1972-1976, p.327)은 "회피"를 자신을 자기애적 상처에 자신을 노출시키지 않으려는 방어적 소원으로 언급했다. 앞에서 지적한 대로 회피에 관하여 코헛이 프로이트와 다른 점은 방어 자체가 아니라, 방어 배후의 동기라는 것이다. 즉, 다시 상처가 되는 것을 피하려는 시도이다. 그는 회피가 자기의 근원적인 장애를 방어할 뿐만 아니라, 구조적 갈등에 대한 방어의 역할도 할 수 있다고 덧붙였다. 나아가서 그는 호기심이 항상 방어적이라는 사실을 발견했다(1972-1976, p.371).

자기애적 분노에 관한 논문에서 코헛(1972)은 프로이트(1920, p.16)가 제시한 "수동적 경험의 능동화"의 가상적 방어, 그리고 "부모들에 의해 가학적으로 양육 받은 아이들과 같은 개인들에게 남아있는 가학적 긴장"을 설명하기 위해 안나 프로이트(1936)가 기술한 "공격자와의 동일시"의 방어기제를 그려냈다. 코헛은 "이런 요소들이 자신이 가장 받기 두려워하는 자기애적 상처들을 다른 사람들에게 적극적으로(종종 앞질러) 가하는 것과 같은 단순한 치료법을 사용함으로써 잠재적으로 수치스러움을 유발하는 상황에 대응하여 수치스러워하는 경향이 있는 개인의 준비성을 설명하는데 도움이 된다."(p.381; Kohut, 1971, pp.242-243; Shane, 1985a,b; Leider, 1996, pp.147-148)

전이 : 코헛의 전이에 대한 기본적인 방법론적 개념의 보존과 확장은 앞 장의 "전이와 저항의 개념 정의"에서 논의되었다. 그의 1971년 논문에서 코헛은 이 핵심 개념을 다음과 같이 관찰했다.

> 전이라는 용어의 의미는 1900년대 프로이트의 구조역동적 정의 이래 점진적으로 바뀌어 지금은 임상적으로 폭넓게 수용되었다. 그것이 의미하는 개념은 초기의 초심리학적 정밀성의 일부를 잃은 경향이 있다. 그러나 다른 곳(Kohut, 1959)에서 주장한 대로 전이에 대한 프로이트 초기 개념화는 결코 기본적이고 방향설정의 중요성을 잃지 않았다(p.242-243).

일반적인 분석가들과 마찬가지로 코헛은 환경으로의 전이, 즉 대상으로의 전이를 포함하여 전이의 개념을 사용하였다. 예를 들어 자기대상은 곧 대상전이이다.

어린 시절 경험의 중요성 : 프로이트(1905b)는 "체질적이고 우연적인 요소들의 상대적인 효능을 평가하는 것은 쉽지 않다고 말했다. 이론적으로 사람들은 항상 전자, 곧 체질적 요소를 과대평가하려는 경향이 있다. 그러나 치료적 관행은 후자, 곧 우연적 요소들의 중요성을 강조한다."(p.239) 그리고 그는 "우리가 우연적인 요소들 가운데 초기의 어린 시절 경험에 우선순위를 부여한다면, 우리는 정신분석 연구와 더욱 조화를 이룰 것이다."(p.240)라고 덧붙였다.

코헛은 정신병리 및 건강의 발달에 있어서 어린 시절 경험의 역할을 꾸준히 강조했다. 그는 부모상象의 기본적인 성격이 어린 시절 경험에서 가장 중요한 요소라고 생각했다(1971, pp.78-86; 1972-1976, pp.132, 298). 부모와 아이 간 상호작용의 역할에 대한 그의 강조는 자기의 장애와 구조적 신경증 모두에 적용된다. 그는 자기대상 모체에서 과거의 반응부족이 자기의 병리에 기여하는 반면, 어린 아이와의 과잉간섭은 오이디푸스 병리로 이어질 수 있다고 가정했다. 코헛은 어린 아이에게 필요한 부모의 최적의 친밀성뿐만 아니라, 최적의 거리도 강조하였다(1972-1976, pp.344-345; 참조 Tolpin and Tolpin, 1996, p.xix).

위의 논의를 요약하면, 코헛의 공헌과 Rapaport(1944)가 프로이트의 이론적 체계 안에 묘사된 모든 기본적인 방법론적 개념들 사이에 상당한 연속성이 존재하는 것으로 보인다(Kohut, 1979b,c. 참조). 이 연속성들은 자기애의 개념들과 자기심리학이 별도의 과학영역을 대표하기보다는 정신분석 이론과 방법론, 그리고 임상에 필수적이라는 코헛의 판단을 뒷받침한다.

5. 초심리학적 관점 : 심리역동성

프로이트와 마찬가지로, 코헛은 "가깝게 경험"과 "멀게 경험"의 개념을 모두 사용하였다. 후자에 관해서 그는 프로이트의 초심리학적 관점을 광범위하게 사용하였다. 예를 들면, *시카고 강좌* (1972-1976)에서 그는 "나는 초심리학에 대한 나의 인식을 당신이 이해하리라고 믿고 싶다. 만약 당신이 총체적인 상황을 고려하지 않으면, 단일 정의는 아무 의미가 없게 된다. 각 정의는 전체적인 심리적 경험 안에서 이해되어야 한다."(p.65)고 말했다. 나중에 동일한 강좌에서 그가 자기의 형성에 관해 말할 때, "전체적으로 우리는 고전적 이론의 틀 안에 있다. 즉, 우리는 역동적, 발생학적, 그리고 구조적 관점을 적용한다."(p.183)고 덧붙였다. 그는 1971년 논문에서 "분석가 개입의 본질은 그가 분석하는 정신병리학의 초심리학적 기초를 이해함으로써 결정적으로 영향을 받는다."(p.177)고 적었다. 그리고 1981년 논문에서 그는 "분석에서 해석이란 발생학적, 역동적, 그리고 심리경제적 측면에서 어떤 일이 일어나고 있는지에 대한 설명을 의미한다."(p.532; 1972-1976, p.207; 1977b, p.36, 각주, p.225)고 언급했다. 이 부분은 코헛과 프로이트의 심리 역동적 개념들, 즉, 욕동, 갈등, 방어, 위험한 상황, 그리고 불안을 다루는 개념들 사이의 연속성 예들을 포함하고 있다.

    욕동에 관한 코헛의 일부 견해는 앞 장에서 기본적인 방법론적 개념들, 예를 들어 "결코 나는 욕동을 유일한 해체의 산물로 보지 않는다." 그리고 "자기가 성적욕동과 공격성에 의해 다른 이들에게로 밀려나간다."(1980b, p.501)는 강력한 진술들이 재검토되었다. 그의 마지막 책에서 코헛(1984)은 자기심리학이 공격성을 소홀히 한다는 널리 퍼져있는 오해를 바로잡으려 노력했다. "사실상" 그는 "그것은 전혀 사실이 아니다."(p.137)라고 주장했다. 그가 다양한 공격성을 논의하면서, "자신을 공격적으로 표현하기 위한 생물학적이고 심리생물학적인 준비성"을 언급했는데, 이것이 내가 욕동으로의 공격성 개념과 직접적으로 관련되어 있다고 생각한 준비성이다."(1972-1976, p.67)라고 그는 언급했다. 그 역시 공격성을 반응적 현상과 욕동 모두라 여겼다고 지적했다. "이것들은 서로 다른 수준에 있는 두 가지 이론이지만, 서로 대립적이지 않다."(p.212, pp.334-335)

*갈등*에 관해서 코헛은 정신병리학 특히, 자기애적 성격장애에서 전통적 분석가들보다 갈등을 덜 중요하게 생각했다(1972-1976, p.40). 그러나 동시에 그는 그 개념을 무시하거나 버리지 않았고, 그는 전이에서 나타난 갈등을 분석했다(1984, p.115). 그는 또한 자기의 발달에 있어서 갈등이 "자기의 확립에 기여한 공감에 대한 침해일 뿐만 아니라, 침해를 포함하지 않은 공감이 일어나는 갈등들도 있다." 그리고 "갈등 자체가 자기의 확립에 일부 기여한다. 사실상 갈등은 피할 수 없을 뿐 아니라, 자기의 확립에 관련하여 심지어 필요한 현상일 수도 있다."라고 지적했다(1972-1976, pp.222-223).

코헛은 갈등을 삶의 필수적인 부분으로 보았고, 또 그런 문제들을 성공적으로 또는 실패적으로 처리하는 방법을 결정하는데 중요한 요소로서 자기를 강화시키거나 약화시킨다고 생각했다(즉, 응집적인 인격체로서의 자신의 경험).

코헛은 전통적인 분석가들이 갈등이라고 부르는 것을 위해 때때로 다른 개념을 사용했다. 예를 들어, "실제로 코헛은 어떻게 분석하는가?"라는 글에서 Miller(1985, p.23)는 코헛에게 그것이 부모의 점진적인 동일시 또는 분석가와 합병을, 그리고 분석가와의 자기대상 관계를 잃는 "이차적 공포"를 표현하는 것이라고 느끼는 환자의 꿈을 설명했다. 전통적인 분석가들은 심리적 형상을 아마도 합병환상과 분석가와의 합병으로 인한 결과에 대한 두려움

사이의 갈등이라고 말할 것이다.

몇몇 자기심리학자들(Brandchaft, 1985, p.85; Stolorow, 1985)은 잠재적인 갈등이 전통적인 전이신경증에 국한되는 것이 아니라, 자기애적 장애에서도 발생한다고 주장한다. 이와 관련하여 코헛(1977b)은 전이 신경증과 자기애적 인격장애 사이의 차이점은 "그렇게 크지 않다. 전자, 곧 전이신경증은 정신구조들 사이의 갈등을 다루는 반면, 후자, 곧 자기애적 인격장애는 자아의 일부로 경험되는 심리적 구조의 전조(Kohut, 1971, pp.19, 50-53)인 초기 자기와 초기 환경 사이의 갈등을 다룬다(1977b, pp.136-137; Gediman, 1989, pp.295, 302).

구체적으로 *오이디푸스 갈등*으로 돌아가서, 코헛(1972-1976)은 "이것은 욕동심리학 또는 오이디푸스 심리학을 대체하거나, 또는 다른 종류의 심리학으로 대신하거나 대리하는 문제가 분명히 아니다. 나는 그 안에서 매우 중요한 역할을 계속하고 있는 기존 갈등과 고전적인 갈등심리학으로 구성되어 있는 확장된 틀을 제안하고 있다."(p.266)고 지적함으로써 자기심리학과 오이디푸스 갈등 사이의 연속성에 관한 언급들을 요약했다. 예를 들어, 그것이 그들에게 살아있는 느낌을 주기 때문에 오이디푸스 콤플렉스 시기의 로맨틱한 갈등을 극적으로 묘사하는 자기애적 장애를 가진 환자들에 더하여, 코헛(1972-1976)은 "오이디푸스적 병리와 자기애적 병리 둘 다 존재하는 사례들이 실제로 있다."(p.117)고 강조했다. 그(1984)는 그의 마지막 책에서 이 주제에 대하여 더 확장했다.

예를 들어, 오이디푸스 콤플렉스의 전이를 분석하는, 즉 전이 속에서 재활성화된 오이디푸스 갈등을 분석하는 오랜 동안, 분석가가 오직 근친상간과 존속살해적 욕망, 그리고 잘 알려진 욕동충동을 동반한 양자갈등에 해석의 초점을 맞춘다면, 분석가는 분석가이자 자기대상으로 적당히 기능할 것이다. 분석가가 오이디푸스 콤플렉스를 우회하고 환자를 너무 이르게 어린 시절 오이디푸스기의 자기대상들 실패로 밀어 넣으려고 시도한다면, 피분석가는 열린 저항이나 항의, 또는 가장 강한 저항들 가운데 하나에 의해, 또는 외부의 승낙을 통해 오해하고 후퇴할 것이다(pp.67-68; 1972-1976, pp.260-263, 330-331, 344-345).

그의 오이디푸스 콤플렉스와 오이디푸스 단계 사이의 구별과 재해석에서, 코헛(1984, pp.14-27)은 생물학적으로 결정된 심리내적 관점에서 그 환경과 끊임없이 상호작용을 하고, 또 궁극적으로 그 상호작용에 의해 형성되는 정신기관(또는 자기)으로 다시 한 번 강조점을 옮겼다. 그는 어린 아이가 오이디푸스 발달단계를 경험하는 방법은 부모가 오이디푸스적 자기대상으로 어떻게 기능하는가에 달려있다는 것을 강조했다. "건강한 부모의 건강한 아이는 즐겁게 오이디푸스 단계에 진입할 수 있다. 그리고 심리학적으로 건강한 부모의 반응에 노출된 아이는 오이디푸스 단계 동안 심각한 정도의 거세불안을 경험하지 않는다."(p.14) 그와는 대조적으로 코헛이 "내가 아는 바대로, 지금 내가 오이디푸스 콤플렉스라고 부르는 병리학에 의해 정상적인 오이디푸스 단계를 재정리하도록 유도하는 특별한 부모의 정신병리학"을 설명했다(p.23; 1977b, pp.223-248, 268-273).

코헛은 *방어*의 개념을 광범위하게 사용했다. 방어와 저항에 대한 그의 견해가 다소 전통적인 정신분석학과 다르지만, 그럼에도 불구하고 중요한 유사성이 있다. 프로이트와 그의 방어개념 모두 정신적으로 고통스러운 경험에 대한 보호기능을 포함하고 있다(M. Shane, 1985a, pp.77-79). 코헛 역시 억압장벽의 개념을 유지했다. 예를 들어, 그는 자신의 어머니와 강렬하게 결합되어 있는 남자 아이에게서 발생하는 공통적인 유형의 성격분리를 설명했다. 어머니는 그의 당당한 모습을 지나치게 자극하지만, 그것은 그가 어머니와 결합되어 있는 조건에서만 그렇다. 그 결과 아이에게서 수직적, 수평적 분리 모두 일어난다. 코헛(1972-1976)은 다음과 같이 설명한다.

> 수평적 분리에서 박탈은 낮은 자존감과, 그 밑에 자기집중에 의한 남성 주도권의 작은 핵으로 이끈다. 그러나 당신이 알다시피, 이것은 당신이 반응하지 않아서, 그는 이 억압 장벽 때문에 획득할 수 없었고, 원래 이 고착된 부분을 이해하는 그런 자아구조를 형성하지도 않았다(p.55).

코헛(1972-1976)은 억제되지 않은 공격성이나 리비도적 소원이 있을 때, "우리는 마치, 예를 들어 자기에 대하여 등을 돌리는 것처럼, 그런 원시적인 욕동에 대항하여 자신을 확립한 다양한 원시적인 방어를 볼 수 있다"(pp.215-216). 또 다른 강의에서 코헛(1972-1976)은 지능적인 방어는

> 엄격하고 응집적인 지능적 체계가 극복하는데 도움이 되는 자기

응집력 장애에 대하여 보호할 수 있다. 그러나 그런 방어 양식은 역시 오이디푸스 신경증이든지 또는 심각하거나 매우 연약한 자기의 장기간에 걸친 해체의 영향을 받지 않는 자기애적 성격불안에 대항해서 비 특이적으로 사용될 수 있다(p.329, pp.42-43).

*위험상황*과 *불안*에 관하여, 코헛은 프로이트(1926a)가 묘사한 위험상황 중 하나에 직면했을 때, 비교적 응집적인 자기를 가진 사람이 경험하는 신호불안과, 그의 핵자기가 응집력의 상실로 위협을 받는 환자가 경험하는 "해체불안" 사이의 차이를 구별했다. 그러나 자아와 자기의 상대적인 강함 또는 약함과 관련하여 심각한 불안에 대한 코헛의 견해와 프로이트의 견해를 비교해 보면 상당한 유사성이 드러난다. 나중에 그의 이론화의 자아심리학적 단계에서 프로이트(1926b)는 "전체상황의 절점切點과 중심점中心點은 자아조직의 상대적인 힘이다. 자아의 상대적인 연약함은 신경증 발생의 결정적인 요소이다."(pp.242, 202-203; 1926a, pp.81, 168)라고 적었다. 코헛(1977b)은 "욕동의 강도는 중심병리(자기응집력의 불안정성)의 원인이 아니라, 그 결과다. 따라서 해체불안의 핵심은 자기붕괴에 대한 예상이다."(p.104)라고 언급했다.

코헛(1984, p.213)은 프로이트가 열거한 불안의 모든 형태는 해체불안의 혼합물을 포함한다는 것을 인정했다. 예를 들어 Fenichel(1945)은 "마지막 분석에서 모든 불안은 외상적 상황, 곧 자아의 조직(자기 또는 정신기관)이 제압당하는 가능성의 경험에 대한 두려움이다."(p.133)라고 적었다. Gediman(1989)은 "지나친 자극의 외상 강도와 모든 위험상황의 근간이 되는 자기애적 재앙으로서의 정신적 무력감에 상응하는 느낌에 대한 예상"이라고 유사하게 적었다(p.298; Kohut, 1984, p.16; Baker & Baker, 1987, p.5).

해체불안에 대한 코헛의 개념 역시 프로이트의 "외상적"(신호와 달리) 불안이론과 서술적으로 매우 유사하다. 프로이트는 그런 불안을 자아조직과 통제를 상실한 겁에 질린 공포로 기술했는데, 그것은 무력한 유아의 외상상태를 반복하는 것이다. 전통적인 분석가들(예를 들어, 프로이트, 1915c; Fenichel, 1945, pp.415-452)과 코헛(1977b, pp.106-108) 모두가 심각한(외상성 또는 해체)불안은 종종 급성의, 초기의, 전前정신병의 상태와 관련이 있다고 언급했다.

6. 심리경제성

정상과 병리적 발달, 구조형성, 그리고 치료법의 변화에 대한 코헛의 견해는 모두 적절한 좌절 대 치명적인 좌절의 심리경제적 개념, 심리적 불균형, 외상(실제)신경증, 그리고 내면화를 통한 긴장조절 구조의 발달에 기초하고 있다. 코헛은 자기애와 자기심리학에 대한 자신의 이론으로 이어진 프로이트 이론(그의『정신분석적 심리학 강의』, 5장, 25장-28장; 적절한 좌절과 구조적 모델 참조)을 자기심리학 이전에 통합하면서 동일한 개념을 사용했다 (Kohut, 1984, p.109).

Leider(1989)는 적절한 좌절의 개념들과 내면화를 통한 긴장조절 구조의 발달과의 관계는 프로이트(1917c, pp.237-238)

가 『슬픔과 우울증』에 묘사한 메커니즘에 기초하고 있다. Gediman(1989, pp.294-295, 298-300)은 코헛이 모든 정신병리학의 외상적 핵심으로의 외상 및 실제신경증에 관한 프로이트의 심리경제적 개념들을 다시 되살렸다고 지적했다. Cooper(1993, p.45)는 Stolorow, Brandchaft, 그리고 Atwood(1987)와 Leider(1989)를 포함한 많은 학자들이 적절한 좌절의 개념과 자아의 발달은 외부세계와의 좌절경험에 의해 촉진된다는 프로이트(1923, p.25)의 견해 사이의 유사성을 논평했다. 코헛(1972-1976, p.59) 역시 정신병에 프로이트(1915c)의 초심리학적 이론을 사용했지만, 프로이트가 묘사했던 것처럼 그것을 자기에 대한 리비도집중의 상실로 보면서 탈脫집중의 심리경제적 과정을 수정했다.

심리경제적 개념들의 광범위한 사용에 대한 추가적인 언급에 관하여 코헛(1971, pp.47-50; 1972-1976, pp.54, 63, 117, 223, 344-345; 1977b, pp86-88; 1980b, p.518)을 보아라.

7. 심리발생학적

코헛(1984, p.132)은 그의 연구가 프로이트(1916-1917, pp.346-347)가 제안한 발생학적 요소들의 일련의 보완적인 방법과 조화를 이루고 있다고 지적했다. 그러나 코헛은 프로이트가 처음에 신경증 환자들의 유혹적인 이야기에 속았던 이후에, 그는 선천적인 요소들에 더 집중하려 했다고 추측했다.

내가 자기심리학과 비교하기 위해 전통적인 정신분석의 체계화를 언급할 때, 나는 어린 시절의 신경세포 발생에 관한 프로이트의 일반적인 진술을 염두에 두지 않았다. 여기에서 그는 환경요소들의 영향에 대해서 일찍부터 강조했고, 또 그 요소들의 영향을 인정했다(1984, p.217; Freud, 1905b, p.240; Kohut, 1972-1976, p.307; 1972, p.362; M. Shane, 1985a, pp.75-76).

프로이트가 정상과 병리적인 행동 사이의 연속성을 보여주기 위해 고통을 겪었던 것과 마찬가지로, 코헛도 정상과 병리적인 자기애, 그리고 정상적인 자기와 병리적 자기 사이의 영속성에 대하여 유사하게 논했다. 그는 "순진한 당당함과 이상화가 긍정적인 아동발달의 핵이며, 그것이 전이되어 되살아날 때 병리적인 자기애로 오해해서는 안 된다."(Tolpin & Tolpin, 1996, pp. vi-vii)는 것을 보여주기에 열중했다.

코헛(1972-1976) 역시 원래 유아와 어린 아이들의 모든 행동들은 "성적"이라는 프로이트의 개념에 의지했다. "어리면 어릴수록 나중에 사람들이 리비도적 또는 성적이라 부르는 쾌락경험의 강렬함에 더 가깝기 때문에, 초기의 욕구와 욕망들은 항상 성적 경험에 훨씬 가깝다."(p.8) 남근기의 발달국면을 논의하면서 코헛(1972)은 남근기 동안에 생식기는 "강렬한(환상적인) *대상 리비도*의 상호작용 도구일 뿐만 아니라, 거대한 *자기애적* 리비도를 집중하고 있음"(p.374)을 강조하였다.

오이디푸스 발달단계와 시기에 관하여 코헛(1972-1976, pp.344-345)은 어린 시절 공감적 경험의 중요성에 관하여 전통적인 오이디푸스적 병리의 개념과 자기심리학적 개념 사이의 연속성을 제시했다. 오이디푸스적 병리를 가진 환자들은 자기애적 장애에서 빈번히 볼 수 있는 부모 쪽에서의 반응 부족이라기보다는, 아이가 필요로 하는 "적절한 거리"와 대조적으로 아이에게 조기 히스테리환자들이 초기의 유혹경험으로 경험하고 또 묘사하는 "비공감적으로 지나치게 가까운" 부모로부터 자주 과잉자극을 받았다.

8. 구조

코헛(1972-1976)의 시카고협회 강좌의 편집자인 Paul과 Marian Tolpin은 코헛이 구조적인 측면에서 자기를 당당한 과시적 자기 하부구조와 이상화 부모원상 하부구조로 구성된 자기애적 발달의 변화와 산물로 개념화하였다고 지적한다. 따라서 "자기애적 환자들의 장애는 사실상 '지나치게 많은' 억제할 수 없는 자기애, 리비도 또는 공격성을 반영하지 않는다. 반대로 근본적인 장애는 자기애적 (자기)구조의 '지나치게 적은' 발달의 결과이다."(p. vi) 이와 관련하여 코헛(1966)은 자신의 자기애적 구조의 개념과 "자기애적 에너지를 이용하고, 자기애적 배열을 보다 높게 차별화되고 새로운 심리학적 구성으로 변형시키는 자아의 능력"(p.257) 사이의 중요한 연속성에 주의를 환기시켰다.

Leider(1996)은 코헛이 나중에 제안한 세 기둥의 자기가 "형식상 프로이트의 지형적, 구조적 이론의 초기 모델과 유사하고, 또 이론에서 중심이 되는 현상과 구조(기능그룹)를 다시 제시하는 동일한 목적을 위해 만들어졌다."(p.139; Meissner, 1986; Fast, 1990)는 것을 알았다. Leider(1996, p.146)와 Markson(1992)

둘 다 코헛이 구조형성에서 내면화의 역할을 강조했으며, 또 "내면화에 대한 코헛의 관점은 좌절과 실망을 발달을 위한 원동력으로 보는 고전적인 이론과 더 유사하다."(Markson, 1992, p.211)고 언급했다.

코헛의 접근법에서 또 다른 중요한 구조적 개념은 그가 단지 자기의 결함을 덮기보다, 보상기능에 의해 방어구조와 구별한 *보상구조*의 개념이다(1977b, p.3). 그는 보상구조가 강하고 유연하며, 오직 보상구조가 위태롭게 되었을 때만 증상이 발달한다는 점을 강조했다. Basch(1992)는 "환자들은 너무 민감하여 다시 문을 열기 어려운 유아시절의 근본적인 심리적 외상의 수준이 아니라, 주로 보상구조가 손상을 입었을 정도의 수준에서 우리와 함께 일한다."(p.19)고 지적했다. 예를 들어 코헛(1977b)은 "치료는 기본적인 결점을 완전히 채움으로써 달성되는 것이 아니라, 보상구조의 회복으로 이루어진다."(p.134; Gedo, 1989, p.416)고 적었다.

코헛의 보상구조와 방어구조의 구별은 심리적 외상의 긍정적인 효과와 부정적인 효과에 대한 프로이트(1939)의 언급과 유사하다. 긍정적인 효과는 "그들의 진정한 기초와 역사적 기원이 잊혀질지라도, 더욱 분명하게 불변의 성격특성이 첨가되어있기 때문에 정상적인 자아로, 또 불변의 성격추세로 통과되어 받아들일 수 있다."(p.75; Freud, 1916-1917, p.318) 심리적 외상에 대한 부정적인 반응에 대하여 프로이트(1939)는 "반대 목적을 따른다. 즉, 잊혀진 심리적 외상은 아무 것도 기억되지도, 또 반복되지도 않는다. 우리는 그것들을 '방어반응'으로 요약할 수 있다. 그것들의 주요 표현은 '회피'라고 불리는 것이다."(p.76)라고 적었다.

성격문제에 대한 프로이트(1937a)의 발언 역시 보상구조에 초점을 맞춘 코헛의 연속성을 제시한다.

> 우리의 목적은 도식적인 "정상성"을 위해 인간 성격의 모든 특성을 없애려는 것도, "철저하게 분석되어" 열정을 느끼지 않으며, 내적 갈등을 일으키지 않도록 요구하는 것도 아니다. 분석 작업은 자아의 기능을 위해 가능한 한 최상의 심리적 조건을 확보하는 것이다. 분석은 그것으로 임무를 완수한다(p.250; Kohut(1977b), p.183).

코헛과 프로이트의 접근법 사이에 놓여있는 초심리학적 연속성을 요약해보면, 프로이트 초심리학의 모든 이점을 아주 자유롭고 효과적으로 사용한 것으로 보인다. 이와 관련하여 초심리학은 마음에 관한 아주 추상적인 이론 그 이상으로, 임상관찰과 해석 모두에 조용하지만 중대한 방법으로 기여하는 임상방법론의 필수적인 부분이라는 것을 언급할 가치가 있다. 설명하자면, 초심리학 때문에 우리는 그저 비교적 목적이 불분명한(산만한) 주의를 기울이는 환자의 소리를 듣고, 갈등의 저의, 방어의 징후, 상호작용하는 동기의 관계적 힘, 반복되는 반응유형, 어린 시절의 기억들, 그리고 과거경험의 현재 반복에 대하여, 즉 초심리학적 범주의 모든 영역을 포함한 임상자료 안에 있는 경향을 주의 깊게 경청한다. "주어진 모든 해석에서 초심리학적 진술은 함축적이다."(Eissler, 1968, p.168)

9. 임상적 방법

코헛의 견해와 프로이트의 견해 사이의 연속성이 임상방법의 범주에 너무 많아 하나의 장으로 완벽하게 기술하는 것은 불가능하다. 그러나 그들의 범위와 깊이를 설명하기 위해 관련된 언급을 포함하여 연속성의 목록이 제공된다. 다음의 예에서 볼 수 있듯이, 사실상 코헛의 임상방법 거의 모든 측면이 프로이트의 치료적 접근에 뿌리를 두고 있는데, 코헛(1972-1976)의 시카고 학회 강좌의 편집자는 그 강좌가 "치료를 두드러지게 발전시킨 새로운 정신분석적 사고를 분명하게 공식화하는 것이 얼마나 어려운지"를 보여준다고 언급했다(Kohut & Wolf, 1978; Basch, 1989).

1. 코헛은 경험주의에 대한 그들 공통적인 강조(1975a), 자기성찰의 역할(1976, p.794), 그들의 "동일한 도구 사용", 즉 "금욕의 분위기 속에서 훈습이 뒤따르는 해석"(1984), 그리고 동일한 접근에 사용된 원칙(1984)과 같은 자신의 임상적 접근을 프로이트의 것과 반복적으로 비교했다. 자기심리학과 전통적 정신분석 사이의 임상적 유사점에 대한 코헛의 견해는, "자기심리학과 전통적 정신분석 사이의 접근에서의 방대한 차이"에 관한 Chessick(1990)의 주장과 같이 자기심리학 이후의 몇몇 주장들과 모순되는 것처럼 보인다.
2. 분석가의 입장에 대하여 코헛은 "프로이트가 제시한 분석가의 적절한 태도는 자기애적 인격 장애의 분석에도 적용된

다." 그리고 "프로이트가 권장한 기본적 태도는 전이신경 증처럼 유효하다."고 적었다(1971; 1972-1976).
3. 프로이트와 같이 코헛(1972-1976)은 "분석 작업의 대부분은 이전에 의식되지 않던 자기의 모습들을 의식적으로 만드는 방식이다."(p.237)라고 주장했다. 같은 맥락에서 코헛(1972-1976)은 "전이신경증과 자기애적 장애 모두에서 그 소원이 죽이고 싶은 소원이든, 아니면 날고 싶은 소원이든 이전에 억압되었던 소원을 알아보고, 인정하고, 지적하고, 또 그렇게 함으로써 자유로워지는 것은 분석의 예술이다."(p.241)라고 분명히 말했다.
4. 분석가를 향한 환자의 감정이 주로 현재에 속하든지 아니면 과거로부터 어떤 것의 반복을 포함하든지 결정하는 어려움을 논의하면서, 코헛(1972-1976)은 "사람이 표면부터 시작하는 기존의 규칙은 당연히 옳다."(p.16)고 결론지었다. 다른 강의(1972-1976)에서 그는 전통적인 정신분석학의 정신으로 "방어를 처리하는 방법은 환자와 분석가 사이의 협력적인 사업의 의미를 조사하는 것이다."pp.324-325)라고 제안했다. 그리고 일련의 전이를 논의함에 있어 그(1984)는 "분석과정은 일반적으로 표면에서 심층으로 진행하고, 이에 부응하여 일련의 전이는 일반적으로 역순으로 일련의 발달을 반복한다."(p.22)는 기본적인 정신분석적 가설을 사용했다.
5. Nersessian & Kopff의 책 *정신분석 교본* 중에 자기심리학에 대한 장에서 Leider(1996)는 다음과 같이 적었다.

자기심리학적 그리고 전통적 정신분석학 이론과 실제는 유사하다. 둘 다 정신분석의 본질적인 요소들인 역동적인 무의식에 대한 믿음과 전이현상에 대한 인식을 공유하고 있다. 무의식적 정신과정, 꿈 작업, 전이현상, 그리고 증상형성의 기제에 관한 체계적 논리는 해석방법과 동일하다(p.160; Basch, 1989, p.3).

6. 코헛(1959, 1981b)이 자기성찰과 공감의 방법을 정신분석으로 정의한 그의 의견을 설명하고 제시한 두 논문에 덧붙여서, 1966년 논문에서 그는 연장된 기간 동안 그가 개발한 자기성찰과 공감의 방법과 정신분석가의 "통상적인 관찰태도('균등하게 일시 정지된 주의', 주목의 회피, 현실적 상호작용의 삭감, 치유하거나 돕는 소원보다 이해하려는 목적에 더 집중)" 사이의 유사점을 그렸다. 코헛은 임상적 경청의 전통적 방법이 공감적 이해를 촉진한다고 말한다. 후기의 논문 "프로이트의 자기분석에 관한 숙고"에서 코헛(1976)은 프로이트가 체계적 방법으로 사용한 자기성찰적 접근과 정신분석이 동일한 방식으로 자기분석적이고 공감적인 접근을 계속 사용한 사실 사이의 직접적인 연속성을 언급했다. 그의 마지막 논문에서 코헛(1984)은 자기심리학자들에 의해 사용되는 공감이 전통적인 분석가에 의해 사용되는 것과 본질적으로 다르지 않다는 것을 인정했다.

7. 관심이 자유롭게 떠오르는 방법에 대해 상세히 설명하면서 코헛(1977b)은 그것을 "피정신분석자의 자유연상에 대한 분석가의 능동적인 공감반응, 즉 분석가의 무의식 가

장 깊은 층에 있는 점진적인 (갈등 없는) 중화영역(Kohut, 1961; Kohut & Seitz, 1963)으로부터의 반응"(1977b)으로 특징지었다. 그는 이 언급이 "분석의 기본원리와 완전히 조화를 이루고, 또 그들이 지지하는 태도는 떠오르는 무의식적 자료에 대한 분석가의 인식을 촉진시킨다."(P.252)는 것을 느꼈다.

8. 코헛(1972-1976) 역시 구조역동적, 그리고 경제적 관점으로 자유연상과 자유롭게 떠도는 주의의 과정을 기술했다. "우리는 점진적인 중화영역을 늘리고, 억압영역을 줄이려 노력하고 있다. 또는 임상적으로 우리가 점진적인 중화를 조직하는 능력을 늘리고, 전이의 필요성을 줄이려 노력하고 있다. 이것이 분석작업이 완료된 영역이다."

9. 코헛(1971, p.164)은 환자의 자아이상 자리에 분석가를 놓도록 장려함으로써 환자에게 구원자나 선지자의 역할을 하려는 유혹에 대한 프로이트(1923, p.50)의 경고에 동의했다. 코헛(1972-1976, p.373)도 프로이트가 했던 것처럼 분석에서 "가장play-acting"은 금기라고 강조했다.

   분석가에 대한 이상화의 적극적인 격려가, 대규모의 동일시를 일으키며, 기존의 자기애적 구조의 점진적인 치료적 변화를 방해하는, 끈기 있는 전이연대(조직화된 종교에 의해 조장된 애착과 유사한)를 확립하게 한다(Kohut, 1971, p.164).

10. 구조적 갈등의 병리와 자기애적 인격장애를 임상적으로 어떻게 구분하는지 학생들에게 반복적으로 질문을 받은 코

헛은 근원적인 병리를 드러내는 전이를 기다리는 프로이트의 개념을 끌어왔다. 프로이트(1913a)는 "어떤 방해도 없이 환자가 의사소통과 사고가 진행되는 한, 전이의 주제는 건들지 말고 내버려둬야 한다."(p.139)고 말했다. 코헛(1972- 1976)도 "이 특정한 구별에 관하여 그렇게 고유한 어떤 것도 없고, 항상 그렇듯이 결정할 수 있는 아주 확실한 방법이 있다. 그것은 환자를 혼자 내버려두고, 전이를 지켜보며 그것이 어떻게 점진적으로 전개되는지 바라보고, 자기병리 쪽으로 방향을 바꾸는지 아니면 구조적 갈등 쪽으로 방향을 바꾸는지를 보는 것이다."(p.334)라고 유사하게 설명했다.

11. Miller(1985)는 자신의 논문 "코헛은 실제로 어떻게 작업했는가?"에서 "일반적으로 코헛은 먼저 전이관계에 초점을 맞추고, 나중에 자료가 알맞을 때 이것을 점점 더 광범위하고 설명적인 태도로 발생학적인 자료와 연결시키는 경향이 있다는 점에서 '고전주의자'였다."(p.28)라고 결론지었다. 코헛(1984, p.210)은 그의 마지막 논문에서 자기심리학은 해석과 특히 전이가 치료의 정신분석의 주력 도구라는 기술적 원칙을 받아들이는 점에서 전통적인 정신분석과 같은 의견이라고 명백하게 주장했다.

12. 분석에서 초기자료의 중요성을 논의하면서 코헛(1972-1976)은 자기애적 인격장애 치료에 전통적인 정신분석 개념을 적용하였다.

우리는 분석가와의 초기 의사소통, 즉 첫 번째 분석회기 중 가장 초기의 증상적 행동, 분석가와의 첫 만남, 첫 번째 꿈과 같은 이런 첫 번째 것들 속에 다시는 분명해질 수 없는 비교적 명확한 방법으로 깊은 자료를 드러내는 힘의 독특한 균형이 있다는 것을 종종 들어왔고, 또한 그것이 사실이다. 이런 것들이 많은 것을 배울 수 있는 아주 효과적인 순간이다. 그런 순간들이 당신에게 주요 방어기제나 생애 초기에 겪었던 주된 외상들에 관한 이야기를 들려준다(프로이트, 1917b와 비교하라). 당신이 그런 자료들을 관찰할 수 있을 때, 그 사람이 성취하고 싶어 하는 핵자기의 목표들에 대한 표현에 민감해야 한다. 그것들은 예를 들어, 초기의 증상적 행동이나 초기 거짓말로 드러나기 때문이다(p.60).

13. 훈습의 개념을 논의하면서 코헛(1972-1976)은 본질적으로 전통적인 정신분석적 용어들로 언급했다. "분석은 적절하게 활동하는 병의 원인이 되는 갈등을 유지함으로써 진행된다. 그것이 당신이 해야 할 모든 것이다. 당신은 환자를 치료하려 하지 말라. 환자는 스스로 치료한다. 당신이 해야 할 것은 발생되는 연속적인 사건들을 지적하는 것이다."(p.204)

실제로 중요한 것은 오직 본질적인 갈등들이 여러 번 반복하고, 그것들을 의식하고, 그것들을 폭넓은 맥락에서 설명하는 것이다. 그리고 그것들을 훈습함에 있어, 여러 번 반복하고, 역동적인 전이환경에서, 유전적 내용을 과거와 연결하면서 새로운 구조가 발달된다(p.204).

그리고 환자의 승낙에 관한 전통적인 경고와 일치하여, 코헛은 "환자들이 따르려는 경향이 있다는 것을 우리는 잊어서는 안 된다. 당신이 확신을 가지고 환자를 압도한다면, 그는 당신에 동의할 것이다."(p.207)

14. 코헛(1972-1976)은 임상작업에서 특별한 사건 자체에 초점을 맞추기보다는 환자가 어린 시절 특정한 시점에 겪었던 사건들이 지닌 전체적인 경험적 중요성을 재구성하는 것이 더욱 효과적임을 알았다고 말했다. 그는 이 접근방법을 프로이트와 비교했다.

프로이트가 "분석에서의 구조"(1937b)에서 형제탄생의 충격에 관하여 적었을 때, 예를 들어 그는 형제의 탄생 그 자체가 단순한 특정반응을 일으키는 것을 마음에 두지 않았다. 그는 그것보다는 어린 시절 특정한 시점에 사건이 지닌 전체적인 경험적 중요성을 재구성했다(Kohut, 1972-1976, pp.353-354).

15. Basch(1992, p.18-19)는 그의 임상방법에서 보상구조의 중요성에 대한 코헛(1977b, p.3)의 강조에 주목했다. 이와 관련하여 프로이트(1937a, p.250)가 성격문제의 치료에 관해 이전에 언급한 설명을 비교하고, 이 연속성의 관련된 논의를 위하여 이전 장의 방법론적 관점, 구조를 보라.

16. 코헛과 프로이트의 임상방법 사이의 유사성에 대한 논의를 강조하고 요약하기 위해, Miller(1985)의 논문 "코헛은 실제로 어떻게 작업했는가?"의 짤막한 비네트(vignette, 소

품문)는 코헛이 자신의 자기심리학적 접근을 전통적인 정신분석의 접근과 어떻게 철저하게 통합했는지의 예를 보여준다.

결혼해서 두어 명의 자녀를 가진 크게 성공한 환자가 산만하고 안절부절 못하는 불안과 만족이 없는 우울증. 그리고 어지러운 동성애적 감정과 환상을 호소하였다. 밀러가 치료를 위해 분석했고, 코헛이 수퍼바이저였다. 그들은 모두 자기애적 인격장애라는 진단과 분석 중에 두드러진 전이가 이상화 전이라는 것에 동의하였다. 성공적인 5년의 분석가운데 지난 2년 동안 계속되는 임상자료는 약속의 의역이었다.

분석가는 이전 약속을 취소했었다. 환자가 피곤하고 우울하다고 말하면서 왔는데, 그것은 취소된 약속과 관련된 것이었다. 그는 옷을 입은 채 자신의 위에서 움직이며 자위하는 그의 아내와의 흥미진진한 성적 경험을 묘사하였다. 그날 밤 그는 그들의 스테이션왜건 뒤쪽 끝이 불타올라 정원의 물 호스로 불을 끄는 꿈을 꾸었다. 그는 그때 자신의 성기를 아내가 잡고 있던 특정 모양의 깡통 속에 집어넣기로 되어있었다. 그는 꿈속에서 그가 음식물 처리기 속에 자기 성기를 집어넣기로 되어 있었던 이전의 꿈이 기억났다. 그는 여러 번 배고팠던 것을 말했고, 엄청난 양의 음식을 먹는 젊은 남자의 영화를 생각해 냈다. 그는 말을 먹을 만큼 배고팠다고 말했는데, 그것은 취소된 약속과 관련된 분석가였다고 말했다. 나중에 그는 분석가의 벽에 붙은 그림을 먹을 만큼 배고팠고, 카우치를 먹을 수 있을 만큼 배고팠다고 말했다. 분석가는 환자의 먹는 환상이 분석가와 더 가까워지려는 것이라고 언급했다. 그러자 그 시점에 맹렬하게 빠는 환상을 보고 했던 환자가 그 다음에는 더 수동적으로 누군가의 성기를, 그 다음에는 가슴을 빠는 환상을 보고했다. 그는 어린 동생이 입원해 있을 동안 어머니의 가슴에서 젖을 얻기 위해 아버지가 사용했던 유축기를 생각해 냈다. 그러자 그 시점에 그는 덜 피곤하고, 힘이 나는 것을 느꼈다고 말했다.

코헛은 회기가 "전통적 자료"의 일관된 연속을 포함한다고 말한다. 즉, 약속 취소 후에 환자는 아마 화염에 쌓인 차의 "뒤쪽 끝"으로 지적된 동성애적인 성적 흥분의 꿈을 가지고 왔다. 그 후 음식물 처리기에 자신의 성기를 집어넣는 연상된 꿈속의 거세공포에 대한 언급, 그리고 마침내 분석가의 성기를 향한 또는 분석가의 구순기 결합을 포함하는 구순애에 대하여 언급했다. 코헛은 자료가 본질적으로 고전적인 용어로 해석될 수 있다고 제안한다. "이런 종류의 고전적인 해석은 자료가 자기애적 인격장애의 분석에서 이렇게 분명할 때 또는 그 점에 대해서는, 조건의 다른 형태에 대한 분석에서 해석 타당성의 다른 지표들이 호의적이라 가정하면서 만들어 질 수 있다."

그러나 코헛도 이 회기의 가장 중심된 면은 자신이 자랄 때 가져보지 못했던 좋은 아버지로서 분석가에게 손을 뻗었던 밀러에 대한 환자의 이상화 전이라는 것을 느꼈다. 분석가의 이전 약속의 취소와 주말동안 분석가의 무용화無用化는 환자의 자기를 파편화하는 자기애적 상처를 구성하였다. 그러나 현재의 약속으로 돌아오자 불화는 치료되었다. 코헛은 완전한 해석에서 자기애적 상처와 자기와 자기대상과의 관계단절을 포함해야한다고 결론 내렸다. 그리고 자기대상 관계의 방해에 대한 환자의 반응도 "본질적으로 고전적인 방식으로" 해석할 수 있다고 덧붙여 말했다.

10. 임상적 해석

앞 장의 임상방법에서처럼 임상적 해석의 범주 안에서 코헛의 개념과 프로이트의 개념들 사이의 연속성 역시 너무 광범위해서 많은 유사점을 상세하게 논의할 수 없다. 대신 몇 가지 두드러진 연속성을 간략하게 기술함으로써 다양한 예들을 제시한다.

1. 해석의 중요성에 관한 전통적인 정신분석과 코헛(1984)의 동의는 "자기심리학은 일반적으로 해석과 특히 전이의 해석이 치료 정신분석의 주요수단이라는 기술원칙을 가진 하나이다."라고 말함으로써 설명된다(p.110; Goldberg, 1978).
2. 코헛의 임상적 접근은 명백하게 해석적이다. 그는 매우 능동적인 분석가는 아니었지만, "전통적 형태의 기대분석을 수행했다."(밀러, 1985, p.30)
3. 해석의 기능과 관한 코헛의 개념은 대부분의 경우, 예를 들어 해석과정을 이해와 설명의 두 개 국면으로 나눈 것처럼 전통적인 정신분석의 것과 일치했다. 코헛(1981a)은 분석이 유전적, 역동적, 정신의학적 용어로 설명함으로써 분석 치료법을 고수한다고 주장했다. 그는 전통적인 정신분

석 이론에 무언가를 더할 수 있는 또 다른 해석기능을 제안했다. 즉, 올바른 해석은 고전적 전이신경증과 자기의 장애 둘 다 건강한 새로운 구조형성에 기여하는 적절하게 좌절하는 효과를 가지고 있다.

4. 코헛(1977b)은 심층 심리학에서 공감에 대한 자기 견해가 공감이 "다른 사람의 정신적 삶에 대한 어떤 태도라도" 가능하게 만든다는 프로이트의 관찰과 일치한다고 언급했다 (프로이트, 1905a; Basch, 1983, 1984b; Leider, 1989). 프로이트(1921) 또한 공감은 "다른 사람들에게 우리 자아가 선천적으로 다르다는 것을 이해하는데 가장 중요한 역할을 한다." Goldberg(1998)에 따르면, 코헛은 공감이 모든 심층 심리학의 기초지만, 자기심리학과 특별한 연결이나 친화력이 없다고 느꼈다. 예를 들어 코헛(1984)은 자기심리학자의 공감이 전통적인 정신분석학자의 것과 본질적으로 다르지 않으며, 자기심리학은 새로운 종류의 공감으로 치료하는 것이 아니라는 것을 분명하게 명시했다.

5. 때로 코헛이 심층 심리학에서 공감의 유일성과 구심성을 강조하지만, 다른 때에는 그 임상적 해석에 있어서 공감의 역할에 대하여 보다 신중하다. 예를 들어 코헛(1971)이 "그것의 역할을 자료수집 과정의 역할로 제한하는 대신 공감이 정신분석의 설명단계를 대체하기 시작하면,… 우리들은 과학표준의 악화와 주관에 대한 감성화를 목격하고 있다."(pp.300-301)라고 적었다. 공감의 방법에 대하여 코헛 자신이 묘사한 그것의 효력, 한계, 그리고 선택적인 구

조의 필요성은 전통적인 정신분석적 접근과 가깝게 일치한다. 예를 들어, "우리는 우리가 그로부터 얻는 다양한 단서로써 우리 자신을 다른 사람으로 생각한다. 그럴 때 우리는 마치 우리가 그 다른 사람인 것처럼 그의 내부의 삶을 재구성한다. 바꿔 말하면, 우리는 우리 자신의 본질적인 유사성과 관찰되는 다른 사람의 공명을 믿는다."(1972-1976, p.228) 그러나 코헛은 "비록 비슷한 경험을 가졌더라도 많은 실수가 가능하다."는 사실을 쉽게 인정했다. 전통적인 정신분석과 동의하여, 오늘날 점점 더 많은 수의 자기심리학자들이 "외부 관찰방법을 통해 얻은 정보가 인식되어야 하고, 상호 관련시키고, 공감적으로 끌어낸 이론과 통합되어야 한다."고 믿는 것으로 나타난다(Leider, 1989; Lichtenberg, 1981; Basch, 1984a,b, 1986; Goldberg, 1988; Galtzer-Levy, 1991; Shane & Shane, 1993).

6. 초심리학적 해석방법론의 최고의 전통을 유지함에 있어, 코헛(1984)은 "우리는 분석가로서 종결을 연기할 수 있고, 잠정적 해석에 대한 피 분석가의 반응을 관찰하면서 잠정적으로 종결을 적용할 수 있는, 그리고 가능한 한 많은 설명을 고려할 수 있는 능력을 가져야만 한다."는 점을 강조했다. 코헛(1977b, p.168)은 대안가설을 얻는 방법으로 "시험적 공감"의 사용을 언급했다. 그는 임상적 해석가가 "가능한 가장 많은 수의 설명적 구성을 고려할 것을 권고했다. 많을수록 좋다."(1972-1976, p.110) "즉, 직관적인 정신분석적 관찰자의 기술은 자동적으로 '그것이 그것'인 관습

에 빠지지 않는다." 왜냐하면 "한 결론을 지탱하는 모든 증거가 있어야 한다는 감각은 다른 결론을 찾는데 있어서 당신의 마음을 닫아서는 안 되기 때문이다. 당신은 외견상 응집력과 적합함에도 불구하고 아직 다른 것 일수도 있음을 명심해야 한다."(pp. 206-207; 384-385)

7. 일부 사례들은 앞 장의 표면에서 아래로 해석해가는 프로이트(1913a)의 개념과 일치하는 코헛의 임상방법에서 제시되었다. 코헛(1971) 역시 분석가는 이런 이유로 "항상 자신을 실제자아에게 겨냥해야 한다."고 강조했다. 그리고 밀러(1985)와의 협의에서 그는 "분석적 자료를 마치 그렇게 보이는 것을 의미하는 것처럼 직관적인 방식으로 먼저 숨김없는 태도로 취해야 한다고 제안했다. 이것이 생산적이지 않으면, 그때 반대로 하거나 또는 다양한 다른 방법들로 교묘하게 조종할 것을 고려할 수 있다."

8. 코헛이 "다른 사람 속으로 자신의 길을 생각"(1972-1976)하기 위해 고용했던 환자들로부터 얻은 여러 가지 단서들 가운데, 그는 촉진하는 요인과 사건을 찾는 전통적 정신분석적 실천을 언급했다. 그는 자신과 환자에게 물었다. "언제 시작했는가? 이것을 시작하기 전에 어떤 자료를 처리했었는가?" Leider(1996, p.157)는 이와 관련하여 다음과 같이 지적했다. 자기심리학에서 해석활동은 주로 분석가가 붕괴를 촉발시킨 사건들에 관하여 환자에게 해석하고 알아보려고 시도하는 자기와 자기대상 전이 속의 붕괴에 초점을 맞춘다. 나중에 선행순서는 해석과 관련하여 역동적이

고 발생론적인 용어로 설명된다.
9. 꿈의 해석에 관하여 코헛(1980b)은 "대다수의 꿈들에 대하여, 각각의 꿈 요소들에 연상 자료가 오직 전통적인 방식으로 추구된다면, 그들이 실제로 해석될 수 있는 어떤 의심도 말로 나타낼 시간이 없다"고 썼다. 코헛(1977b) 역시 다른 유형의 꿈, 프로이트(1900)에 의해 기록된 대로 어린 아이의 꿈과 유사하게 생각되는, 소위 자기상태 꿈, 즉 외상신경증의 꿈(프로이트, 1920)과 중독상태나 고열상태에서 발생하는 환각적인 꿈들을 제안했다. 이런 유형의 꿈을 이해하는데 도움이 되지 않는 환자의 연상에 의존하기보다, 코헛은 꿈의 명백한 내용과 꿈을 자극한 특정상황에 대한 지식을 포함하여 환자의 취약성에 대한 분석가의 지식에 기초한 그의 해석을 기반으로 했다(Kohut, 1977b, p.109). 코헛(1980b)은 자기상태 꿈에 대한 자신의 개념이 일반적으로 꿈을 꿀 수는 없지만, "특정한, 제한된, 식별 가능한 현상그룹"에만 적용한다고 분명하게 지적했다. 코헛의 자기상태의 꿈과 프로이트의 견해 사이의 중요한 연속성은 "기능적 현상과 이상추구 심상"에 관한 Herbert Silberer의 연구(1909, 1912, 1919)에 대한 Latter의 저서들(1900, 1914a)에서 볼 수 있는데, 이것을 프로이트(1914a)는 "명백하게 가치 있는 몇 안 되는 꿈 이론 중 하나"로 언급했다. 이 선을 따라 코헛과 프로이트 사이의 연속성은 두 종류의 꿈이 혼합된 형태를 인정하고 묘사한다(프로이트, 1900, p.505; 코헛, 1977b).

10. 코헛(1984)은 해석적 정확성과 치료적 변화과정에서 그것의 중요성에 대한 다음 토론에서 전통적 정신분석(프로이트, 1940a, p.128)과의 중요한 연속성을 나타냈다. 오이디푸스 갈등의 분석을 언급하면서, 코헛은 그 기간 동안

> 오직 분석가가 그의 해석 초점을 피 분석자의 근친상간적 욕망과 죽음소원, 그리고 욕동적인 충동을 수반하는 잘 알려진 양가감정의 갈등에 초점을 맞출 때만 분석가가 피 분석자의 자기대상처럼 적절하게 기능할 것이다. 분석가가 오이디푸스 콤플렉스를 우회하려 하고, 환자를 너무 빨리 오이디푸스 콤플렉스로 이끄는 어린 시절의 오이디푸스적 자기대상 실패로 밀어 넣으려 한다면, 피 분석자는 오해하고 철수하려 할 것이다(pp.68-69).

11. 코헛이 강조한 양자택일의 해석 필요성, 그가 인정한 공감의 한계, 그리고 해석 작업에서 그가 경고한 "많은 가능한 오류"가 아직까지 전통적인 정신분석과 또 다른 연속성, 즉 임상적 해석이 매우 잘못될 수 있다는 인식을 가리킨다. 코헛은 많은 오류 가능성이 있기 때문에 분석가는 "사람들이 자동적으로 안다는 순진하게 생각하지 않도록"(1972-1976, p.384) 배워야 한다고 주장했다. 그는 잠재적인 내용들을 이해하려고 시도하는 것은 "모든 것이 매우 상대적"이라는 것을 지적했다. 코헛은 이론이 이해를 방해한다는 것도 언급했다(1971, p.288; 1979a, p.408, pp.414-415; Basch, 1984b, pp.23, 38; Schwaber, 1987, pp.746-748). 예를 들면, "사람이 보고 있는 것이

어떤 방식으로 구성되어 있는지, 그리고 어떤 확립된 개념이 관찰의 자료를 분류하는데 사용되어야 하는지 확신한다면"이라는 코헛의 언급은 치료가 끝날 때까지 이론은 잊어야 한다는 프로이트(1912, pp.114-115)의 견해와 일치한다. 그리고 "사실상, 옛날 사기꾼이 동전 던지기를 할 때 쓰던 문구인 앞면이 나오면 내가 이기고 뒷면이 나오면 네가 진다는 옛날 농담 같다. 우리가 운명을 정한다는 것은 아무 효과 없다."(Kohut, 1972-1976, p.209)

12. 해석을 정당화하는 방법의 필요성에 대한 코헛(1975b)의 인식은 과학적 정신분석과 일치한다. 그는 공감이 주의 깊게 점검되어야 한다고 주장했다. "여기에 우리가 노력한 결과의 정확성은 공감으로 확립되지 않는다. 우리는 단지 공감적인 자료를 통해 그것들을 유지하고, 그것들을 실험함으로써 우리의 주장이 확실하다는 가능성을 높이기 위해 노력할 수 있다." 그러나 그는 더 결정적인 정당화의 방법들을 구상했다. "미래는 공감적 연구자의 증가하는 확신이 자료의 수를 결정하거나, 특정한 관점에서 볼 때 의미 있는 형상을 형성하는 세부사항들의 수를 세는 계량적 방법론의 방법으로 시험되는 계량적 접근이 올 것이다."(1977b, p.145; Rubovits-Seitz, 1988, pp.211-248)

13. 마지막으로, 심층 심리학적 정보를 어느 것을, 언제, 그리고 어떻게 전달하느냐는 해석의 기술에 관하여, 코헛은 전달하는 해석과 재구성의 양식과 형태, 즉 "받아들이는 설명적 객관성"에 관한 프로이트(1937b, p.261)의 충고를

인용했다. 코헛(1971)은 프로이트의 기술을 환자들에게 자기애적 구조를 해석할 때도 사용되어야 하는 어조의 "특별히 적절한 예"로 여겼다.

임상적 해석의 범주에서 코헛과 전통적 정신분석 사이의 연속성을 종합하면, 유사점들이 해석적 방법들과 문제들, 그리고 기술들의 많은 국면에 관하여 예시되고, 단정되었다. 기술에 관한 한, 코헛은 자기심리학과 전통적 정신분석과의 사이에 차이가 거의 없는 것으로 보인다.

11. 치료적 변화 과정

코헛(1984)은 그의 마지막 책에서 "치료의 주제에 관하여, 자아심리학과 자기심리학 사이의 연속성은 가장 유사하다. 이 연속성은 지금까지 아직 대다수의 분석가들에 의해 동화되지는 않았지만, 자기심리학이 분석적 전통의 중심에 정정당당하게 자리 잡는다는 우리의 주장에 무게를 보탠다."(p.95) Leider(1989)는 코헛이 그의 저서에서 치료적 변화의 문제를 여러 번 적었다고 말했다. 그의 최후의 입장은 공감이 치료하는 것이 아니라, 오히려 첫 번째 이해의 단계를 거쳐 그 다음 설명의 단계가 뒤따르는 변화과정이라는 프로이트의 개념과 일치하는 견해를 포함한다는 것이었다.

코헛의 치료적 변화 개념을 더욱 면밀히 검토하면서, 사람들은 전통적 정신분석과의 연속성은 치료과정에서 코헛(1984)이 기술했던 세 단계 중 처음 두 단계에 주로 적용된다는 것을 발견할 수 있다. 방어분석과 전이의 발달의 처음 두 단계는 치료적 변화의 전통 정신분석학적 개념과 쉽게 구별될 수 있는 유사성을 포함한다. 코헛이 "그것이 치료의 목적과 결과를 정의하기 때문에 필수적인 부분"(pp.65-66)이라고 생각한 세 번째 단계는 완전히는 아니지만, 어떤 점에서는 변화과정의 전통적 개념과 다르다.

코헛은 분석 동안에 불가피하게 발생하는 공감의 붕괴와 이해와 해석을 통한 보상이 치료과정에 가장 주요하다고 제의했다. 이런 종류의 붕괴와 그들의 보상은 환자가 그런 붕괴를 처리하는 치료사의 방법을 내면화하여 새로운 심리구조와 기능을 습득함으로써 적절한(비 외상적) 좌절의 형태를 만들어 낸다. 코헛이 전前자기심리학적 "정신분석 심리학 강좌"에서 선언했던 이런 개념들은 치료적 변화의 일정한 고전적 개념과 적어도 부분적으로 일치하는 것 같다. 예를 들어 Leider(1989)는 코헛의 적절한 좌절에 대한 개념과 내면화를 통한 긴장 조절구조의 획득에 대한 관계가 『슬픔과 우울증』(1917c, pp.237-238)에서 프로이트가 묘사한 메커니즘에 기반하고 있다고 관찰했다. 나아가서 라이더는 이런 개념들이 치료적 변화에 대한 코헛 이론뿐만 아니라, 정상적이고 병리적인 발달의 개념과 일반적으로 구조형성에 중심이 된다고 언급했다.

이와 관련하여 코헛(1984)은 앞에서 언급한 개념들을 제시하는 이유가 자기심리학적 분석이 전통적인 정신분석적 치료와 다르다고 논쟁하는 것이 아니라고 논평했다. "반면에, 나의 의도는 그것이 원칙적으로 똑같다는 것을 입증하는 것이다." 왜냐하면, "자기심리학이 분석가와 결국 치료로 끝나는 환자 사이에 진행되는 상황의 특성에서 전통적인 정신분석과 다르지 않기 때문이

다."(pp.103-104)

코헛(1984)이 "자기심리학은 전통적 분석(절제 분위기속에서 훈습으로 이어지는 해석)과 같은 도구에 의존한다."(p.75)고 강조하여 말했다. 절제의 역할에 관하여 코헛은 "분석가가 환자에게 좋고, 이해하고, 마음 따뜻하고, 인간적 접촉을 지니고 있는 것으로 충분하지 않다."고 덧붙였다. 왜냐하면 이 속성들이 "고전적 신경증도, 또 분석할 수 없는 자기의 붕괴도" 치료하지 못하는 것을 지금 이용가능한 모든 증거들이 나타내고 있기 때문이다(p.95).

Goldberg(1978)도 유사하게 "해석이 분석과정의 맹공을 받을 것이기 때문에, 분석가로서의 정확하고 이상적인 감정적 입장이 그것만으로 불충분하다."(pp.8-9)고 주장한다. 그는 더 나아가서

> 분석가는 적극적으로 위로하지 않는다. 그는 피 분석자의 위로받고 싶은 동경을 해석한다. 분석가는 적극적인 거울처럼 반영하지 않는다. 그는 확인하는 대답에 대한 요구를 해석한다. 분석가는 거창한 기대에 적극적으로 칭찬하거나 인정하지 않는다. 그는 정신경제에서 그들의 역할을 설명한다. 분석가는 수동적인 침묵으로 빠지지 않는다. 그는 자신의 중재가 왜 방해로 느꼈는지 설명한다. 물론, 그저 분석가의 존재 또는 그가 말하는 사실, 또는 특히 그가 이해하는 사실, 이 모든 것들이 환자를 위로하고 자신하는 효과를 가지고 있다. *그리고 그것들이 그렇게 해석된다.* 그래서 분석작업을 가능하게 만드는 분석적 분위기 자체가 분석적 해석을 위한 대상이 된다. 이런 식의 전반적인 분석과정은 단지 만족만을 위한 이용을 차단한다(pp.447-448).

앞에서 언급한 것처럼, 코헛(1972-1976, p.237)은 자기를 분석하는 많은 치료 작업은 전에 무의식적이었던 자기의 국면을 의식적으로 만드는 것을 포함한다고 결론지었다. 그가 억압과정을 치료적 변화에서의 중요한 요소로 여기는 이 제안들은 전통적인 정신분석과 일치한다. 동시에 그는 통찰의 역할은 지형적 모델이 지식습득의 강조를 이끌었던 정신분석의 초기동안만큼 지금 중요한 것은 아니다(1977b, p.135). 후자의 개념은 현대의 주류 정신분석가들의 견해와 일치하는 것 같다(Wallerstein, 1985, p.395).

코헛(1971, p.164)은 이상화 전이를 유도하려는 시도와 같은 "능동적인" 분석방법에 관한 프로이트(1923, p.50)의 유보에 동의하지만, 자발적으로 발생하는 자기대상 전이는 어떤 식으로든 방해해서는 안 된다는 것을 강조한다(자기애적 환자의 치료에서 프로이트가 적극적으로 지지하는 방법의 흥미로운 예에 대하여 Kris, 1994; Hughes, 1992, p.262를 보라).

치료과정에 관한 코헛의 개념들 가운데 "보상구조"의 역할과 중요성, 그리고 치료적 변화의 전통적인 정신분석적 개념들과 그것들의 가정된 연속성에 관하여 앞에서 논의한 "초심리학적 관점 : 구조"를 보아라.

12. 치료의 유익

치료의 유익에 관한 코헛과 프로이트의 개념 사이의 가장 암시적인 연속성중 하나는 환자의 "선택의 자유"의 발달이다. 예를 들어, 코헛(1972-1976)은 치료가 할 수 있는 모든 것은 "환자가 이런 식으로든 저런 식으로든 결정하는 자유를 갖게 하는 것"이라는 프로이트의 『자아와 이드』에서 인용된 유명한 각주를 언급했다.

그는 환자에게 구세주 같은 인물이 되는 것에 대해 논쟁을 벌이고 있다. 그는 분석가의 이상적인 건강을 따르도록 환자를 구원해주려는 듯이 설득함으로써 치료목적에 영향을 미치려 해서는 안 된다. 원칙적으로 이것은 물론 논쟁의 여지가 없다. 문제는 이것이 자기의 혼란에 적용되느냐이다. 나는 넓은 범위에서 그렇다고 믿는다. 그것은 그 안에 억압되어 있던, 이미 존재하는 핵자기를 자유롭게 하는 것이 본질적인 일인 자기의 혼란에 특히 적용된다(p.301).

이 범주의 또 다른 유사한 연속성은 분석에 의해 얻을 수 있는 것의 한계에 관계가 있다. 프로이트(1937a)는 "우리의 목표는 도식적인 '정상성'을 위해 인간 성격의 모든 특성을 없애는 것도 아니고, 분석의 직무는 자아의 기능을 위한 최선의 심리적 조건을 확보하는 것이다."(p.250) 코헛(1972-1976)은 유사하게 말했다.

핵자기에 관한 한, 우리의 치료적 과제에는 한계가 있다. 만약 핵자기가 연약하다면, 더 강해지도록 돕는 것이, 만약 핵자기가 취약해서 부서지려는 경향이 있다면, 더 단단하게 응집되도록 돕는 것이, 그리고 감추어져 있어서 감히 자신을 드러내지 않는다면, 그 사람이 자기표현에 대하여 선택할 수 있도록 돕는 것이 우리의 과제라고 생각한다. 다시 말하지만 오직 선택이다. 그러나 어떤 방법으로든 환자의 핵자기 본질을 방해하는 것은 우리의 정당한 치료적 과제 부분이라고 생각하지 않는다. 많고 많은 인간 성격의 변형들이 어떻게 발생하는가를 이해하는 것은 아주 흥미 있는 일이지만, 그것은 치료적 과제가 아니라, 연구의 과제이다(p.295).

이와 관련하여 자기심리학자들이 환자들과 함께 주로 보상구조의 수준에서 협력한다는 코헛의 개념(1977b, pp.58-62; Basch, 1992, p.19)과 성공적일 때 분석가는 환자가 회복하고, 확장하도록 돕거나, 그렇지 않으면 세상과 자신의 주관적인 요구에 대처하기 위해 비틀거리는 환자의 보상구조를 향상시키도록 돕는다는 코헛의 개념을 비교하라.

코헛(1984)은 자기분석적 기능의 발달이 치료가 성공적 결론에 도달했음을 시사한다는 전통적인 정신분석가들(Kramer, 1959; Schlessinger & Robbins, 1974, 1975, 1983)과도 동의했다.

우리는 분명히 정상적 발달의 결과로서도 분석동안 발생하는 늦어진 발달운동의 결과로서도 완벽함을 추구하지 않는다. 그래서 이전 환자가 스트레스의 시간동안 자기분석 기능을 활성화시킴으로써 자신을 지탱하지만, 안녕과 창조성과 내적 균형의 삶이 믿음직스럽게 유지하게 된다면, 분석이 만족스러운 결과로 종결되었다고 생각하는 것은 적절하다(p.154).

13. 요약과 결론

이 장의 중요한 주장은 코헛의 프로이트적 전통이 그의 후기 연구와 자기애와 자기심리학에 대한 개념을 계속 조명했다는 것이다. 그 견해를 뒷받침하기 위해 나는 코헛의 저서에서 정신분석과 자기심리학, 전이와 저항에 대한 그의 개념들, 자기애, 기본 방법론적 개념들, 초심리학적 관점, 임상적 방법, 임상적 해석, 치료적 변화의 과정, 치료의 유익에 관한 수많은 사례를 제시했다. 이 모든 범주들 속에서 인용된 자료는 비록 *자기의 회복*(1977b)과 *분석은 어떻게 치료하는가?*(1984)같은 그의 마지막, 그리고 가장 독창적인 저서들에서 조차도, 코헛은 프로이트적 기초를 버리지 않고 그의 진화하는 임상적 개념과 이론적 개념들을 공식화하는데 계속적으로 그것들에 의존했다.

프로이트의 이론과 치료에 대한 코헛의 계속적인 헌신의 범위와 깊이를 인정하기 위하여, 전前자기심리학적인 "정신분석적 심리학 강의"(1958-1960)와 "정신분석의 개념과 이론"(1963)에 관련된 논문을 복습한 것이 도움이 되었다. 초기연구에서 가장 중요한 개념 중 일부는 자기애와 자기심리학에 관한 그의 후기 개념으로 이어졌다.

이 장의 관련 주제는 코헛의 가정된 통합성향과 관계가 있다. 이것은 초기의 프로이트 이론 종합과, 뒤이은 그의 새로운 개념의 전통적인 정신분석 개념과의 통합에도 크게 기여한 것으로 보인다. 혼합주의적 추론을 위해 코헛이 현저하게 잘 발달된 능력을 프로이트와 공유한 몇 가지 암시적인 증거는 이 장과 앞 장에서 제시되었다.

코헛의 개념과 프로이트의 개념과의 차이는 주로 전통적 정신분석에 대한 코헛의 수정과 추가, 특히 자기의 심리학에 관한 그의 개념들을 다뤘다. 그러나 이런 차이점은 코헛 자신이 맨 먼저 지적했듯이 화해할 수 없는 것처럼 보이지는 않는다. 코헛의 개념과 프로이트의 개념의 또 다른 차이점의 근원은 프로이트의 경우 고전적 신경증인 반면, 코헛이 연구하고 치료한 자기애적 인격장애라는 각각 다르게 연구한 주된 병리의 유형에 관한 것이다. 후자의 차이점은 부분적으로 화해가 가능하지만, 코헛이 개발하려 했던 전통적인 정신분석이론과 기술의 확장과 개정이 필요하다.

몇몇 작가들은 코헛의 자기애와 자기심리학의 개념을 다른 여러 정신분석학 학파들의 관점과 다른 분야의 사상가들의 견해로 비교했다. 그러나 몇몇 작가들(Treurniet, 1980, 1983, 1989; Basch, 1981, 1984a,b,c, 1986, 1991; Wallerstein, 1983, 1985; Shane, 1985a,b; Shane & Shane, 1988, 1993; Stolorow, 1988; Gediman, 1989; Leider, 1989, 1996; Siegal, 1996)을 제외하고는, 놀랍게도 코헛 자신이 반복적으로 지적한 근원, 즉 프로이트의 이론적 체계와 임상적 접근에 대한 코헛의 연구와 가장 명백한 연속관계의 근원이 거의 주목받지 못했다.

코헛은 자신의 개념과 프로이트 사이의 연속성을 인정하고 상세히 설명하기 위해 조심했음에도 불구하고, 널리 퍼진 오해는 그의 기여가 프로이트주의가 아니라, 전통 정신분석의 일탈이라고 주장했다. 오해는 코헛의 개념에 대한 반대자와 지지자 모두에 의해 널리 알려졌다. "비록 나의 것과 다른 결과에 도달한다 할지라도"(p.16) 출발점으로서 전이와 저항의 현상을 인정하는 어떤 연구라도 정신분석적이라는 프로이트(1914b)의 주장에도 불구하고, 반대자들은 가능한 한 프로이트 이론을 배신으로부터 지키려 했다. 반면에 자기심리학이 전통적인 정신분석과 함께 "끊임없는 연속체"를 나타내며, 정신분석 이론을 대체하는 것이 아니라, 그것에 무언가를 추가한다는 코헛(1980b, p.505)의 명백하고 강력한 진술에도 불구하고, 코헛의 지지자들 중 일부는 코헛의 프로이트 이론 확장과 수정을 심층 심리학의 "새로운 패러다임"으로 확대하려 시도했다.

코헛 이후 최근 자기심리학을 개관해 보면, Goldberg(1998)는 임상현장에서 영향력으로 경쟁하는 자기심리학의 세 가지 주요 분파, 즉 전통적, 상호 주관적, 그리고 관계적 그룹의 발달을 기술했다. 골드버그의 리뷰에서 가장 놀랄만한 사실은 자기심리학자의 전통적 그룹 사이에서 조차도 코헛의 개념에 거의 중점을 두지 않았다는 것이다. 골드버그는, 예를 들어, 자기심리학이 코헛의 저서에서 시작하여, "그의 아이디어와 개념의 몇 가지"로 계속 이어지고 있음을 관찰했다(p.240). 단지 몇 개? 이 장에서는 자기심리학이 프로이트의 개념들로 가득 차 있음을 보여준다. 자기심리학자의 전통적 그룹과 관련하여 골드버그는 코헛의 두 가지 기여, 곧 자기대상과 자기대상 전이의 개념을 언급한다. 자기심리학에 무슨 일이 일어났을까? 의문이 남는다. 골드버그는 자기심리학 자체가 "코헛에 대한 절대적인 충성으로부터 자유롭고, 조직된 정신분석 안에 확립된 자리를 차지하겠다던 자기심리학에 대한 코헛의 원래 목표가, 코헛이 알았던 정신분석의 임상가들과 연구가들 외곽의 견고한 그룹 안에 구체화된 보다 놀라운 출현으로 바뀌었다."(p.240)는 진술 속에서 그 질문에 대답하는 것처럼 보인다.

코헛의 프로이트식 시각이 코헛의 개념을 받아들이고, 영속화하고, 그 위에 구축하는 것에 방해가 되는 일부 자기심리학자들에게는 문제가 될지도 모른다. 그룹 자체를 "창시의 독립적 중심"으로 설립하려는 시도에서, 자기심리학은 창시자인 프로이트와 코헛 모두로부터 해방하려고 시도하고 있을지도 모른다. 그러나 철학자 Toulmin(1990)은 다음과 같이 상기시켜준다.

> 우리 문화의 계승된 생각으로부터 스스로 단절함으로써 "없었던 것으로 하고", 새롭게 시작할 수 있다는 믿음은 우리에게 시간을 초월한 확실성과 일관성을 부여할 수 있는 포괄적인 이론 체계에 대한 희망만큼이나 환상적이다(p.178).

코헛은 이것을 잘 알고 있기 때문에 그의 개념과 프로이트의 견해 사이에 "끊임없는 연속체"를 인정하는 것을 주저하지 않았다.

결론적으로, 이 장은 코헛의 개념의 타당성과는 관련이 없지만, 그의 공헌을 임상적으로나 인식론적으로 프로이트의 이론적 체계에 연계하여 자리매김하려 시도했다. 코헛의 자기애에 대한 개념과 자기심리학은 프로이트의 이론에서 비롯되었으므로 프로이트의 견해와 함께 수많은 연속성과 혁신적인 확장을 포함한다.